Religion für Einsteiger

edition ❖ chrismon

Religion für Einsteiger

Eduard Kopp · Reinhard Mawick · Burkhard Weitz

edition chrismon

Bibliografische Information der Deutschen Nationalbibliothek.
Die Deutsche Nationalbibliothek verzeichnet diese Publikation in der
Deutschen Nationalbibliografie; detaillierte bibliografische Daten sind
im Internet über http://dnb.d-nb.de abrufbar.

Umschlagfoto:
Anja Lehmann

Gestaltung und Satz:
Kristin Kamprad, Hansisches Druck- und Verlagshaus GmbH

Druck und Bindung:
DZA Druckerei zu Altenburg GmbH, Altenburg

Religion für Einsteiger
© Hansisches Druck- und Verlagshaus GmbH, Frankfurt am Main 2010
Alle Rechte vorbehalten. Das Werk einschließlich seiner Teile ist
urheberrechtlich geschützt. Jede Nutzung außerhalb der Grenzen des
Urheberrechts ist ohne schriftliche Einwilligung des Verlags unzulässig.

Printed in Germany
ISBN 978-3-86921-048-3

Inhalt

VORWORT 9

GLAUBEN UND MODERNES DENKEN

    Glaube ohne Kirche – geht das? 10
    Woran merke ich, dass ich glaube? 13
    Erzählt die Bibel lauter Mythen? 16
    Hat Darwin recht? 19
    Gibt es Wunder? 22
    Macht Gott auch das Wetter? 25
    Hat Gott alles vorherbestimmt? 28
    Wie viel Zweifel verträgt der Glauben? 31
    Was ist eine Sekte? 34
    Was ist religiöser Fundamentalismus? 37

GESCHICHTE UND OFFENBARUNG

    Hat Gott Eltern? 40
    Gab es im Paradies keine Sünden? 43

Sind wir von Geburt an Sünder? 46
Wie wird man Messias? 49
Die Zehn Gebote – wo kommen sie her? 52
Wie arbeiten eigentlich Propheten? 55
War Maria eine Jungfrau? 58
War Jesus ein gesetzestreuer Jude? 61
Was wäre das Christentum ohne das Kreuz? 64
Wer ist schuld am Tod Jesu? 67
Ist Jesus von den Toten auferstanden? 70
Werden nur Christen erlöst? 73
Gibt es Zufälle in der Bibel? 76

ETHIK UND MORAL

Darf man sich selbst töten? 79
Ist Sex vor der Ehe erlaubt? 82
Dürfen sich Christen scheiden lassen? 85
Sind Christen körperfeindlich? 88
Seid fruchtbar und mehret euch – gilt das noch? 91
Rein, unrein – was bedeutet das? 94
Sind Christen zur Gewaltlosigkeit verpflichtet? 97
Was halten Christen von der Todesstrafe? 100
Ist Ehre ein religiöses Wort? 103
Was ist das Gewissen? 106
Was ist Schuld? 109
Gibt es Gnade ohne Reue? 112
Was ist eine Sünde? 115
Ist Reichtum ein Handikap? 118
Müssen Christen Verzicht üben? 121
Demut – eine überholte Tugend? 124
Soll man Bettlern helfen? 127
Mit der Bibel Politik machen? 130
Müssen Christen bessere Menschen sein? 133

GOTTESERFAHRUNGEN

- Kann man glauben lernen? 136
- Was ist Erlösung? 139
- Ist Gott eine Frau? 142
- Ist Gott kinderlieb? 145
- Ist Gott allmächtig? 148
- Muss man Gott fürchten? 151
- Warum reden Christen so viel vom Opfer? 154
- Ist Gott für das Böse verantwortlich? 157
- Führt uns Gott in Versuchung? 160
- Was ist Rechtfertigung? 163
- Geht es nicht auch ohne Gnade? 166
- Können Christen und Muslime miteinander beten? 169
- Glauben alle an denselben Gott? 172

GEMEINDELEBEN

- Wem gehört der Sonntag? 175
- Muss man sonntags zur Kirche gehen? 178
- Was passiert bei der Taufe? 181
- Besser mit der Taufe warten? 184
- Wer kann Pate werden? 187
- Brauchen Kinder Gott? 190
- Ist die Bibel zu grausam für Kinder? 193
- Warum zur Konfirmation? 196
- Was essen wir beim Abendmahl? 199
- Warum ist das gemeinsame Abendmahl so wichtig? 202
- Was geschieht beim Segen? 205
- Beichte – für Protestanten überholt? 208
- Was ist ein Sakrament? 211
- Darf man zu Maria beten? 214
- Wofür sind Heilige gut? 217
- Was kann man für die Toten tun? 220

Ist Mission überholt? ... 223
Was geschieht beim Kircheneintritt? ... 226
Gibt es für Christen nichts zu lachen? ... 229
Werden wir alle auferstehen? ... 232
Sehen wir uns im Jenseits wieder? ... 235
Was ist heilig an der Kirche? ... 238
Wie alt ist die katholische Kirche? ... 241
Was soll der Zölibat? ... 244
Ein Papst für alle Kirchen? ... 247

BRAUCHTUM UND TRADITION

Haben wir Schutzengel? ... 250
Weihnachtsmann und Christkind – sind sie Rivalen? ... 253
Wer ist der Teufel? ... 256
Was ist in der Hölle los? ... 259
Ist Halloween ein gefährliches Fest? ... 262

ESOTERIK UND MYSTIK

Wiedergeburt – ein Tabu für Christen? ... 265
Gibt es Zufälle? ... 268
Heilung durch Handauflegen – für Christen akzeptabel? ... 271
Ist Mystik nur eine Mode? ... 274
Haben Tiere eine Seele? ... 277

KIRCHLICHE FESTTAGE ... 280

STICHWORTVERZEICHNIS ... 286

Vorwort

Wie wird man Messias? Macht Gott auch das Wetter? Sind Christen körperfeindlich? Glaube ohne Kirche – geht das?

Manche religiöse Fragen scheinen leicht zu beantworten zu sein. Aber steigt man näher ins Thema ein, zeigt sich oft: Diese Fragen haben es in sich. Die Texte dieses Buches sind hervorgegangen aus der Serie „Religion für Einsteiger" des evangelischen Magazins chrismon. Geschrieben wurden sie von drei erfahrenen Theologen der Redaktion. Mit Lust an der Kontroverse gehen sie Fragen nach, die Leserinnen und Leser an die Redaktion geschickt hatten.

Die Texte dieses Buches vermeiden theologische Fachsimpelei, kirchlichen Jargon und ethische Höhenflüge. Denn solche Fragen erlauben keine Ausflüchte: Ist Gott eine Frau? Hat Gott Eltern? Werden nur Christen erlöst? Wo sich selbst wissenschaftliche und kirchliche Fachleute bisweilen im Dickicht großer Theorien verstecken oder ganz um Antworten drücken, helfen in einem publikumsnahen Magazin nur klare Analysen und klare Aussagen weiter.

So kam ein fachkundiges und unterhaltsames Buch zustande, das zu weiteren Debatten anregt – zwischen Katholiken und Protestanten, Männern und Frauen, Schultheologen und Esoterikern, Kirchennahen und -distanzierten. Geschrieben wurde es für Menschen mit religiöser Neugier, ja auch mit handfester religiöser Skepsis.

Eduard Kopp
Leitender chrismon-Redakteur

Glaube ohne Kirche – geht das?

Vielen Menschen ist die Kirche heute nicht mehr wichtig. Sie suchen Gott in der Natur. Oder in Kunstgenüssen. Oder in einer stillen Meditation. Doch Christen sagen: Religion braucht Gemeinschaft

Es kann nicht Gott zum Vater haben, wer die Kirche nicht zur Mutter hat", sagte einst Bischof Cyprian, ein großer Lehrer der Kirche im dritten Jahrhundert. Damit meinte er, dass nur derjenige wirklich Christ sein könne, der sich ohne Wenn und Aber der Lehre und Moral der Kirche unterwerfe. Schon hundert Jahre vor Cyprian prägte der römische Kirchenvater Tertullian den Satz: Extra ecclesiam nulla salus – zu Deutsch: Außerhalb der Kirche gibt es kein Heil. Dieser Satz erscheint vielen Menschen heute nicht nur alt, sondern auch altmodisch, denn sie sind genau vom Gegenteil überzeugt.

Der Anspruch der Kirche, verbindlich zu bestimmen, was zu glauben ist, blieb jahrhundertelang gültig. Sie bestimmte, was „immer, überall und von allen" zu glauben war (so Vinzenz von Lerinum, um 450). Dann beförderte die Renaissance im Abendland eine neue Sicht der Dinge. Das Individuum erfuhr eine ungeahnte Aufwertung, und aus dem Schoß der Kirche kroch ein Augustinermönch namens Martin Luther (1483–1546). Der beharrte nicht nur darauf, dass sich auch der Papst und kirchliche Konzilien irren können, sondern behauptete sogar, wirklich entscheidend sei, wie der Einzelne seinen Weg zu Gott finde. Auf den eigenen Glauben, die innere Überzeugung und die persönliche Gottesbeziehung komme es an und nicht auf das gehorsame Befolgen kirchlicher Riten und Verpflichtungen.

Heute, rund 500 Jahre später, ist das Nebeneinander verschiedener Glaubens- und Lebensformen Kennzeichen unserer Gesellschaft, und vieles spricht dafür, dass der Endpunkt des Pluralismus noch nicht erreicht ist. Es gilt mehr denn je die Formel vom „Zwang zur Häresie", die der Religionssoziologe Peter L. Berger bereits 1980 prägte. Diese Formel bringt auf den Punkt, dass jeder Mensch heutzutage nicht nur in großer Freiheit lebt, sondern auch und gerade deshalb dazu genötigt ist, sein eigenes weltanschauliches und religiöses Profil zu entwerfen. Was soll da noch die Kirche? Schließlich finden viele Menschen auch an ganz anderen geistigen Quellen Nahrung. Esoterik und Naturgläubigkeit erleben in den Zeiten der Öko-Diskussion einen neuen Boom. Auch der Buddhismus gilt in vielen europäischen Kreisen als schick.

Wer aber die biblische Tradition ernst nimmt, kommt an der Kirche nicht vorbei. Zwar offenbart sich der biblische Gott auch regelmäßig einzelnen Menschen, doch immer steht die Gemeinschaft im Mittelpunkt der Beziehung zwischen Gott und Mensch. Zunächst ist da der Weg Gottes mit seinem Volk Israel. Auch die christliche Kirche, die sich zwar in einem schmerzhaften Prozess vom Judentum lossagte, hat ihre Beziehung zu Gott immer an der Beziehung Gottes zu Israel orientiert.

Die beiden grundlegenden Sakramente des Christentums verweisen auf die Gemeinschaft. Mit der Taufe wird jeder Mensch in den Kreis der Glaubenden, die Kirche, aufgenommen. Ein sinnfälligeres Symbol für die Gemeinschaft im Glauben ist das Abendmahl. Und außerdem heißt es im wichtigen Apostolischen Glaubensbekenntnis: „Ich glaube an die heilige christliche Kirche." Damit ist ausgedrückt, dass Kirche und christlicher Glaube nicht nur organisatorisch-praktisch, sondern wesentlich zusammengehören.

Den christlichen Glauben können Menschen nicht nur allein leben. Um ihn zu bekennen und zu festigen, benötigen sie, wenn auch nicht immer, die Gemeinschaft. Die Erfahrung zeigt: Nur das zu tun, zu denken und zu glauben, was einem selbst in den Sinn kommt, ist vielleicht eine Zeit lang, aber nicht ein Leben lang befriedigend. Eine „Erschöpfung von der Liebesaffäre mit sich selbst" diagnostiziert der evangelische Theologe Fulbert Steffensky (1998) beim modernen Menschen. Allen Lebenssinn aus sich selbst zu ziehen, das macht unglücklich. Deshalb plädiert er für einen Glauben mit der Kirche. Er ist überzeugt: „Man lernt seinen Glauben, seine Lebenshoffnung und das Vertrauen auf die Güte des Lebens, indem man nachsprechen lernt, was man erst halb glauben kann." Glaube braucht eben Vorbilder und gemeinsame Erfahrungen.

Die Kirchen verlangen keinen bedingungslosen Gehorsam mehr. Sie haben gelernt, die Individualität des modernen Menschen zu achten und zu respektieren. Zum Glück kann heute jeder Mensch selbst bestimmen, wie viel Nähe oder Distanz zur Kirche er will. Das gibt ihm die Möglichkeit, sich in aller Freiheit dem Schatz der kirchlichen Tradition zu nähern. Ob nur auf Sichtweite oder ganz nah dran – das bleibt jedem selbst überlassen.

So gilt immer noch, was Cyprian von der Kirche sagte: Sie ist die Mutter, die den Glauben nährt, stützt und ihm Raum gibt. Aber sie ist keine strenge, strafende und klammernde Mutter mehr, sondern eine freundliche, helfende und bergende Mutter.

Reinhard Mawick

Woran merke ich, dass ich glaube?

Glaube hat viele Gesichter. Er zeigt sich als spirituelle Neugier, als Freude am sozialen Engagement. Oder als Gelassenheit, wenn alle Sicherungen rausfliegen – wichtig ist nur eins: sich für religiöse Erfahrungen zu öffnen

Manche Entdeckungen schlagen in die eigene Biografie ein wie ein Blitz. Reinhold Schneider, ein großer Literat der dreißiger bis fünfziger Jahre des 20. Jahrhunderts, notierte in einem seiner Tagebücher: „Ich schlug an einem Weihnachtsabend in Potsdam die Heilige Schrift auf und floh nach wenigen Kapiteln auf die kalte dunkle Straße. Denn es war klar: Unter diesem Anspruch der Wahrheit kehrt sich das Leben um. Dieses Buch (…) ist kein Buch, sondern eine Lebensmacht. Und es ist unmöglich, auch nur eine Zeile zu begreifen, ohne den Entschluss, sie zu vollziehen. Darauf beruht ja die härteste Unmöglichkeit menschlicher Verständigung, dass den Glauben nur versteht, wer glaubt (…)."

Tief im Bewusstsein vieler moderner Menschen sitzt ein religiöser Zweifel. Ihre Fragen gehen schnell ins Grundsätzliche: Ist überhaupt etwas dran am vielbehaupteten Walten Gottes in der Welt? Wer weiß überhaupt zu sagen, wo Gott steckt und was er tut? Was kann er wissen, was vermag er? Und ist das, was uns im Innersten bewegt, überhaupt „Glauben" oder „Religion"?

Viele unserer innersten Empfindungen und unserer Verhaltensmuster sind heute wissenschaftlich erklärbar. Psychologisch gesehen spielen zum Beispiel Angst und Selbstvertrauen eine lebensprägende Rolle. Medizinisch betrachtet entfalten Hormone ihre Wirkung und beeinflussen unser Verhalten. Beurteilen wir unser Leben mit den Augen von Volkskundlern und Anthropologen, so erkennen wir, welch umfangreiches, undurchdringliches Traditionsgut wir mit uns herumschleppen. Biologen ihrerseits sehen uns als Träger von Erbgut, Historiker wiederum erkennen mit geübtem Blick, wie wir an immer neuen Modellen kultureller und politischer Ordnung schmieden.

Auch unser Glauben ist teilweise „erklärbar" geworden. An Hirnströmen lassen sich religiöse Glücksgefühle ablesen. Fromme Menschen leben gesünder, heißt es in regelmäßig variierten Umfrageergebnissen. Unsere innersten Empfindungen finden ihren nachweislichen Niederschlag in glühenden Gedichten, auf leuchtenden Leinwänden, in emotionalen Konzerten. Doch ist das alles schon Glauben? Woran merken wir Kinder der Moderne überhaupt, dass wir glauben?

Das Eigenartige am Glauben ist: Man kann nur über ihn sprechen, wenn man sich auf ihn eingelassen hat. „Glaube braucht Erfahrung" betitelte der frühere Tübinger Theologieprofessor Gerhard Lohfink eines seiner Bücher. Unter Erfahrung in diesem religiösen Sinne versteht er etwas anderes als das experimentelle Denken in Naturwissenschaft und Technik. Dort ist nur das „wirklich", nur das „real", was sich in Experimenten nachstellen und erfassen lässt. Experimente in diesem naturwissenschaftlichen Sinn sind ganz unbrauchbar, geht es um den Nachweis von Glauben. Doch Experimente im weiteren Sinn, wörtlich verstanden „Erfahrungen", gibt es auch im Glauben.

Woran merke ich, dass ich glaube? Auf diese Frage kann man nur paradox antworten: Wenn du glaubst, wirst du es wissen! Es gibt viele andere Situationen im Leben, wo nichts über die eigene Erfahrung geht.

Ein simples Beispiel: Woran merke ich, ob ein Essen gut schmeckt? Ich werde es wohl probieren müssen. Ein anspruchsvolleres Beispiel: Woran merke ich, ob ein Mensch, dem ich begegne, zu einer verlässlichen Liebesbeziehung in der Lage ist? Ich werde mir natürlich seine Beteuerungen, Versprechungen und Liebesschwüre anhören, aber dann beginnt ein Abenteuer, über dessen Ausgang keine sicheren Prognosen möglich sind. Das Lebensprojekt Glauben ist so tiefgreifend wie das von Liebe, Treue, Partnerschaft – wenn nicht noch umfangreicher.

Glauben stützt sich auf Lebensberichte von anderen, die durch die eigenen Erfahrungen mit Leben gefüllt werden: „die Erfahrung des inneren Friedens, des Trostes, der Hoffnung und der Freude", wie Gerhard Lohfink schreibt; hinzu kommt die Erfahrung, durch soziales Engagement zur Lebensbewältigung anderer und zum sozialen Wandel beigetragen zu haben; oder die, vorbehaltlos akzeptiert zu werden ohne Rücksicht auf die eigenen (Fehl-)Leistungen; schließlich die Erfahrung, Hilfe zu erhalten oder anderen zu gewähren, anders gesagt: dass jemand die Hand über mich hält, wenn es im Leben drunter und drüber geht. Da ist nicht Kopfarbeit, sondern Herz gefragt. Das wussten schon die ersten Christen. Originalton Paulus: „Freut euch allezeit im Herrn! (…) Lasst alle Menschen eure Güte erfahren, denn der Herr ist nahe. Um nichts macht euch Sorge, sondern bringt eure Bitten jederzeit betend und flehend mit Dank vor Gott. Und der Frieden Gottes, der alles Begreifen übersteigt(!), wird eure Herzen und eure Gedanken in der Gemeinschaft mit Christus Jesus bewahren." (Philipper 4,4–7)

Eduard Kopp

Erzählt die Bibel lauter Mythen?

Die Menschen der Antike liebten Fantasiegeschichten. Über Götter und Fabelwesen, über Ungeheuer und Kugelmenschen. In der Bibel geht es etwas anders zu

Mutter Gaia (Erde) hat es so gewollt. Sie reicht ihrem Sohn Kronos die Sichel. Der wartet, bis sich Vater Uranos (Himmel) bei seinem nächsten Liebesakt über die Gaia ausbreitet. Dann schwingt Kronos das scharfe Eisen und trennt Uranos' Penis ab. Im hohen Bogen fällt er zu Boden. Blut fließt auf die Erde. Ihm entsteigen die Erinnyen, die Rachegöttinnen.

Unmöglich, ohne jeden erzieherischen Wert fand der Philosoph Platon diese Erzählung! Der Mythos von Kronos wird sogar noch wüster. Später vergewaltigt er seine Schwester Rheia. Sie gebiert Kinder und setzt sie ihm auf die Knie. Doch er frisst sie alle auf. Ihr nächstes Kind, Zeus, versteckt Rheia auf Kreta und gibt Kronos stattdessen einen in Windeln gewickelten Stein zum Fraß. Zeus wächst heran, und schließlich besiegt er Kronos, der erst den Stein und dann die übrigen Kinder wieder ausspeien muss.

Erzählungen (griechisch: Mythen) wie diese dürften Unverständige und Kinder eigentlich gar nicht hören, lässt Platon seinen Lieblingsdenker Sokrates sagen. Wer genötigt werde, sie doch zu erzählen, dürfe nur wenige Zuhörer zulassen! Sie müssten Verschwiegenheit versprechen! Und geopfert haben, „und zwar nicht bloß ein Schwein, sondern ein großes und schwer zu erschwingendes Opfer – damit es möglichst wenige zu hören bekämen".

Platon lehnte Mythen nicht prinzipiell ab. Er dachte sich sogar selbst welche aus: den Mythos vom versunkenen Reich Atlantis. Und den vom Kugelmenschen, der zu Mann und Frau zerbricht und sich wieder vereinen will. Lehrreich sind seine Mythen – und nur begrenzt unterhaltsam.

Dennoch nahmen Juden und Christen Platons Mythenkritik begeistert auf. Kein Wunder: Göttersagen wie die der alten Griechen gibt es in der Bibel nicht. Fabelwesen wie das Meeresungeheuer Leviathan und der Urdrache Rahab treten nur am Rande auf. Engel in Gestalt überirdischer Wesen kommen (abgesehen von den Legenden um Jesu Geburt) eher selten vor. Richtig fantastisch wird es erst in den Visionen der Propheten und apokalyptischen Seher. So sind eben Visionen.

Mythos heißt übersetzt Erzählung. Mythen sind Science-Fiction der Antike. Sie geben Einblicke in menschliche Abgründe. Sie erzählen von dem zu sinnlosem Tun verdammten Sisyphus und vom unausweichlichen Schicksal des Ödipus, der den Vater töten und die Mutter heiraten muss. Sie sind Konzentrate menschlicher Grenzerfahrungen – an keine historische Zeit gebundene, erdachte Geschichten.

In diesem Sinne sind die biblischen Erzählungen keine Mythen. Denn sie beanspruchen, erlebte Geschichte zu erzählen. Nicht wie Historiker sie heute erforschen: objektiv und auf nachprüfbare Fakten gestützt. Die biblischen Erzähler ergreifen Partei, sie belehren und bewerten, manche berichten von großen Verheißungen. Und was sie berichten, ist oft so von Legenden überwuchert, dass der historische Anlass kaum noch zu erkennen ist.

Mose führt ein riesiges Volk aus der ägyptischen Sklaverei in die Freiheit und hält dabei einen Pharao mit seinem ganzen Heer zum Narren. Natürlich ist die Schilderung maßlos übertrieben, nichts davon findet sich in den ägyptischen Annalen wieder. Dennoch hatte sie aller Wahrscheinlichkeit nach ihren Ursprung in einer realen Begebenheit – als Gesetzlose und Sklaven dem Machtbereich des Pharaonenreiches entkamen. Die Autoren der Bibel stilisieren diese Befreiung zum nationalen Symbol, sie machen sie zu Israels Urerlebnis – und in diesem Sinne auch zu einem Mythos für alle Entrechteten, zum Konzentrat menschlicher Erfahrung. „Go down, Moses", sangen Amerikas Sklaven: „Geh zum Pharao, Mose, und sag ihm: Lass mein Volk frei!"

Nach elf Kapiteln mit Sagen aus der Urzeit erzählt die Bibel, wie das Volk Israel entsteht, sich ein Königreich erkämpft und dann alles verspielt. Sie archiviert düstere Prognosen von Unheilspropheten, die kultische Vergehen und soziale Ungerechtigkeit im eigenen Volk anprangerten – und eher selten Heil versprachen. Und sie verkündet den Wanderprediger Jesus von Nazareth, das „Ebenbild des unsichtbaren Gottes" (Kolosser 1,15).

Auch wenn die Bibel ihren historischen Stoff sehr ungenau wiedergibt: Sie schildert nicht Typen, sondern Individuen und deren folgenreiche Entscheidungen, richtige wie falsche. Es geht in ihr nicht um Mythen. Die Bibel erzählt, vor allem aber deutet sie reale Geschichte.

Burkhard Weitz

Hat Darwin recht?

Nein, sagen konservative Christen. Die Evolutionslehre könne die Entstehung der Welt nicht erklären. Selbst Fossilien führen sie ins Feld, um Darwin zu widerlegen. Aber vieles spricht gegen ihre Theorie

Ein amerikanischer Comic zeigt einen jungen Wissenschaftler, der seinem Professor an einer Tafel eine komplizierte mathematische Berechnung vorführt. Zwischen Schritt eins und Schritt drei seiner Berechnung steht: „Hier geschieht ein Wunder." Skeptisch sieht sich der Professor die Formeln an. Dann sagt er: „Ich denke, bei Schritt zwei sollten Sie etwas genauer sein." Eines macht der Comic deutlich: Die Behauptung, ein Wunder geschehe, ersetzt nicht die wissenschaftliche Erklärung. Sie verweist lediglich auf eine Wissenslücke.

Unter amerikanischen und deutschen Biologen tobt ein heftiger Streit. Zur Debatte steht die Evolutionstheorie, vom englischen Naturforscher Charles Darwin vor gut 150 Jahren erstmals formuliert. Laut Darwin hat sich alles Leben durch Zufall allmählich entwickelt. Alle Tier- und Pflanzenarten hätten sich im Laufe der Jahrmillionen durch Veränderungen der Erbanlagen (Mutation) und durch natürliche Auslese (Selektion) gebildet. So seien aus Einzellern Mehrzeller entstanden, später Wirbeltiere, Landtiere, Säugetiere, schließlich der Mensch.

Die Gegner der Evolutionstheorie sind überwiegend konservative Christen, die wissenschaftliche Einwände gegen Darwin äußern. Hatte dieser vermutet, Fossilien bezeugten eine allmähliche Veränderung der Arten, so sagen Kritiker: Die Fossilfunde der vergangenen 150 Jahre ließen diesen Schluss nicht zwingend zu.

Arten wie der Ammonit träten plötzlich auf und blieben über lange Zeiträume konstant. Stammbäume könne man so nicht eindeutig rekonstruieren. Ein weiterer Einwand lautet: Für viele komplexe Baupläne gäbe es keine plausiblen evolutionären Vorstufen.

Zum Beispiel für die Schnappfalle Insekten fressender Pflanzen oder für den Fortbewegungsapparat von Kolibakterien. Zufallsevolution erkläre nicht das mehrfach unabhängige Entstehen des Linsenauges bei Wirbel- und Weichtieren.

Evolutionskritiker sagen auch: Trotz intensiver Mutationsforschung habe niemand je das Entstehen einer neuen Art beobachtet. Neue Arten, behaupten sie, könnten gar nicht allein durch Mutation entstehen.

Ihre Alternative nennen sie mit einem englischen Ausdruck „Intelligent Design". Die Entstehung der Arten müsse man sich als zielgerichteten Prozess vorstellen. Ein intelligenter Designer, Gott, habe den Bauplan für die Arten geliefert.

Manchem gläubigen Menschen mögen solche Erklärungen gefallen. Mit ihnen hat ein Naturwissenschaftler aber ein ähnliches Problem wie der Assistent im Comic, der behauptet: „Hier geschieht ein Wunder."

Seit Jahrhunderten untersuchen Naturwissenschaftler die Welt unter der Prämisse „etsi deus non daretur", als gäbe es Gott nicht. Sie suchen natürliche Ursachen, keine religiösen. Dieser Weg hat sich in der Vergangenheit als erfolgreich erwiesen. Unter dieser Vorgabe ist Darwins Theorie trotz aller Einwände noch immer die beste Erklärung für die Entstehung der Arten.

Die Vorstellung, dass das Leben nicht aus dem Kampf ums Dasein, sondern aus Gottes Willen entstand, mag humaner wirken. Doch die Theorie des Intelligenten Designs hat auch aus theologischer Sicht Mängel. Nach frühchristlicher Lehre formt Gott die Welt nicht aus dem Chaos, sondern erschafft sie aus dem Nichts.

Also beantwortet der Schöpfungsglaube nicht die Frage, wie die Welt entstand. Sie beantwortet vielmehr die philosophische Grundfrage, warum überhaupt etwas ist und nicht vielmehr nichts. Das Bekenntnis zum Schöpfer heißt: Gott will die Welt, wie sie ist; sie ist auch dann sinnvoll und gut, wenn sich ihr Sinn und ihre Güte dem Einzelnen nicht erschließen mögen.

Einiges spricht also gegen die Theorie des Intelligenten Designs. Trotzdem verdienen seine Vertreter Respekt und Gehör. Jeder Biologe hat das Recht, die Evolutionstheorie wissenschaftlich anzuzweifeln, selbst wenn ihn religiöse Motive dazu bewegen.

Leider wird den Vertretern des Intelligenten Designs dieses Recht von ihren Kollegen zuweilen verweigert.

Darwins Theorie kann sich durch Experimente und Naturbeobachtung als richtig oder falsch erweisen. Mancher übereifrige Evolutionsforscher versucht, christlich motivierte Einwände von Wissenschaftlern zu unterdrücken.

Nur: Wer eine Theorie gegen Kritik, egal von welcher Seite, abschottet, verhält sich nicht wie ein Wissenschaftler, sondern wie ein Ideologe. Solches Verhalten trägt kaum zur Wahrheitsfindung bei.

Ungeachtet dessen bleibt es dabei: Ob Darwin Recht hat oder nicht, entscheiden die Naturwissenschaften, nicht die Theologie.

Burkhard Weitz

Gibt es Wunder?

Die einen verlassen gesund und munter ihr Totenbett.
Die anderen, von Geburt an gelähmt, werfen
plötzlich ihre Krücken weg. Das Unmögliche wird möglich,
wenn die neue Zeit anbricht

Da gehen sie, als wären sie nie tot gewesen: Lazarus aus dem judäischen Dorf Betanien, Jesu Freund, Bruder von Maria und Martha, der bereits vier Tage im Grab gelegen hatte (Johannes 11,14 – 17). Oder die Tochter eines Gemeindevorstehers namens Jaïrus, an deren Totenbett die Flötenspieler bereits versammelt waren (Matthäus 9,18). Mal bringt die energische Aufforderung „Kommt aus dem Grab heraus" den Toten ins Leben zurück, mal erhebt sich das Menschenkind, kaum dass Jesus es bei der Hand gefasst hat.

Da geht er, als wäre er nie gelähmt gewesen, der Bettler am Tempel, „lahm von Mutterleibe" (Apostelgeschichte 3,2); ihn ergriff Jesus „bei der rechten Hand und richtete ihn auf". Es geschehen Wunder oder, wie sie in der Bibel genannt werden, Zeichen und „Krafttaten". Rund 30 schreiben die Evangelien Jesus zu: Krankenheilungen, Dämonenaustreibungen, Totenerweckungen und eine Reihe „Naturwunder":

Wasser verwandelt er in Wein, er beruhigt die aufgepeitschten Sturmwellen des Meeres.

Ist das wirklich möglich? Stimmt das, was in der Bibel steht? All diese Wunder haben etwas gemein: Sie „überschreiten die Grenzen des menschlich Möglichen" und berufen sich dabei auf Jesus Christus (Gerd Theißen, 1996). Als Wunder gelten „besondere Taten, die im Volk den Eindruck von Jesu Vollmacht vertieften", heißt es im Evangelischen Gemeindekatechismus. „Das wahre Wunder, von dem Jesus sprach und handelte, war die erwartete Offenbarung Gottes."

Die Wunder erhalten ihre Bedeutung also durch die näher rückende Heilszukunft. Sie sind gleichsam eine „Anzahlung" auf die neue Zeit, in der Krankheit und Unrecht besiegt sind, Gewalt dem Frieden gewichen ist, die ganze Schöpfung aufatmet.

Aber Achtung: Die Wunder sind keine objektiven, gleichsam gerichtsverwertbaren Beweise. Zwar beglaubigen die Wunder Jesu besondere Rolle als Heilsgestalt der neuen Zeit, aber wer ihm neue Wunder nur zur Legitimation seiner Messiasrolle abverlangt, ist nach biblischem Verständnis bereits auf dem Holzweg und geht mit seinen Wunderwünschen leer aus. Ist bei den Hilfsbedürftigen aber etwas Glauben, etwas Vertrauen da, selbst noch so klein und voller Zweifel, geht der Mann aus Nazareth auf die Wünsche ein. Eine sachlich neutrale Beobachtung von Wundern ist also prinzipiell unmöglich.

Ja, es gibt Wunder, auch heute. Nicht unbedingt so wie in den mittelalterlichen Wallfahrtskirchen und in den heutigen Heilungsgottesdiensten der Charismatiker, wo Krücken und Rollstühle zur Seite gestellt werden und Gelähmte mit geradem Rücken und erhobenen Hauptes nach Hause gehen. Wunder als Durchbrechung der wissenschaftlich bekannten Kausalitäten sind äußerst unwahrscheinlich.

Aber Wunder gibt es in zahlreichen anderen Formen: als Wunder der Liebe und der Lebensrettung, der Versöhnung und Genesung. Wunderberichte lassen sich nur „verstehen", wenn man sie als eine besondere literarische Erzählform sieht, die übrigens auch außerhalb der jüdisch-christlichen Tradition weit verbreitet war.

Diese literarische Gattung erkennen zu lernen brauchte seine Zeit. Ein passende Betrachtung biblischer Texte kam erst mit der sogenannten formgeschichtlichen Exegese. Waren bis zur Aufklärung die Wundergeschichten noch als Tatsachenberichte gelesen worden, wendete sich nun das Blatt. Der Schriftsteller Gotthold Ephraim Lessing (1729–1781) hatte noch argumentiert: Als Jesus den Sturm auf dem Meer stillte, fuhr das Boot wohl um eine Landzunge herum in eine windstille Bucht. So könnte es gewesen sein.

Doch das hätte in den Schreibstuben der Bibelautoren niemanden interessiert. Naturwissenschaftliche Deutungen laufen der Absicht der Wundererzähler entgegen. Nur wenn man diese Geschichten auf ihren Stil und ihre religiöse Sinnspitze hin abklopft, entgeht man der Falle der naturwissenschaftlichen Wunderanalyse. Die Frage heißt: Mit welcher Absicht haben die Christen solche Berichte erzählt? Die Antwort: Sie sollen den Wundermann als Propheten und Vorboten des kommenden Gottesreiches erscheinen lassen.

In diesem religiösen Sinn, nicht als Show, wird es weiter Wunder geben. Einschneidende Ereignisse werden das Leben von Menschen auch weiter verändern. Christen haben auch weiter den Auftrag, Zeichen zu wirken – getreu dem gar nicht bescheidenen Wort: „Heilt die Kranken und verkündet das Evangelium."

Eduard Kopp

Macht Gott auch das Wetter?

Er lässt die Sonne scheinen und Regen fallen. Er lässt Bäume blühen und Getreide wachsen. Dann schickt er Frost und Hagel, und alles ist kaputt – ein merkwürdiger Gott

Endlich Regen: eine Wohltat nach den Jahren der Trockenheit und der Heuschreckenplagen. Joel, der Prophet des Gerichts, hat nicht viel Schriftliches hinterlassen. Aber das, was er schrieb, lässt keinen Zweifel zu – Umweltkatastrophen und blühende Natur kommen ganz allein von Gott. „Ihr Kinder Zions, freuet euch und seid fröhlich im Herrn, eurem Gott, der euch gnädig Regen gibt und euch herabsendet Frühregen und Spätregen wie zuvor, dass die Tennen voll Korn werden und die Keltern Überfluss an Wein und Öl haben sollen. Und ich will euch die Jahre erstatten, deren Ertrag die Heuschrecken, Käfer, Geschmeiß und Raupen gefressen haben, mein großes Heer, das ich unter euch schickte. Ihr sollt genug zu essen haben…" (Joel 2,23 – 26)

Sonne und Regen als Lohn aus Gottes Hand, glühende Hitze, Stürme und Insektenbefall als Strafe. Wie die Bibel ist der traditionelle Volksglaube voll von solchen Vorstellungen. Das Sympathische daran:

Sie geben dem Gedanken Raum, dass diese Welt sehr viel mehr ist als das, was Menschen erdenken und bewerkstelligen können. Diese Welt ist ein Wunderwerk, mit ihren schönen – und ihren manchmal auch grausamen Seiten. Weniger sympathisch ist die Vorstellung, dass dieser Gott eifersüchtig über das Verhalten der Menschen wacht. Wohlverhalten belohnt er mit üppigen Gaben der Natur, Ungehorsam mit Zerstörung, Hunger, Tod.

Das große theologische Dilemma, das nicht einfach aufzulösen ist: Die Aussagen über den gnädigen oder zornigen „Wettergott" sind in der Bibel so zahlreich und vielfältig, dass sie zu Synonymen für Gottes Gnade und Ungnade geworden sind. Wenn ein Tsunami oder ein Tornado ungezählte Menschenleben sowie Hab und Gut zerstören, dann suchen selbst glaubensdistanzierte Menschen nach religiösen Erklärungen. Ihnen wird intuitiv deutlich: Was ihrem Leben Halt gab und nun weggebrochen ist, verdanken sie nicht sich selbst. Manche mögen an Glück, an glückliche Fügungen, an „positive Energien", an ein günstiges Schicksal denken. Christen glauben: Niemand kennt die Menschen so gut und kann sich so gut in sie hineinversetzen wie der, der sie erschaffen hat, Gott. Und der kümmert sich um sie.

Aber bis zum Wetter? Darf man Gott für einen duftenden Frühling, einen strahlenden Sommer, einen üppigen sonnendurchtränkten Herbst danken? Muss man ihm dann nicht auch Schneekatastrophen, eine verhagelte Obstblüte, verregnete Sommerferien und bedrohliche Herbststürme zurechnen? Wer die Bibel wörtlich liest, muss das wohl. Fundamentalisten wie die sogenannten Kreationisten tun das. Sie vermissen in der modernen wissenschaftlichen Meteorologie ein wesentliches Element, die Vorsehung Gottes. Viele Ereignisse ließen sich nicht erklären, wenn man den Einfluss Gottes ausblende. Die dahinterstehende Logik: Nur wenn eine göttliche Absicht nicht prinzipiell ausgeschlossen wird, lässt sich möglicherweise erklären, warum ein Blitz in ganz bestimmte Häuser, nicht aber in andere einschlägt. Und warum wohl ist der Blitz ausgerechnet neben dem Jurastudenten Martin Luther eingeschlagen (der sich daraufhin der Theologie zuwandte)?

Dennoch spricht wenig für eine „christliche Meteorologie" im Gewand eines unmittelbaren Eingreifens Gottes in die einzelne Wetterlage. Martin Luther hat genau das Richtige getan, als er nach dem Blitzeinschlag sein Leben auf den Prüfstand stellte und sich um die einzig wichtige Frage kümmerte: Wie bekomme ich einen gnädigen Gott? Joel, der Prophet des Alten Testaments, tat genau das Richtige, als er die Bevölkerung ins Gespräch zog und ihr ins Gewissen redete, moralisch und politisch. Eine Heuschreckenplage in Israel, ein Hagelsturm über bayerisch-katholischen Getreidefeldern, ein Tsunami vor den Küsten Sumatras: Sie alle haben natürliche Ursachen. Auch ein blauer Sommerhimmel über blühenden Bergwiesen und ein Regenschauer nach einem heißen Herbsttag lassen sich wissenschaftlich erklären. Aber niemand hindert Menschen daran, sie zum Anlass zu nehmen, sich über sich selbst und ihren Glauben im Klaren zu werden. Und darüber, was Dankbarkeit bedeutet.

Es muss ja beim Wetter nicht gleich so bieder zugehen wie in einer Anekdote aus dem Schweizer Kanton Waadt. Dort veranstaltete eine Gemeinde zur Regenabwehr eine Prozession. Plötzlich hagelte es. Geistesgegenwärtig rief der Pfarrer: „Nun haben wir aber zu stark gebetet."

Eduard Kopp

Hat Gott alles vorherbestimmt?

Seit Urzeiten stehe fest, wer das Heil erlangen und wer verdammt werde. Das behauptete der Reformator Johannes Calvin. Was er uns damit sagen wollte

„Free at last! Free at last! Thank God Almighty, we're free at last!" Die Zeilen aus dem Gospelsong stehen auf dem Grabstein des schwarzen Bürgerrechtlers und Baptistenpfarrers Martin Luther King (1929 – 1968): „Frei, endlich frei! Dank Gott, dem Allmächtigen, sind wir endlich frei." Das Lied gibt einer unerschütterlichen Erlösungshoffnung von Sklaven Ausdruck. Von Sklaven, für die es eigentlich nichts zu hoffen gab. Doch über eines waren sie sich sicher: Unsere vergänglichen Leiber mögen zugrunde gehen, doch unser wahres Ich wird den Sieg davontragen. In den Augen der Weißen sind wir gering, doch Gott hat uns zum Heil vorherbestimmt.

Dass Gott einige Menschen seit Anbeginn der Welt zum Heil vorherbestimmt habe, das lehrte der französische Reformator Johannes Calvin (1509 – 1564). Er war dem Schlachtruf der Reformation gefolgt: „Allein aus Gottes Gnade sind wir erlöst." Aus eigener Kraft könne der

Mensch nichts zu seiner Erlösung tun, Gott allein erwähle zum Heil. Und Calvin versicherte den protestantischen Glaubensflüchtlingen, die damals in Genf Zuflucht suchten: „Christus ist der Spiegel, in dem wir unsere Erwählung ohne Täuschung sehen können."

Für Calvin stand fest: Die Erwählten erlangen ewige Seligkeit, die Verworfenen dagegen ewige Verdammnis. Das sei Gottes unabänderlicher Ratschluss, der seit Beginn der Schöpfung feststehe. Daher spricht man auch von der „Lehre von der doppelten Prädestination".

Diese Lehre war schon zu Calvins Zeiten heftig umstritten. Sieht Gott wirklich einige Menschen für die Verdammnis vor? Gott will doch, dass alle durch Christus gerettet werden (1. Korinther 15,22)! Und sollte Gott tatsächlich für das Böse verantwortlich sein, das er dann bekämpft?

Theologische Lehren sind keine exakten Beschreibungen der Wirklichkeit. Sie sind Annäherungen, Deutungen. Ihr Wahrheitsgehalt entscheidet sich daran, ob sie zum Jesus der Bibel passen, zum Gottessohn, der ein wahrhaftiger Mensch war, dem kein Leid fremd war. Theologische Lehren sind keine abstrakten Feststellungen. Sie können versteckte Appelle enthalten, zu Demut aufrufen, Mut machen. Und sie können, wenn sich die Lebensumstände ändern, späteren Generationen plötzlich unangemessen und falsch erscheinen.

Als die Protestanten viele Jahre nach Calvin vor Verfolgung sicher waren, verlor die Prädestinationslehre ihre ursprüngliche Wirkung. Half sie zu Calvins Zeiten den Verzweifelten, sich gegen ein übermächtiges Schicksal zu wappnen, so ließ sie sich später als Ausdruck von Überheblichkeit missdeuten.

Spaßvögel haben versucht, die Weltreligionen mit dem englischen Spruch „Shit happens" zu erklären, zu Deutsch: Dumm gelaufen. Ein Hindu würde demnach im Sinne der Reinkarnationstheorie feststellen: „This shit happened before": Das ging schon einmal schief. Ein Jude würde das Leid seines Volkes beklagen: „Why does this shit always happen to us?": Warum trifft es immer uns? Ein Protestant calvinistischer Prägung würde beten: „Let this shit happen to others": Sollen die anderen zur Hölle fahren, er selbst ist sich seiner Erlösung gewiss. Eine karikierende Überzeichnung – mit wahrem Kern.

Als von Gott für das Heil vorbestimmtes Volk sahen sich viele weiße Sklaventreiber in den USA und viele südafrikanische Buren bis zum Ende der Apartheid (zu Beginn der 1990er Jahre). Mit dieser Sicht begründeten sie ihren Rassismus: dass nur sie bestimmte Strände betreten, auf bestimmten Bänken sitzen oder in bestimmte Busse steigen dürften, die farbigen Einwohner des Landes aber nicht.

Dennoch: Die aus Afrika verschleppten Frauen und Männer eigneten sich in Amerika die Religion ihrer Unterdrücker an. Dieselbe Lehre, mit der die Weißen ihre Überlegenheit begründeten, beanspruchten die Sklaven für sich. Vielleicht konnte Calvins Lehre von der Prädestination deshalb ihre Kraft in den Gospels entfalten, weil sie da wieder angekommen war, wo sie hingehörte: in den Herzen der Unterdrückten. „Oh, when the saints go marching in…" – „Wenn die Geheiligten einziehen werden, will ich zu ihnen zählen." Was aus dem Munde des Sklaventreibers eine Anmaßung wäre, klingt aus der Kehle der Sklaven würdevoll.

Dass Gott alles vorherbestimmt hat, ist kein Naturgesetz. Calvins Lehre ist ein Trostwort für die Bedrückten. Sie ist Ausdruck einer Heilsgewissheit in aussichtsloser Lage.

Burkhard Weitz

Wie viel Zweifel verträgt der Glauben?

Christen nehmen sich ganz schön was heraus: Sie debattieren regelmäßig mit ihrem Gott, bekritteln die Kirche – für Gläubige anderer Religionen undenkbar

Diese Bibel muss man einfach lieben – nicht zuletzt wegen der Gelassenheit, mit der ihre Hauptakteure die penetranten Störungen ihrer öffentlichen Auftritte ertragen. Nehmen wir Jesus von Nazareth. Er ist nicht nur fortgesetzt den verqueren Fragen der Pharisäer ausgesetzt, sondern stößt sogar auf die massiven Zweifel der eigenen Anhänger.

Und die Bibel transportiert diese Zweifel haarklein. Da hatte Jesus sich selbst in der Synagoge von Kapernaum wortreich als „Brot des Lebens" angepriesen, dessen Genuss Unsterblichkeit schenke. Das ging den anwesenden Zuhörern und auch den meisten seiner Anhänger entschieden zu weit. Die Bibel vermerkt ungerührt: „Von da an wandten sich viele seiner Jünger ab und gingen hinfort nicht mehr mit ihm." (Johannes 6,66)

Sätze wie dieser lassen einen besonderen Grundzug der Bibel erkennen: Sie rechnet allenthalben mit den Zweifeln der Menschen, selbst bei zentralen Glaubensinhalten. Wenn man so will: Die Religionsfreiheit ist in der Bibel, anders als zum Beispiel im Koran, bereits zugrunde gelegt. Gerade darin zeigen sich Stärke und Menschennähe der Bibel: Sie kleistert Fragen und Vorbehalte nicht mit unhinterfragbaren Weisheiten zu. Ohne die Freiheit des Menschen, sich auf das Angebot Gottes einzulassen, wäre der Glaube eine reine Gehorsamsfrage.

Wo sich Menschen auf ein ganzes Lebenskonzept einlassen, müssen sie auch Fragen stellen dürfen. Immerhin geht es ja nicht nur um den Wahrheitsgehalt einzelner Aussagen, mit denen man sich geistig auseinandersetzt, sondern um den Sinn des eigenen Lebens. Dazu gehören so weitreichende Haltungen wie die Bereitschaft, sich selbst ganz und gar als Geschenk anzusehen (und eben nicht als Produkt der eigenen Fähigkeiten und Leistungen); das Vertrauen, dass gute Mächte die Hand über einen halten (und hektische Sorgen um das eigene Wohlergehen damit überflüssig werden); die Zuversicht, dass die Liebe Gottes auch grobe Fehlleistungen der Menschen noch zu heilen vermag (und diese nicht das endgültige eigene Scheitern bedeuten).

Versteht man den Glauben in diesem umfassenden Sinn als Lebenseinstellung und eben nicht als Summe von Katechismusweisheiten, dann verändert sich auch die Zielrichtung der Frage: „Wie viel Zweifel verträgt der Glauben?" Zweifel an einzelnen theologischen Glaubenssätzen können und müssen sein; sie haben geringeres Gewicht als Vorbehalte gegenüber der Hoffnung, dass man in Gottes Hand geborgen sei. Das eine sind intellektuelle Anfragen, das andere grundsätzliche Zweifel daran, was dem eigenen Leben Sinn und Richtung geben kann. Oft genug kommen hinter einzelnen Sachfragen auch grundsätzliche Lebensfragen zum Vorschein. Da gilt es, klar zu unterscheiden.

Paul Tillich, einer der bedeutendsten evangelischen Theologen der ersten Hälfte des 20. Jahrhunderts, sprach vom „protestantischen Prinzip", wenn er auf die notwendige Kritik an kirchlichen Institutionen und Traditionen, an festgefahrenen Denk- und Verhaltensmustern zu sprechen kam. Gerade, weil er die lutherische Rechtfertigungslehre und damit den Vorrang göttlicher Gnade vor aller Leistung betonte, kritisierte er jede Überbetonung von Strukturen und Denkweisen, sei es in Bezug auf Staats- oder Gesellschaftsformen, sei es selbst der Kirchen, Konfessionen oder Dogmen. „Das protestantische Prinzip", so erklärte einmal Heinz Zahrnt, der evangelische Theologe und Journalist, „greift alle geheiligten Autoritäten, Mächte, Überlieferungen, Lehren und Institutionen an und unterwirft sie der Kritik. Es kämpft gegen jede Vergegenständlichung Gottes, es duldet keine heiligen Orte, Personen, Handlungen und Stunden: Niemand kann das Göttliche an Raum und Zeit binden."

Dieser Zweifel als innerstes evangelisches Prinzip ist zwar etwas anderes als die Religionsskepsis moderner Menschen, aber beides hat auch wieder miteinander zu tun. Denn gerade dadurch, dass der Protestantismus jeden menschlichen Anspruch auf unbedingte Autorität infrage stellt, trifft sich sein Anliegen mit der Skepsis derer, die der Kirche kritisch gegenüberstehen.

Wer allerdings in einer Haltung der Kritik verharrt, dem bleibt etwas Wesentliches verborgen: dass hinter den allzumenschlichen, manchmal selbstverliebten Seiten einer Kirche die eigentliche Kirche zu finden ist: die die Zweifler liebt.

Eduard Kopp

Was ist eine Sekte?

Manchmal geht es nur um ein paar kleine Geheimnisse. Oder darum, wie man die Bibel liest. Doch spätestens dann, wenn dieser Glauben die Freiheit vertreibt, ist Kritik gefragt

Allein schon der Name: „Sonnentempler"! Eine religiöse Gruppe dieses Namens machte Mitte der Neunziger Schlagzeilen. In Erwartung eines anderen, eines besseren, lichten Lebens griffen sie dem befürchteten Weltuntergang vor: Insgesamt 74 Menschen in der Schweiz, in Frankreich und Kanada legten Hand an sich selbst oder an andere. Sie taten dies in der Erwartung, der Tod sei leicht zu bewältigen, der Lohn des Sterbens ein neuer Bewusstseinszustand.

Eine Sekte im umgangssprachlichen Sinn: eine religiöse Gruppierung, die Emotionen und Fantasie der Menschen anregte. Und ein Vorfall, der alles hatte, was Journalisten lieben: geheimnisvolle Umtriebe, gepaart mit Erlösungs- und Verschwörungsfantasien; autoritär-charismatische Führergestalten, die radikale Disziplin und Unterwerfung fordern; eine selbst gewählte Distanz zur Öffentlichkeit. So versteht man eine Sekte im landläufigen Sinne, als Gruppierung, mit der man sich als moderner, demokratisch gesinnter, religiös mündiger Mensch besser nicht einlässt. Fällt in den Medien der Begriff Sekte, dann oft in der Bedeutung: Hier geben sich Menschen einem Irrglauben hin, der sie selbst und andere in Gefahr bringt und die Freiheitsrechte grob verletzt. Es ist ein Begriff mit klar negativer Bedeutung.

Auch die Kirchen benutzen diesen Begriff. Die lutherischen Kirchen in Deutschland veröffentlichen in regelmäßigen Abständen neue Auflagen ihres „Handbuchs Religiöse Gemeinschaften", in dem sie auch Sekten auflisten, darunter die Neuapostolische Kirche, die Zeugen Jehovas und die (anthroposophische) Christengemeinschaft. Ganz anders als im umgangssprachlichen Sinn bezeichnet hier eine Sekte konfessionelle Unterschiede. Es geht um Differenzen in der Lehre, zum Beispiel im Verständnis des Evangeliums. Die Kirchen legen Wert darauf, dass sie das Wort rein deskriptiv, nicht wertend benutzen.

Das Bundesverfassungsgericht seinerseits entschied im Jahr 2002, dass die Osho-Bewegung (der frühere Bhagwan-Kult), die 1984 Salmonellen-Anschläge auf die Bevölkerung von The Dalles, Oregon, USA, verübte, durchaus als Sekte bezeichnet werden durfte, denn eine Abwertung sei damit nicht verbunden. Dieser Begriff, so wird schnell klar, hat sehr unterschiedliche Bedeutungen.

Die ursprüngliche reicht in die Antike zurück. Abgeleitet aus dem lateinischen „sequi", „folgen", ist eine Sekte nichts anderes als eine Gefolgschaft. Sekten in diesem Sinn waren religiöse, philosophische oder politische Gruppen, die sich um einen Führer scharten. Nicht zuletzt war das Christentum selbst eine jüdische Sekte, die der „Nazarener".

Auch der entsprechende griechische Begriff für Sekte – „hairesis", die „Häresie", wörtlich „Denkweise, Wahl" – bezeichnet zunächst nur eine philosophische oder religiöse Schule, ohne sie einer pauschalen Abwertung zu unterziehen. In der Apostelgeschichte des Neuen Testaments werden so zum Beispiel wichtige jüdische Religionsparteien als häretisch bezeichnet: die der Pharisäer und der Sadduzäer.

Zur Kriminalisierung der Sekten kam es im Mittelalter und in der frühen Neuzeit. Kaiser Friedrich II., Triebfeder der Inquisition, sanktionierte im frühen 13. Jahrhundert Ketzer- und Sektierertum mit Ächtung und Tod. Sektierer waren also nicht nur theologische Irrlehrer, die die Einheit der Kirche beschädigten, sondern zugleich „Verbrecher gegen den Staat" (Paul Tillich). In der Reformationszeit gelten als Sekten die Religionsgemeinschaften, denen die staatskirchenrechtliche Anerkennung fehlt – die also weder katholisch noch lutherisch oder, später, reformiert waren. Als das Staatskirchentum 1919 endete, gab es auch keine Sekten mehr, jedenfalls nicht im staatskirchenrechtlichen Sinne.

Zwar hält sich in der Soziologie und in der Konfessionskunde der Begriff der Sekte noch etwas, aber er verliert an Bedeutung. Es gibt sicherlich bessere Wege zu beschreiben, wie religiöse Gruppen in Spannung und Widerspruch zu ihrer Umwelt stehen. Der Begriff der Sekte wird sich wohl nie ganz aus dem Gestrüpp moralischer Werturteile befreien. So wäre es besser, ganz auf ihn zu verzichten.

Eduard Kopp

Was ist religiöser Fundamentalismus?

Jedes Wunder wörtlich nehmen, keine Wahrheit außer der eigenen gelten lassen: Manche Protestanten folgen einer Moral ohne Kompromisse – aber Gewalttäter sind nur wenige unter ihnen

Auf dem Weg in die Klinik macht David Gunn an einer Tankstelle Pause, er liest Zeitung und trinkt einen Becher Kaffee. Michael Griffin hat ihn nur zufällig entdeckt. Man kennt Gunn in der kleinen Stadt in Florida, er ist der „Abtreibungsarzt".

Griffin spricht ihn an: „David Gunn, der Herr hat mir gesagt: Sie haben noch eine Chance." Fünf Tage später, am 10. März 1993, schießt Griffin Gunn in den Rücken. Es war der erste Mord eines Abtreibungsgegners an einem Arzt in den USA. Seine Tat begründete Griffin mit einem Bibelzitat: „Wer Menschenblut vergießt, dessen Blut soll auch durch Menschen vergossen werden." (1. Mose 9,6)

Griffins Insistieren auf einzelnen Bibelversen ließ ihn jeden anderen Gedanken ausblenden, sein Fanatismus schürte seinen Zorn. Einen wie ihn nennt man landläufig einen Fundamentalisten. Zu Recht?

Seinen Namen verdankt der Fundamentalismus einer Schriftenreihe, in der sich erzkonservative US-Protestanten gegen die liberalen Protestanten vor allem aus Europa abgrenzten.

„The Fundamentals" erschienen zwischen 1910 und 1915. Ihr Anliegen: ein „wörtliches" Bibelverständnis. Damals wie heute sagen Fundamentalisten, dass die Welt in sechs Tagen erschaffen worden und 10.000 Jahre alt sei. Dass eine Sintflut den Globus bedeckte und Mose alle Bücher Mose geschrieben habe. Dass biblische Wunder wirklich geschehen seien und Jesus bald wiederkomme. Jeden Versuch, die Bibel historisch zu verstehen, lehnen sie ab. Ihre Ethik ist konservativ, sie verteufeln Abtreibung und Homosexualität.

Seit den achtziger Jahren verschafft sich die religiöse Rechte in den USA mit fundamentalistischen Ansichten zunehmend Gehör. Sie will ihr Weltbild im Schulunterricht verankert sehen, sie fordert Gesetze gegen Abtreibung und Homosexualität. Die Grenzen zwischen religiöser Rechter und radikalen Fundamentalisten sind fließend. Oft wird der Begriff „Fundamentalismus" aber auch sehr eng verstanden und nur auf radikale Bibeltreue bezogen, die sich in sekten-ähnliche Gemeinschaften zurückgezogen haben.

Seit 1985, als die Hisbollah im Libanon amerikanische Geiseln nahm, ist auch von islamischem Fundamentalismus die Rede. Um der amerikanischen Öffentlichkeit die Außenseiterposition der Radikal-Muslime verständlich zu machen, verglichen Journalisten sie mit den Fundamentalisten daheim. Der Begriff verselbständigte sich. Religiöser Fundamentalismus wurde zum Kampfbegriff gegen Fanatiker und Terroristen. Er gilt schiitischen Radikalen, Muslimbrüdern, Hamas- und Al-Qaida-Terroristen ebenso wie nationalistischen Hindus, radikal-konservativen Katholiken und starrsinnigen Athos-Mönchen.

Ob solche Übertragungen immer sinnvoll sind, ist fraglich. Denn sie suggerieren Ähnlichkeiten, wo es kaum welche gibt, und Differenzen, die so nicht vorhanden sind.

Irreführend wäre zum Beispiel der Eindruck, nur radikale Islamisten glaubten an die Unfehlbarkeit des Korans. Das tun alle religiösen

Muslime. Falsch wäre erst recht der Eindruck, Fundamentalisten seien immer Geiselnehmer und Bombenleger. Selbstverständlich sind die meisten Fundamentalisten friedlich.

Dennoch: Fundamentalistische Verblendung trug sicher dazu bei, dass Michael Griffin den Arzt David Gunn erschoss. Die Moderne war Griffins Angstgegner. Die einseitige Fixierung auf bestimmte Fundamente seines Glaubens versperrte ihm den Blick auf Mitmenschen, für die ihn der Glaube doch eigentlich öffnen sollte.

Griffin klammerte sich an einzelne Bibelverse und überlas andere. Warum hat er sich nicht an die Geschichte von Jesus und der Ehebrecherin gehalten? Dann hätte er sich nicht zum Richter über Leben und Tod erheben können. Als Männer eine Ehebrecherin unter Berufung auf die Gebote steinigen wollten, warnte Jesus sie: „Wer von euch ohne Sünde ist, werfe den ersten Stein." Und keiner warf. (Johannes 8)

Fundamentalisten sind konservative Protestanten, die die Bibel wörtlich verstehen und die Moderne verkommen finden. Man mag sie für skurril halten, gewalttätig sind nur wenige unter ihnen. Und religiöse Gewalttäter sollte man als das bezeichnen, was sie sind: Fanatiker und Terroristen.

Burkhard Weitz

Hat Gott Eltern?

Gott wurde Mensch. Gottvater hat ihn gezeugt, die Gottesmutter ihn geboren. Doch schon fangen die Fragen an. Denn in manchen christlichen Texten klingt es so, als ob Gott sein eigener Vater wäre

„Er kommt aus seines Vaters Schoß und wird ein Kindlein klein", schmettert der Knabenchor ein letztes Mal zum Ende der Weihnachtszeit, am zweiten Februar. Die Chorleiterin will es wissen. „Was meint ihr: Wer ist denn mit dem Kindlein gemeint?", fragt sie in die Runde. Ein schmächtiger Junge meldet sich. „Jesus", sagt er. „Richtig", sagt die Chorleiterin. Dann erklärt sie die nächste Strophe: „Gleich singen wir, wie Gott ein Kind in der Krippe wird." Der Junge meldet sich wieder: „Ist das Kind in der Krippe Gott?" – „Ja", sagt die Chorleiterin, „so kann man das sagen." – „Hat Gott Eltern?", fragt der Junge. Die Chorleiterin stutzt. So hat sie noch nie darüber nachgedacht.

Ganz abwegig ist die Frage nicht. Christen sprechen oft so von Gott, als habe er eine Familie. Es gibt einen Gottessohn, gezeugt von Gottvater und geboren von der Gottesmutter Maria. Spätestens am Karfreitag wird es dann allerdings schwierig mit den Verhältnissen innerhalb der göttlichen Familie. Da heißt es, Gott selbst sterbe den Tod am Kreuz. Doch in den Momenten zuvor betet der dem Tode Geweihte: „Mein Gott, mein Gott, warum hast du mich verlassen?" (Markus 15,34)

Und weiter: Seine Mutter steht in tiefer Trauer neben dem Kreuz. Unverständlich bleibt an dieser Szene: Wenn Vater und Sohn getrennte Personen, aber beide doch Gott sind, müsste der Sohn ja sein eigener Vater sein: eine unsinnige Vorstellung. Und wenn die Gottesmutter Maria ein normaler Mensch, ein Geschöpf Gottes ist, hätte Gott seine eigene Mutter erschaffen. Auch das klingt – wörtlich verstanden – wenig überzeugend. Wie passt das zusammen?

Religiöse Sprache ist in erster Linie Bildsprache. Sie verwendet Begriffe der Alltagssprache, um in einfache Bilder zu kleiden, was sich sonst nur sehr umständlich sagen ließe.

Dass Gott seinen Geschöpfen nahe ist und für sie sorgt, auch wenn dies in schweren Zeiten nicht den Anschein hat, formulieren Juden und Christen ganz einfach. Sie sagen, Gott sei den Menschen ein Vater. Dass Jesus Gott besonders nahe stand und vorlebte, wie der Mensch nach Gottes Willen sein soll, formulieren sie so: Jesus war Gottes Sohn.

Symbole aus dem Bereich der Familie spielen in vielen Religionen eine wichtige Rolle. Das ist nicht verwunderlich: Kein Jungtier kommt so schutzlos zur Welt und ist annähernd so lange auf die Fürsorge seiner Eltern angewiesen wie das Menschenkind. Die Eltern sind ein Leben lang wichtige Bezugspersonen. Selbst wenn die Elternbeziehung gestört ist und man sich von den Eltern abzugrenzen versucht, wirkt ihr Einfluss lange nach. Die eigene Familie kann sich kein Mensch aussuchen. Fast niemand kann sich ihrem Einfluss ganz entziehen.

Manche Religionen vergleichen die Erschaffung der Welt mit einem Zeugungsakt: Der Himmelsgott und Vater aller Dinge befruchtet Mutter Erde mit seinem Samen. Gottheiten gelten in solchen Religionen im wörtlichen Sinne als Eltern, sie zeugen und gebären alles Leben. Judentum, Christentum und Islam hingegen kennen keine solchen Schöpfungsmythen. Sie sehen den Menschen nicht in einer Abstammungslinie mit der Götterwelt. Der Mensch gilt ihnen vielmehr als diesseitiges Gegenüber zum jenseitigen Gott.

Gottheit und Menschenwelt sind in allen monotheistischen Religionen voneinander streng getrennt. Ihnen zufolge hat Gott alle Menschen aus Staub erschaffen. Gleichwohl nennen Juden und Christen Gott einen Vater, manchmal auch eine Mutter. Wenn sie das tun, meinen sie damit aber nicht einen Verwandtschaftsgrad, sondern ein besonders inniges Gottesverhältnis. Gott einen Vater zu nennen heißt, ihm zu vertrauen, und zwar so, wie man seinem irdischen Vater vertraut – oder wie man seinem irdischen Vater gern vertraut hätte.

Kein Mensch kann nach Vorstellung der monotheistischen Religionen Gott sein. Wer es dennoch zu sein beansprucht, gilt als größenwahnsinnig. Für Christen kann Gott aber sehr wohl Mensch sein.

In der Person Jesu Christi, von einer menschlichen Mutter geboren, nimmt Gott eine irdische Existenz an. Gott wird ein wahrhaftiger Mensch. Und die Menschen sollen es Gott gleichtun: Sie sollen ebenfalls wahrhaftige Menschen werden.

Hat Gott also Eltern? Nicht im wörtlichen Sinne. Gott ist ewig und kann allein schon deshalb keine Vorfahren haben. Gottvater und Gottmutter sind Symbole. Sie deuten auf eine innige Beziehung zu Gott hin. Und als Gottessohn zeigt Gott den Menschen, was wahre Menschlichkeit ist.

Burkhard Weitz

Gab es im Paradies keine Sünden?

Es ist ein Ort der Freiheit und der Unschuld. Sorglos leben die Menschen in den Tag. Bis dieses unbeschwerte Leben sie eines Tages überfordert

Zu essen gibt es reichlich. Auf den Bäumen wachsen die schönsten Früchte. Zwar gibt es einiges zu tun im Garten, aber keine mühselige Ackerei. Die Flüsse führen Gold und Edelsteine. Nackt und ungeniert bewegen sich Adam und Eva durch die Welt. Von Sorgen keine Spur. Paradies eben.

Grenzenlose Freiheit. Aber es gibt zwei Ausnahmen. Zwei Bäume sind nach göttlichem Gebot für die Menschen tabu. Würden sie Obst vom „Baum des Lebens" essen, würden sie unsterblich werden. Und äßen sie Früchte vom „Baum der Erkenntnis von Gut und Böse", könnten sie in Zukunft diese Unterscheidung treffen.

Diese Verbote, vor allem das zweite, klingen merkwürdig in den Ohren von Menschen, die die Aufklärung als geistige und kulturelle Errungenschaft verstehen. Um die Erkenntnis von Gut und Böse bemühen sie sich ein Leben lang, manche sogar von Berufs wegen: Lehrer,

Richter, Eltern, Pfarrer, Philosophen, Politiker. Kann Erkenntnis ernsthaft etwas sein, was Gott den Menschen vorenthält? Wie passt denn das zusammen mit dem vorausgehenden Auftrag Gottes an die Menschen, sich die Erde untertan zu machen? Das können sie doch nur, wenn sie Gut und Böse, Richtig und Falsch unterscheiden können. Alles andere ergäbe ein grandioses Chaos. Doch solche Erkenntnis ist hier nicht gemeint. Auch Gottes zweites Verbot, nämlich vom Baum des ewigen Lebens zu essen, ist heutigen Menschen kaum mehr verständlich. Jeder Arzt kämpft darum, das Leben der Menschen zu erleichtern und zu verlängern. Auch theologisch ist es nicht anrüchig, sich um das ewige Leben zu bemühen. Das gilt doch für Christen als erstrebenswertes Ziel.

Verbote im Paradies – das scheint ein Widerspruch zu sein. Jedenfalls das Ende der Vermutung, dass dort unbeschwerte Freiheit in jeder Hinsicht herrscht: ein Leben im Überfluss, spielend leichte Arbeit, angstfreie Sexualität, ein Leben im Einklang mit der Natur. Es ist anders. Diese traumhafte Situation dient dramaturgisch vor allem dem Zweck, drohendes Unheil zu illustrieren. Das Paradies wird erst dadurch interessant, dass die Menschen mit ihm überfordert sind.

Kaum haben Adam und Eva vom Baum der Erkenntnis gegessen, merken sie, dass sie nackt sind. Das ist keine Anspielung auf ihre Sexualmoral. Die Pointe geht anders. Nackt und bloß stehen sie nach der Tabuverletzung vor Gott. Sie wollten Gott ähnlich werden, so viel wissen wie er. Durch ihre Tat ist ihr Verhältnis zu Gott beschädigt. Das ist die eigentliche Sünde.

Diese Nacktheit ist viel grundsätzlicher, viel umfassender als körperliche Blöße. Adam und Eva verbergen sich vor Gott, der – so die biblische Erzählung – in der kühlen Abendluft im Garten spazieren geht und sie eigens aus ihrem Versteck hinter den Bäumen herauslocken muss: „Mensch, wo bist du?"

Gab es im Paradies keine Sünden? Nicht solche, die sich zum Beispiel auf Eigentumsrechte oder die körperliche Unversehrtheit der Menschen bezogen hätten. Denn wenn alles allen gehört, wie könnte man dann etwas stehlen? Wenn niemand Feindschaft empfindet, warum sollte er übergriffig werden? Es gab auch keine Verstöße gegen Gottes Auftrag, die Erde sachgemäß zu verwalten, Pflanzen und Tiere zu hegen und zu pflegen. Es gab – das nebenbei bemerkt – keine sexuellen Verstöße. Denn wer die Paradiesgeschichte der Bibel liest, erfährt: Es gab noch gar kein sexuelles Bewusstsein, geschweige denn die Zeugung von Nachkommen.

„Mensch, wo bist du?" hieß das Motto des Bremer Kirchentags 2009. Mit dieser Frage rief Gott die Menschen aus ihrem Versteck. Sie sollten sich seinen Fragen und ihrer Verantwortung stellen. Es ging beim Kirchentag viel um die politische und gesellschaftliche Verantwortung der Menschen. Zwanzig Jahre nach dem Mauerfall, vier Monate vor der Bundestagswahl, in einer Zeit massiver wirtschaftlicher Turbulenzen sollten sich Männer und Frauen aus der Deckung trauen und sagen, wie sie ihre Verantwortung wahrnehmen wollen.

In der Paradiesgeschichte ist es die eigene Maßlosigkeit, die den Menschen zum Verhängnis wird. Dies kann, dies muss man gegenwärtig auch wirtschaftlich sehen. Das Bankensystem hat offensichtlich seine Unschuld verloren. Paradiesische Zustände herrschen allenfalls noch für prämienbegünstigte Manager.

Eduard Kopp

Sind wir von Geburt an Sünder?

„Sind so kleine Füße…", sang man einst, denn Kinder galten als Inbegriff der Unschuld. Dabei gibt es gute Gründe, sie als sündig anzusehen

„Sind so kleine Hände, winz'ge Finger dran. Darf man nie drauf schlagen, die zerbrechen dann. Sind so kleine Füße mit so kleinen Zehn. Darf man nie drauf treten, könn' sie sonst nicht gehn." So dichtete 1978 die Liedermacherin Bettina Wegner über die Kinder, die – unbelastet von den Einflüssen der Erwachsenenwelt – ins Leben starten. Solche Lieder haben lange Zeit unsere Vorstellung vom unschuldigen Kind geprägt.

Aber es gibt auch solche Meldungen: Ein Grundschüler sticht seine Lehrerin nieder; ein Junge, mitten in der Pubertät, läuft Amok in der Schule; Mädchen quälen eine Außenseiterin. Die Vorstellung von der reinen Kinderseele lässt allzu viele Fragen offen.

Psychologen und Pädagogen müssen sich ganz schön ins Zeug legen, um die Ursachen der Gewalt von Kindern und Jugendlichen zu erklären. Mal suchen sie die Gründe in einer zerrütteten Familie, mal im Leistungsdruck in der Schule, mal in genetisch bedingter Verhaltensauffälligkeit. Ist das unsoziale Verhalten, zumindest in manchen Fällen, von Anfang an da?

In der alten christlichen Lehre gilt der Mensch von Geburt an als Sünder. Entgegen einem verbreiteten Missverständnis bezeichnet das Wort Sünde allerdings nicht die einzelne moralische Verfehlung, sondern etwas Grundsätzliches: die Entfremdung des Menschen von Gott. Entfremdung bedeutet hier: Der Sünder verschließt sich für das, was Gott ihm sagen will. Das heißt: Er überhört die innere Stimme, die ihn an das erinnert, was moralisch geboten wäre, zum Beispiel achtsam mit anderen Menschen umzugehen.

Sünde kann aber auch die Deformation einer ganzen Gesellschaft bezeichnen. Das heißt: Kinder werden in soziale Verhältnisse geboren, die es ihnen schwer machen, gute Menschen zu werden. Die christliche Tradition sagt deshalb: Jeder Mensch kommt im Machtbereich der Sünde zur Welt. Das Kind selbst ist daran unschuldig. Es steht gleichwohl im Bann der Sünde.

Ein biblischer Mythos erzählt, wie die Sünde entstand. Adam und Eva lebten im Paradies in Einklang mit Gott. Die Schlange, Symbol der Zerstörung, verführte die beiden dazu, von der Frucht eines Baumes zu essen, deren Genuss ihnen Gott verboten hatte. Die Schlange stellte ihnen etwas Verlockendes in Aussicht: zu sein wie Gott und also Gutes und Böses zu erkennen. Von dieser Aussicht verführt, missachteten Adam und Eva das Verbot. Und was erkannten sie? Dass sie nackt und bloß, also schutzlos waren. Deshalb versteckten sie sich vor Gott (1. Mose 3).

Nach dieser Geschichte entsteht Sünde aus dem Wunsch, wie Gott sein zu wollen: unfehlbar, unverletzlich, unsterblich. Der Kirchenlehrer Augustin (354–430) nannte diese Sünde die „Ursprungssünde" (lateinisch: peccatum originalis).

Seine Auffassung: Dieser Sündenfall ereigne sich täglich von neuem und zwar im Leben jedes einzelnen Menschen. Diese Ursünde ist also kein einmaliges historisches Ereignis. Irreführend ist deshalb die deutsche Übersetzung des Wortes mit „Erbsünde".

Der Reformator Martin Luther (1483–1546) machte sich wenig Illusionen über die Fähigkeit des Menschen, sich grundlegend moralisch zu bessern. Der Mensch sei so in der Sünde gefangen, dass er sich nicht aus eigener Kraft befreien könne. Gerade diejenigen, die sich um moralische Perfektion bemühten, stünden besonders in Gefahr, eitel und arrogant zu werden, warnte Luther. Viel besser ergehe es denen, die um ihre eigene Fehlerhaftigkeit wissen und sich deshalb mit moralischen Urteilen über andere zurückhalten.

Luther ließ seiner Verachtung für Scheinheiligkeit gern und oft freien Lauf. Einmal schrieb er sogar: „Pecca fortiter!" Auf Deutsch: „Sündige stark – doch glaube noch stärker an Christus, den Sieger über alle Sünde." Wer hart mit sich ins Gericht gehe, brauche nicht zu verzweifeln. Sein himmlischer Richter, Christus, sei gnädig und rechne dem reuigen Sünder seine Schuld nicht an.

Mit sich ins Gericht gehen oder schon von vornherein auf die Stimme des Gewissens hören – das kann aber nur, wer es auch gelernt hat. Je kleiner Kinder sind, desto mehr sind sie daher Opfer der Umstände, in denen sie aufwachsen. Sie können wenig dafür, wenn sie die Laster ihrer erwachsenen Umgebung nachahmen. Kinder müssen Regeln respektieren lernen. Eine Chance, das zu lernen, haben sie nur, wenn sie durch Liebe und Zuwendung eine starke Selbstsicherheit entwickeln, nicht aber, wenn sie mit Schuldgefühlen überfordert und eingeschüchtert werden.

In Kindern reift das Bewusstsein für das, was sie anderen Menschen an Verletzungen zufügen, allmählich heran. Sie sind nicht in vollem Maße schuldfähig. Erst der mündige Mensch muss für seine Sündhaftigkeit geradestehen. In Sünde lebt er aber schon von Geburt an.

Burkhard Weitz

Wie wird man Messias?

Das hängt davon ab, ob man damit einen jüdischen König oder einen amerikanischen Präsidenten meint

„**Messias gesucht. Für** die Position eines/r Königs/Königin suchen wir eine kommunikationsstarke Persönlichkeit mit Führungskompetenz und Überzeugungskraft. Er/sie sollte in der Lage sein, Menschen für ihre/seine Visionen zu begeistern und Konflikte zu schlichten. Gefordert wird übermenschlicher Einsatz zum Aufbau einer neuen Gesellschaft. Wunder und Überstunden im göttlichen Auftrag werden nicht extra vergütet."

Wie wird man eigentlich Messias? Zum Beispiel dadurch, dass man in Zeitungskommentaren dazu hochgeschrieben wird, wie es dem amerikanischen Präsidenten Barack Obama geschah. Journalisten machten „geradezu messianische Hoffnungen" aus, erkennbar schon daran, dass ein Amerikaner „Kandidat der ganzen Welt" geworden sei („Die Zeit"). Da wehte über dem Wahlergebnis schnell ein „Hauch von Erlösung" („FAS").

Ein Messias im religiösen Sinn ist etwas anderes als ein Mensch, der mit seinem Charisma Menschenmengen begeistert. Einen Messias zeichnet zunächst einmal eine zugleich religiöse und politische Vision aus, die er im Auftrag und mit Unterstützung Gottes verwirklicht. Messias, wörtlich übersetzt: Gesalbter, ist historisch gesehen meist ein König. Die Salbung bei seiner Inthronisation verleiht ihm geradezu göttliche Autorität, er gilt damit als sakrosankt, also allem politischen Streit und allen Anfeindungen entzogen. Gerade das wird man Obama und der amerikanischen Demokratie nicht wünschen.

Besonders wichtig ist die Fähigkeit eines Messias, die Gesellschaft zu versöhnen. Im Blick auf den Rassismus könnte Obama dies gelingen. Symbolisch hat es sich mit seiner Wahl bereits angekündigt, die politische Realität muss dem nun folgen, zum Beispiel durch bessere Berufs- und Bildungschancen für die Farbigen. Die Versöhnung der Gesellschaft ist in wirtschaftlicher und sozialer Hinsicht eine Riesenaufgabe. Ein Messias aber weckt die Hoffnung, die bestehende Ordnung zu überwinden und an ihrer Stelle eine Ordnung allumfassender Gerechtigkeit und des Glücks zu errichten. Er besiegt die dunklen Mächte und Gewalten, die sich diesen Veränderungen entgegenstellen.

Der Messias, wie ihn die Bibel kennt, ist ein Nachkomme des großen Königs David, von dem auch Jesus von Nazareth abstammen soll. Auch als das davidische Königtum von der politischen Bühne verschwunden war, erlosch die Hoffnung auf einen solchen Gesalbten nicht, sie war jetzt aber nicht mehr beschränkt auf Mitglieder dieses Königshauses. Juden hoffen weiter auf einen Messias. „Die jüdische Messiaserwartung ist die eines irdischen Herrschers geblieben, der die konkrete Welt ideal umgestalten wird, dessen Kommen aber noch aussteht", vermerkt das „Wörterbuch des Christentums".

Und im Christentum? Im Neuen Testament wurde die Bezeichnung zu einer Bekenntnisformel: Kein zukünftiger König, sondern ein Bußprediger, aller Königsmacht abhold, erhielt diesen Titel. Allerdings stritten sich Generationen von Bibelwissenschaftlern darüber, ob Jesus für sich selbst in Anspruch nahm, Messias, oder – was als Hoheitstitel dasselbe bedeutet – „Menschensohn" zu sein. Heute ist es weitgehend unstrittig: Von einem Messias Jesus ist erst seit seiner Auferstehung die Rede, er selbst ließ sich so nicht nennen. Bereits vor sechzig Jahren brachte es der Theologe Rudolf Bultmann so auf den Punkt: „Jesus ist nicht als König aufgetreten, sondern als Prophet und Rabbi. Nichts von der Macht und Herrlichkeit, die nach jüdischer Vorstellung den Messias charakterisiert, ist im Leben Jesu verwirklicht."

Zum christlichen Glauben gehört im Kern die Passion, die Leidensgeschichte Jesu. Jesus hat, anders als ein herkömmlicher Messias, nicht nur sein Augenmerk auf die Schwächsten der Gesellschaft gerichtet – er teilte ihr Leben. Er überwand die gesellschaftlichen Gräben, indem er bei den Geächteten und den Kranken lebte. Dafür hat der „Messias" im Weißen Haus, trotz seines Programms der nationalen Aussöhnung, weder Zeit noch Gelegenheit. Und dass er im direkten Auftrag Gottes handele, denkt er hoffentlich auch nicht.

Eduard Kopp

Die Zehn Gebote – wo kommen sie her?

Sie zählen zu den folgenreichsten Texten des
Alten Testaments. Bis heute prägen sie das Leben
von Juden und Christen, ja weit darüber hinaus

Es liegt ein großes Geheimnis über der Entstehungsgeschichte der „Zehn Worte", des Dekalogs. Die Herkunft dieses Textes ist von mysteriösen, furchteinflößenden Ereignissen umkleidet. Schon zwei Monate, so schildert die Bibel, waren die Israeliten von Ägypten aus, dem Land ihrer Knechtschaft, unterwegs, nun erreichten sie die Wüste Sinai. Am Fuß des Berges Sinai schlagen sie ihr Lager auf. Von den Höhen des Berges herab macht Gott dem Mose, ihrem Führer, ein Angebot: Er will mit dem Volk, das seit dem Auszug aus Ägypten die lange ersehnte Freiheit genießt und dabei ist, sich eine neue Ordnung zu geben, einen Bund schließen, wenn dies ihm treue Gefolgschaft verspricht. Dem stimmen die Israeliten zu.

Drei Tage bereiten sich die Menschen auf den großen Tag vor: Sie waschen ihre Kleider; Männer und Frauen verzichten ab sofort auf intime Begegnungen; vor allem halten sie gehörig Abstand zu dem Berg, auf dem sich dieser machtvolle Gott offenbaren wird. Denn wenn sie – mit Ausnahme von Mose – diesen Abstand nur geringfügig unterschreiten, sind sie des Todes. Im Feuer kommt Gott herab, Rauch steigt auf, der Berg bebt, eine mächtige Posaune ertönt. Und schließlich teilt dieser furchterregende Gott dem Mose, der als einziger in seine Nähe darf, die Zehn Gebote mit (2. Buch Mose, Kapitel 19 und 20). Mose ist es, dem Jahwe zunächst zwei Steintafeln übergibt, „beschrieben von dem Finger Gottes". Nachdem Mose sie aus Wut über den Unglauben der Menschen und ihre Verehrung eines goldenen Kalbs zerschmettert hat, fertigt er neue an – in Gottes Auftrag.

Der Empfang der Gebote auf dem Gottesberg ist der Höhepunkt eines umfangreichen Erzählwerks, das sich über mehrere alttestamentliche Bücher hinweg erstreckt und immer wieder um die Person des Mose rankt. Dieser Mann lässt sich historisch nicht mehr fassen, vielleicht gehört er sogar ins Reich der Legenden. Doch die Zehn Gebote zeugen vom starken Willen Israels, seinen Glauben und seine ethischen Grundsätze auf Dauer zu regeln.

Dabei sind die Zehn Gebote nicht etwa ein eigenständiger, abgeschlossener Text, sondern ein Resümee, eine „Lesehilfe" (so Matthias Köckert in seinem Buch „Die Zehn Gebote") für die in der Bibel folgenden umfangreichen Schilderungen des Glaubens und der Gesetze Israels im zweiten Buch Mose (Exodus). Dabei fällt auf: Die Zehn Gebote sind eigentlich kein Gesetz. Richter, die mit ihnen arbeiten müssten, würden wohl verzweifeln. Hier gibt es keine Wenn-dann-Regeln, kein Strafmaß. Die „Zehn Worte" enthalten sowohl Gebote als auch Verbote, aber nicht im Sinne von anwendbaren Normen. Es sind vielmehr Lebens- und Verhaltensregeln, verfasst in einer ausgesprochen apodiktischen Form. Das Verbot des Tötens zum Beispiel kennt keinerlei Ausnahme oder Einschränkung, keine Klausel der Art: „Das Nähere bestimmt ein Bundesgesetz." Aber gerade weil es im Dekalog um ethische, nicht um Strafrechtsnormen für konkrete Einzelfälle geht, konnte er eine Jahrtausende dauernde Wirkungsgeschichte entfalten und Geltung gewinnen.

Ethos statt Gesetz: Deshalb müssen auch die Variationen in den beiden überlieferten Texten des Dekalogs (2. Buch Mose, Kapitel 20, und 5. Buch Mose, Kapitel 5) nicht irritieren, noch viel weniger die unterschiedliche Zählung der einzelnen Gebote je nach kirchlicher Tradition. Zählt man die Ge- und Verbote genau durch, kommt man sogar auf 13 oder 14. Juden, Katholiken und Lutheraner, Orthodoxe und reformierte Christen zählen unterschiedlich. Während Juden die Präambel „Ich bin der Herr, dein Gott..." bereits als erstes Gebot rechnen, zählen Christen erst ab dem ersten Einzelgebot: „Du sollst keine anderen Götter neben mir haben." Und bereits hier trennen sich die Zählungen der Katholiken und Lutheraner von jener der Orthodoxen und Reformierten: Erste verbinden die Verbote der Bilderverehrung und des Polytheismus unter einer Ziffer, während orthodoxe und reformierte Christen das Bilderverbot bereits als zweites Gebot verstehen. Erst am Ende des Dekalogs gleicht sich die Zählweise wieder dadurch an, dass Orthodoxe und Reformierte alle Besitzgier nach Mensch, Tier und Sachwerten zusammenbinden.

Wer heute das historische Umfeld des Dekalogs verstehen will, der mag das 2. und das 5. Buch Mose lesen. Danach wird ihm auch die Systematik der Gebotstafeln nicht mehr so wichtig erscheinen.

Eduard Kopp

Wie arbeiten eigentlich Propheten?

Sie wissen angeblich genau, was kommt. Weil sie mit Mahnungen und Warnungen anderen zur Last fallen, ecken sie überall an. Kein leichter Beruf, wie es scheint

„**Schlechte Zeiten für** Propheten", schlagzeilte einmal eine Berliner Zeitung, „Klimaforscher sind mit ihren Prognosen vorsichtiger geworden." Solche Prophetie geht tatsächlich regelmäßig in die Irre. Und wer hätte vor Mitte der neunziger Jahre prophezeit, dass ein Liter Super bis zu 1,50 Euro kosten kann? Was sind das für Propheten?

Andere jedenfalls, als sie in der Bibel vorkommen. Dort sind Propheten nicht „Wahrsager" von Zukunftsentwicklungen, sondern Menschen, die die politischen, sozialen und religiösen Strömungen ihrer Zeit genau beobachten und sich bei Bedarf warnend dazu äußern. Mit Leidenschaft bringen sie, die sich als Sprachrohre Gottes verstehen, dessen Willen zu Gehör. Hartnäckig versuchen sie dem Glauben wieder einen Platz in der Gesellschaft zu verschaffen. Wenig Orakelhaftes, eher Pädagogisches ist in ihrer Rolle. Propheten geht es nach einem verbreiteten theologischen Wortspiel nicht um eine „Vorhersage", sondern um die „Hervorsage".

Propheten, so die weit verbreitete Vermutung, sind freie Geister und keiner Institution verpflichtet. Bei ihnen könne man zwar von einer Berufung, nicht aber von einem Beruf sprechen. Das ist nicht richtig. Zwar gab es namhafte Propheten in der Bibel, die in ihren erlernten Berufen blieben, aber manche waren als Propheten auch fest angestellt. Solche spielten zum Beispiel in Israel, dem nördlichen der beiden Reiche, eine Rolle als Berater im Krieg gegen die Aramäer (1. Könige 20). Andere Propheten arbeiteten etwas eigenständiger. Nathan, der König David nach dessen Ehebruch und nach einem Mord ins Gewissen redete, war ein solcher Hofprophet, ein regelmäßiger Mitarbeiter am judäischen Hof, also im Südreich. Er setzte moralische, aber auch kulturelle Standards, zum Beispiel was das Musizieren und den Gesang im Tempel angeht.

Manche Propheten des Alten Testaments sind in einer Genossenschaft organisiert. So sammeln sich um Samuel, Elija und Elischa an Heiligtümern Männer, die unter Leitung ihres Meisters in religiöse Ekstasen eintauchen, die als Gruppe gesellschaftlich Einfluss nehmen und großes öffentliches Interesse finden. Gruppen dieser Art gab es zum Beispiel in Jericho, in Gilgal und in Bet-El. Mancherorts wurden auch Jugendliche in die Prophetengruppe aufgenommen, Mitglieder trugen eine Tracht oder gar eine Tonsur.

Propheten beraten die Herrscher, sie nehmen Einfluss auf die politische Agenda. Sie widmen sich den Sorgen der kleinen Leute, verschaffen ihnen Gehör bei den Mächtigen, heilen Kranke. Sie halten Reden und predigen. Samuel verbindet gleich eine ganze Reihe von Aufgaben in einer Person: Er ist Richter, Seher, Prediger, Oppositionspolitiker. Josua wiederum ist stark konzentriert auf die Predigt des Gesetzes, er ist ein Thoraprophet, Lehrer des jüdischen Gesetzes. An Fragen des Kultes scheinen alle Propheten ein großes Interesse gehabt zu haben. Propheten waren überwiegend männlich, doch gibt es auch herausragende Frauengestalten: so zum Beispiel Mirjam, die Schwester des Mose, oder die Richterin Debora (2. Mose 15; Richter 4).

Auch im Neuen Testament bilden die Propheten einen relativ geschlossenen Personenkreis. Häufig werden sie als feste Institution der

Gemeinden in einer Reihe mit den Aposteln und den Lehrern genannt. Im frühen Christentum hatte offensichtlich jede Gemeinde ihre eigenen Propheten. Sie wurden allerdings – anders als die Ältesten der Gemeinden – nicht gewählt, sondern durch den Geist berufen, ein vielschichtiges Erlebnis, das nur klugen, tatkräftigen und religiös sensiblen Menschen widerfuhr. Deshalb gab es bei Juden und Christen auch immer Frauen im Prophetenamt. Die Prophetin Hanna erkannte im Kind Jesus den Messias (Lukas 2), der Evangelist Philippus hatte gleich vier Töchter mit Prophetengabe (Apostelgeschichte 21).

Maßgeblich haben jedoch die Propheten des Alten Testaments das heute verbreitete Bild der Prophetie geprägt: Hier stehen einzelne, starke Persönlichkeiten im Vordergrund, darunter Jesaja und Jeremia, Jona und Amos. An Jona, der sich der göttlichen Berufung zum Propheten durch Flucht entziehen wollte, wird besonders schön deutlich: Zum Propheten wird man durch Gott bestimmt. Eine Selbsternennung scheidet grundsätzlich aus.

Eduard Kopp

War Maria eine Jungfrau?

Sie war eine reine Magd, sagen die einen. Sie war ein erniedrigtes Mädchen, sagen die anderen, vielleicht sogar Opfer sexueller Gewalt. Über die Mutter Jesu gehen die Meinungen weit auseinander

Ja, die Mutter Jesu war eine Jungfrau. Dies schrieb die amerikanische Theologin Jane Schaberg Ende der Achtzigerjahre. Nicht unbedingt in dem Sinn, wie es viele Christen gerne hätten. Bis sie schwanger wurde, sei Maria Jungfrau gewesen, ein junges Mädchen von vielleicht zwölf Jahren, ledig, unfreiwillig schwanger, erniedrigt, vielleicht sogar vergewaltigt.

Eine provokante Deutung der jungfräulichen Empfängnis ist dies – zumal für eine katholische Theologieprofessorin. Für ihre Auslegung bekam sie haufenweise Hassbriefe. Ihre Kollegen an der Universität in Detroit machten fortan einen weiten Bogen um sie. Der damalige Erzbischof Adam Joseph Maida, inzwischen emeritierter Kardinal, verteilte einen Hirtenbrief gegen Schabergs Lesart der Jungfrauengeburt. Aufgebrachte Katholiken setzten ihr Auto in Brand.

Die Mutter Gottes – vergewaltigt? Total abwegig, urteilten die meisten Theologen. Sowohl diejenigen, die die Jungfrauengeburt für eine historische Tatsache halten, als auch die anderen, die in Marias Jungfräulichkeit lediglich ein Symbol sehen. Sie alle vertraten die Auffassung, Maria sei – zumindest in der Vorstellung der biblischen Autoren – auch als Schwangere Jungfrau geblieben.

Ob ihre Deutung wirklich so abwegig sei, fragte die Feministin Schaberg zurück. Sie forderte die Theologen auf, einen neuen Blick auf die biblischen Weihnachtsgeschichten aus dem ersten Jahrhundert nach Christus zu werfen. Einen Blick, der nicht von den Glaubenslehren späterer Jahrhunderte verstellt sei. Schon der Prophet Jesaja (7,14) spreche in Wahrheit von einem Mädchen (hebräisch: Alma), wenn er laut deutscher Übersetzung sagt: „Siehe, eine Jungfrau ist schwanger und wird einen Sohn gebären." Worte, die bis heute in Weihnachtsgottesdiensten verlesen werden.

Auch dass der Evangelist Matthäus betone, Maria habe ihr Kind vom Heiligen Geist empfangen (Matthäus 1,18), sei kein Argument gegen ihre Deutung, so Schaberg. Denn gleichzeitig räume er Jesus einen Platz im Stammbaum seines Vaters Josef ein (Matthäus 1,16). Matthäus halte es letztlich offen, ob Jesus ausschließlich einen göttlichen oder außerdem auch einen leiblichen Vater gehabt habe.

War Maria eine Jungfrau? Ja. Zu Recht hat die Alte Kirche in sämtliche Glaubensbekenntnisse hineingeschrieben: „Ich glaube an Jesus Christus, empfangen durch den Heiligen Geist, geboren von der Jungfrau Maria." Dabei ging es den biblischen Schriftstellern gar nicht bloß um das Wunder der Biologie. Mindestens ebenso wichtig war für sie, dass Gott eine gedemütigte Frau zu höchsten Ehren erhebt.

Immer wieder betont die Bibel, wie gering die Mutter Jesu gewesen sei. „Er hat die Niedrigkeit seiner Magd angesehen", singt Maria in ihrem Lobgesang, als sie erfährt, dass sie den Heiland gebären soll (Lukas 1,48).

Erst im griechischen Urtext sieht man, wie krass diese Worte gemeint sind: „Doule" steht dort für „Magd", genauer übersetzt: „Sklavin". Feministische Theologinnen betonen außerdem, das griechische Wort für „Niedrigkeit" sei gleichbedeutend mit „Erniedrigung": ein

Attribut, das sonst häufig in Zusammenhang mit sexueller Gewalt gegen Frauen stehe.

Tatsächlich haben Bibelausleger der ersten nachchristlichen Jahrhunderte beide Deutungen der Jungfrauengeburt vertreten. Die einen betonten das Wunder der Jungfräulichkeit Marias auch nach der Empfängnis. Die anderen sahen in ihr eine gedemütigte Frau, die vielleicht auf ähnliche Weise Opfer sexueller Gewalt war wie viele andere Frauen auch.

Im Laufe der Geschichte veränderte sich der Blick auf Maria. Je reiner, strahlender und himmlischer sie erschien, desto mehr geriet ihr allzu menschliches Wesen in Vergessenheit. Aus der erniedrigten wurde die reine Magd, aus dem Mädchen die Himmelsgöttin. Vor allem Reformtheologen wie Martin Luther wiesen weiterhin auf die Niedrigkeit der Mutter Jesu hin.

Maria war eine Jungfrau, ein vielleicht zwölfjähriges Mädchen, das ungewollt schwanger wurde. Ob man die Jungfräulichkeit Marias darüber hinaus auch als biologisches Wunder deutet, bleibt jedem überlassen. Für den christlichen Glauben ist das nicht entscheidend wichtig.

Burkhard Weitz

War Jesus ein gesetzestreuer Jude?

Er war beschnitten. Er betete im Tempel. Er kannte sich bis zum Tüpfelchen in den religiösen Vorschriften aus. Doch vieles war anders bei diesem Mann

Religionsunterricht in Norddeutschland. Es geht um das Leben Jesu. Die Lehrerin erzählt in einer siebten Realschulklasse, dass Jesus die religiösen Feste intensiv mitfeierte, so, wie es eben Brauch und Vorschrift im Judentum ist. Ein Zwölfjähriger sagt erst lange Zeit gar nichts. Dann springt er, von einer plötzlichen Einsicht gepackt, auf und ruft enttäuscht quer durch die Klasse: „Aber dann war Jesus ja Jude!" Die Lehrerin lächelt wissend. „Aber er war doch der erste Christ, oder nicht?", hakt der Schüler nach, „dann kann er doch gar kein echter Jude sein!" Dumm, dass ausgerechnet in diesem Moment die Pausenglocke läutet. Aber damit steht das Thema für die nächste Stunde bereits fest: War Jesus Jude? Oder war er doch eher Gründer einer Kirche und deshalb auf Distanz zum Judentum?

Ruth Lapide, jüdische Theologin und Historikerin in Frankfurt am Main, die über Jahrzehnte die Geschichte Jesu erforschte, äußerte einmal in einem Interview für Bibel-TV: „Jesus von Nazareth gehörte zeitlebens dem Judentum an. Die Jesusgeschichte ist eine jüdische Geschichte." Und sie untermauert ihre Analyse mit einer frappierenden Beobachtung: Fast nur Juden akzeptierten Jesus zu seinen Lebzeiten. In der Bibel sind nur ganz wenige Nichtjuden genannt, die diesem Mann Gehör schenkten – zum Beispiel der römische Hauptmann, der unter Jesu Kreuz stand und viel zu spät merkte, wen er da zu Tode quälte, oder eine Syrophönizierin, die um Hilfe für ihre kranke Tochter bat.

Wenn man die vermutlich drei Jahre des öffentlichen Wirkens durchsieht, findet man tatsächlich etliche Hinweise, die den Mann aus Nazareth als einen traditionsbewussten Juden kennzeichnen: Er ist beschnitten, lebt fast ohne Unterbrechung unter Juden. Er lernt bei jüdischen Schriftgelehrten (Rabbinern), geht zum Gottesdienst in den Tempel von Jerusalem und in die Synagogen des Landes. Seine öffentlichen Reden und Predigten richten sich ausschließlich an Juden. Er ist bestens vertraut mit den vielen religiösen Geboten des Judentums. Eines seiner markantesten Worte zum jüdischen Recht lautet: „Bis Himmel und Erde vergehen, wird nicht vergehen der kleinste Buchstabe noch ein Tüpfelchen vom Gesetz, bis es alles geschieht." (Matthäus 5,18)

Aber es sind auch Bemerkungen und Verhaltensweisen von Jesus überliefert, die eine kritische Distanz zum jüdischen Gesetz erkennen lassen. Das zeigen vor allem die Sabbatkonflikte. Zum Beispiel heilt Jesus am Sabbat Kranke. Auch das jüdische Gesetz kennt einige Ausnahmen von der Pflicht zur Sabbatruhe, zum Beispiel im Fall von Lebensgefahr. Aber die kritischen Bemerkungen Jesu zum Sabbatgesetz gehen über diese erlaubten Ausnahmen hinaus. Er toleriert außerdem, dass seine Anhänger gegen die Reinheitsvorschriften verstoßen (Markus 7,15). Auch beim Thema Ehescheidung nimmt er eine eigene Position ein, diesmal eine radikalere als im überlieferten Gesetz: Er kritisiert die zu leichten Ehescheidungen als gottwidrig. All dies ist für die Schriftgelehrten seiner Zeit ein Unding.

Er sprach und lehrte mit hoher Autorität. Er weckte in den Menschen die Hoffnung, dass in naher Zukunft ganz andere Verhältnisse herrschen würden, gerechte, freie, auch frei von der Unterdrückung durch die römische Besatzungsmacht, und dass er der Messias (Christus) sei, der sie auch politisch in diese neue Zeit führen werde. Jesus selbst hat nie den Anspruch formuliert, dieser Messias zu sein, doch seine Person und sein Wirken legten es nahe. Er „reinigte" den Tempel, das „Haus seines Vaters", von Geldwechslern, er starb am Kreuz mit der Aufschrift: „König der Juden".

Es sollte nach Jesu Tod allerdings noch Jahre dauern, bis eine namhafte Zahl von Gemeinden entstand, die sich nicht mehr aus Juden, sondern aus „Heiden" rekrutierten. In die biblischen Texte, die ebenfalls in dieser Zeit entstanden, gerieten zunehmend antijüdische Töne hinein. Auch dies ist ein Grund dafür, dass manchmal der Eindruck entsteht, Jesus hätte radikal mit seinem jüdischen Glauben gebrochen. Doch er war ein Jude, der vor allem von Juden geliebt wurde, auch wenn er nicht jedes Tüpfelchen der religiösen Gesetze respektierte.

Eduard Kopp

Was wäre das Christentum ohne das Kreuz?

Im Kern des christlichen Glaubens steht ein Folterinstrument, am Anfang aller Gemeindegründungen der Tod eines Menschen. Das weckt zwiespältige Gefühle

Mit den Jahren sind die Kreuze gewachsen. Vor zwei Jahrzehnten baumelten sie, nur wenige Zentimeter groß, an den Halsketten von Schülerinnen und Konfirmanden. Inzwischen verfügen sie über fingergroße Balken und haben so den Weg ins Showgeschäft gefunden. Paradoxerweise war es gerade die Popgröße Madonna, die sich mit solchem Schmuck als Trendsetter hervortat – paradox deshalb, weil die eigentliche Madonna, nämlich Jesu Mutter, nach Auskunft der Bibel voller Schmerzen beim Kreuz stand, an dem ihr Sohn hing. Niemand hätte es so unerträglich wie sie empfunden, sich mit den Balken dieses Mordwerkzeuges zu schmücken.

Kreuz und Kreuzigung sind populär. So populär, dass man sie in einer Fernsehserie erleben durfte. Das Enfant terrible der deutschen Bühnen, Regisseur Christoph Schlingensief, konnte an diesem Symbol nicht vorübter, ohne es medial zu nutzen. Die inzwischen als Kultfilme geltenden Streifen seiner MTV-Reihe „U 3000" zeigen Absurdes: In einem Berliner U-Bahn-Zug auf Nachtfahrt geht es drunter und drüber. Schreie erfüllen die Luft. Zwischen den Sitzbänken schiebt sich ein Mensch mit einem Kreuz auf den Schultern hindurch. Auf den Boden wirft Schlingensief erst das Kreuz, dann den Mann. Hammerschläge ertönen, Nägel fahren ins Holz. Und während im Hintergrund die pudelbewehrten Jakob Sisters und die Söhne Mannheims ihre Lieblingssongs anstimmen, verfällt die ganze U-Bahn-Besatzung in Sprechchöre: „Kreuzige! Kreuzige!" Der Regisseur sucht als U-Bahn-Schocker die Wellness- und Wohlstandsgesellschaft aus ihrem Trott zu reißen.

Den frühen Christen wäre es nie in den Kopf gekommen, das Kreuz der Effekte wegen auf den Markt zu tragen. Zu sehr verknüpfte sich mit diesem Folterinstrument die Erinnerung an den völligen Tiefpunkt des Lebens Jesu. Auch wenn diesem Tiefpunkt nach drei Tagen, am Ostermorgen, die Auferstehung folgte. Den frühen Christen ist ein ausgeprägtes Bewusstsein dafür geblieben, wie eng Tod und Auferstehung beieinanderliegen.

Doch wie begründen die Christen, dass Jesus am Kreuz sterben musste? Der schlimmste Verdacht: Geschah es auf Anordnung seines Vaters? Steht Gott also auf Blut? Hat er kein Herz, dass er seinen eigenen Sohn opfert, um die Menschen zu erlösen?

Unstrittig ist nach den Auskünften der Evangelien, dass Jesus seinen Tod letztlich freiwillig auf sich nahm. Er verbat seinen Jüngern sogar, ihn mit Waffengewalt zu verteidigen und sich zur Wehr zu setzen. Doch warum sein Tod einen so hohen Stellenwert bekommen sollte, ist nicht mit einfachen Worten zu sagen. Dazu gibt es in der Bibel drei unterschiedliche Erklärungen, die alle auf eigenen Quellen beruhen.

Eine von ihnen: Jesus, der mit allem Nachdruck die von Gott abgefallene jüdische Bevölkerung zu Umkehr und Gesetzestreue aufrief, starb den Märtyrertod eines Propheten. Er hatte die Menschen gegen sich aufgebracht.

Eine zweite Erklärung für die Ermordung Jesu hat ihren Ursprung in der pädagogischen Unterweisung, in der Katechese der frühen Gemeinden. Ihre Lehrer und Prediger suchten die Zumutung der Kreuzigung dadurch erträglicher zu machen, dass sie sie als notwendige Etappe in den göttlichen Geschichtsplan einbetteten. „Der Menschensohn musste vieles leiden", so heißt es in den entsprechenden Passagen der Bibel. Dieses „Müssen" bedeutet aber nur, dass sich Jesus nicht den endzeitlichen, apokalyptischen Abläufen entziehen konnte. Es ist nicht die Rede davon, dass der Tod dem Ziel oder Zweck diente, die Menschheit zu retten, zu erlösen.

Bleibt die dritte Erklärung des Todes Jesu, und hier kommen wir in schwierigere Gefilde: die des „Sühnetodes" für die Menschen. Dass Jesus für uns Menschen und um unserer Sünden willen starb, dass er sich als „Lösegeld" für die Menschen gab: Was ist damit gemeint? Machen wir Menschen uns etwa mitschuldig am Tod Jesu?

Es gibt eine Formulierung im Markusevangelium (10,45), die solche Spekulationen in ein anderes Licht setzt. Jesus sprach viel mit seinen Freunden über das, was nach seinem Tod kommen würde. Dabei sagte er auch: „Auch der Menschensohn ist nicht gekommen, um bedient zu werden, sondern um zu dienen und sein Leben zu geben als Lösegeld für viele." Diese Auskunft ist entscheidend: Das ganze Leben Jesu dient unserer Erlösung. Es zeigt in seiner Radikalität einen völlig neuen Lebensstil: andere nicht für eigene Zwecke zu missbrauchen, sondern für seine Mitmenschen unerschütterlich da zu sein.

Es geht da also nicht um geheime Befehle des Vaters an den Sohn oder um die magische Erlösungswirkung von Blut und Tränen, sondern um Jesu Selbstverständnis insgesamt. Um es mit dem Heidelberger Theologen Klaus Berger (1995) zu sagen: „Der Tod Jesu ist nur Teil seines Dienens, wenn auch ein konsequenter und wichtiger. Ein Starren auf den Tod Jesu hingegen trägt einen Zug in das Christentum hinein, nach dem nur noch Leiden und Martyrium als Nachfolge Jesu sinnvoll wären. Das war nicht im Sinne Jesu, wie es Markus berichtet."

Eduard Kopp

Wer ist schuld am Tod Jesu?

Seit den Anfängen des Christentums werden – politisch betrachtet – Juden für das Todesurteil gegen Jesus verantwortlich gemacht. Ein Blick auf die historischen Fakten

Schalom Ben-Chorin, 1913 in München geborener jüdischer Theologe, erklärte ein Leben lang unermüdlich Christen das Judentum und Juden das Christentum. Gelegentlich erzählte er von einem Kindheitserlebnis, das ihm Angst und Schrecken eingejagt hat. In jungen Jahren wurde er im Englischen Garten von Nachbarskindern mit bedrohlichen Mienen gefragt, warum „wir Juden" ihren Herrn und Heiland Jesus Christus gekreuzigt hätten. Ein alter Fluch, so Ben-Chorin, verdüsterte seine Kindheit – der in der Bibel überlieferte Ausruf der jüdischen Menschenmenge vor Pilatus, dem Statthalter Roms in der Provinz Judäa: „Sein Blut komme über uns und unsere Kinder!" (Matthäus 27,25) Durch die ganze Kirchengeschichte hat dieser Schrei, den zuletzt der Regisseur Mel Gibson in seinem Film „Die Passion Christi" gedankenlos ins Extreme verstärkte, eine verheerende Wirkung entfaltet.

Es zählt zu den unauslöschlichen Vermutungen dieser Welt, dass „das ganze Volk" der Juden (Matthäus) die Verantwortung für das Todesurteil gegen Jesus übernommen hat, während der Richter Pilatus auf seine Unschuld pochte. Doch die Vorstellung, die jüdischen Behörden oder gar die jüdische Bevölkerung hätten eine Zuständigkeit oder Mitverantwortung für die Verurteilung Jesu, ist historisch und rechtlich nicht haltbar. Zu Lebzeiten Jesu lag die Gerichtsbarkeit bei der römischen Besatzungsmacht. Nur Römer durften Todesurteile verhängen und ausführen.

Nicht einmal die vier Evangelien stimmen darin überein, wer für Urteil und Exekution verantwortlich ist. Im Johannesevangelium sind die historischen Tatsachen ganz und gar falsch wiedergegeben. Angeblich soll Pilatus Jesus an „die Juden" übergeben haben, die ihn dann kreuzigten. Das ist gleich doppelt verkehrt: Weder waren die Juden rechtlich zu einer Exekution befugt, noch hätten sie die Kreuzigung als Hinrichtungsart gewählt.

In den Evangelien des Matthäus und des Lukas bringen Römer Jesus zu Tode, aber sie werden durch die Juden dazu angestiftet. Im Matthäusevangelium erscheinen die jüdischen Oberen als geradezu boshafte Strippenzieher, die Römer als Instrumente ihrer Machenschaften. Historisch korrekt ist dies nicht. Es lässt sich sogar vermuten, dass das sogenannte „Blutwort" frei erfunden ist.

Sicherlich: Palästina war zu Lebzeiten Jesu keine ruhige Provinz des Römischen Reiches. Religiöse Parteien wie die Zeloten bereiteten den gewaltsamen Umsturz vor. Endzeitprediger – Jesus war nur einer von ihnen – schürten die Hoffnung auf ein neues Gottesreich. Doch die römische Besatzungsmacht hätte keine Veranlassung gesehen, aufgrund einer Klage der jüdischen Priesterschaft wegen Missachtung jüdischer Religionsgesetze gegen Jesus vorzugehen, wie die Passionsgeschichten der Bibel unterstellen. Innertheologische Debatten interessierten die Römer nicht.

Die Besatzungsmacht wurde erst dann hellhörig, wenn sie einen Aufruhr befürchten oder unterbinden musste. Pilatus, ein wacher und entscheidungsfreudiger Mann, kann im Gespräch mit Jesus aber gerade keine Klarheit über die Frage erzielen, ob dieser eine Rebellion vorbereitet. Auf die Frage des Pilatus, ob er der König der Juden sei, antwortet Jesus ausweichend, einzig im Johannesevangelium gesteht er auf Nachfrage: „Du sagst es, ich bin ein König." Liest man aber alle vier Evangelien parallel, so muss man ehrlicherweise sagen: Ob Jesus den Anspruch erhob, „König der Juden" zu sein, ist sehr fraglich.

Doch das beantwortet noch nicht die Frage, warum dieser „Blutruf" später in die Bibel hineingeschrieben wurde. Diese Formulierung gleicht verbreiteten alttestamentlichen Beschwörungen der Art „Gott soll mich strafen, wenn…". Wichtig nur: Ihr Adressat ist Gott. Er gilt als eigentliche Machtinstanz dieser Welt und als Vollstrecker der Vergeltung. Gott soll entscheiden, was er für richtig hält, gegebenenfalls wird er seine Härte gegen Israel wenden. Diese Beschwörung ist also kein Aufruf zu antijüdischem Hass.

Das „Blutwort" illustriert vor allem eine grundlegende Botschaft des Matthäus: Während das jüdische Volk Jesus ablehnt, wenden sich ihm die Heiden zu. Matthäus, von Hause aus selbst Jude, spricht eine deutliche Sprache, denn die ganze Welt soll Jesu Botschaft hören. Dass diese globale Ausrichtung des Evangeliums mit einem Fluch über das jüdische Volk einhergeht, ist unerträglich. Aber man muss mit der Erkenntnis leben, dass die Bibel ein Buch ihrer Zeit von Menschen ihrer Zeit ist. Leser von heute werden und müssen sich an manchen Aussagen reiben.

Eduard Kopp

Ist Jesus von den Toten auferstanden?

Das Leben endet mit dem Tod – in einer Sackgasse, sagt die Vernunft. Seit die ersten Christen von Jesu leerem Grab berichteten, hoffen Menschen auf die Auferstehung

Karfreitag um das Jahr 30 ist Jesus am Ende: Der Mann, der Kranke durch Zuwendung heilte und seine Feinde liebte, ist tot. Die Sache Jesu steckt in der Sackgasse. Was dann geschieht, kann man sich bis heute nicht erklären. Die Jünger sagen, Jesus lebe. Sie werden von Optimismus erfasst und verbreiten die Osterbotschaft in aller Welt.

In der Folge wird der Auferstehungsglaube für viele Generationen von Christen zur Bastion gegen die Angst. Jesu Auferstehung gilt als Beweis, dass das Leben nach dem Tod weitergeht. Die Auferstehungshoffnung hilft ihnen über großes Leid hinweg: über Kindstod, Hunger und Pest.

Man kann nicht an Christus glauben, ohne zugleich an seine Auferstehung von den Toten zu glauben, sagt schon der Apostel Paulus. „Ist Christus nicht von den Toten auferweckt, so ist euer Glaube vergeblich", schreibt er im 1. Korintherbrief 15,17.

Dieser Satz ist eine Zumutung. An kaum einem anderen Bibelvers beißen sich aufgeklärte Christen die Zähne so sehr aus wie an diesem. Denn die Auferstehung widerspricht wissenschaftlicher Vernunft. Und dann noch die Geschichten, die die Evangelisten erzählen! Der gerade aus dem Grab auferstandene Jesus habe vor den Augen der Jünger gebratenen Fisch gegessen, berichtet das Lukasevangelium (24,36 – 49), ganz wie ein Wesen aus Fleisch und Blut. Müssen Christen so etwas wirklich glauben?

Schon immer hielten Gebildete die Auferstehung von den Toten für eine Zumutung für die Vernunft. Doch erst der Siegeszug der Naturwissenschaft und der exakten Geschichtswissenschaft lässt die Auferstehung auch in den Augen der Mehrheit als ein Ding der Unmöglichkeit erscheinen. Eher glaubt man heute den Historikern, welche die Ostergeschichte ganz anders erzählen. Sie meinen, Jesus sei im Grab verwest. Und seine Jünger hätten halluziniert, dass er auferstanden sei. Spätere Generationen hätten dann aus diesen Halluzinationen die Osterlegenden ersonnen, in denen Jesus leibhaftig unter die Jünger tritt und vor ihren Augen Fisch isst.

Für Christen stellt sich also die Frage: Wie leibhaftig war die Auferstehung? Was davon muss man glauben? Was nicht?

Theologen haben schon viele Versuche unternommen, die Auferstehung irgendwie plausibel zu machen. Eine Erklärung lautet: Jesus sei in die Verkündigung der Jünger, in die Herzen der Gläubigen auferstanden. Einerseits erfasst diese Erklärung manches sehr treffend: Dank der Auferstehung wirkte Jesu Idee in den Gläubigen fort. Jesu Humanität war stärker als das Kalkül seiner Mörder. Andererseits wird nicht deutlich, wie Christen aus dieser Art von Auferstehung Hoffnung auf ein eigenes Leben nach dem Tod schöpfen sollen.

Ein zweiter Erklärungsversuch lautet: Auferstehung sei ein Sinnbild für allgemeine Rettungserfahrungen. Im Gewand eines angeblich historischen Ereignisses spiegele die Auferstehung, wie Menschen Verzweiflung überwinden, wie sie aus verfahrenen Situationen herausfinden.

Diese Erklärung beschreibt, dass Auferstehungshoffnung Menschen mobilisieren kann, ihr Leben grundlegend zu verändern. Oder für eine bessere Gesellschaft zu kämpfen. Dennoch: Nicht die Erfahrung eigener Auferstehung im Leben begründet den Glauben an Jesu Auferstehung. Sondern umgekehrt: Weil Jesus auferstanden ist, glauben Christen an die eigene Auferstehung.

Ein dritter Erklärungsversuch besagt: Jesus sei zwar auferstanden, aber nicht leibhaftig. Nur seine Seele habe sich den Jüngern offenbart. Auch dies mag manchem Skeptiker zum Glauben verholfen haben. Doch zu Recht betont die Bibel immer wieder: Zur Erlösung gehört auch der Körper. Ein körperloses Seelenwesen kann keinen Schmerz verspüren – und ebenso keine echte Freude. Nur wer Aussicht hat, dereinst mit Leib und Seele aufzuerstehen, hat zu Lebzeiten Grund, auf Erlösung zu hoffen.

Erklärungen können die Auferstehungshoffnung in Teilen nahe bringen. Doch letztlich wirkt der Glaube an Jesu Auferstehung nur, wenn dies dazugehört: dass Jesus leibhaftig auferstand und nicht im Grab verweste. Alle anderen Ostergeschichten kann man für ausschmückende Legenden halten, dem Auferstehungsglauben schadet das nicht.

Wer nur an Beweise glaubt, für den ist der Glaube an Jesu Auferstehung eine Torheit. Vielleicht können wir aber mit zwei Wahrheiten leben: mit einer, die sich beweisen lässt, und mit einer, die Mut zum Leben macht.

Burkhard Weitz

Werden nur Christen erlöst?

Die Religionen in Konkurrenz zueinander: Ob alle gleichermaßen dem Heil der Menschen dienen, darüber streiten sich die Menschen seit Jahrhunderten. Im Zeitalter des Pluralismus führt dieser Streit nicht weiter

Sie sind unterwegs in aller Welt: Rund um den Globus suchen Touristen heute nach religiösen Eindrücken und Erfahrungen. Sie stecken in buddhistischen Tempeln Räucherkerzen an, schreiten barfuß über die Marmorböden alter Moscheen und wiegen sich zu den Trommelwirbeln der afrobrasilianischen Kulte. Auch zu Hause lassen sie sich in die Gebetshäuser anderer Religionen einladen und pflegen Kontakt zu ihren ausländischen Nachbarn. Andere Religionen und Kulturen wecken Neugier – und genießen vielfach Respekt.

Das war nicht immer so. „Außerhalb der Kirche kein Heil", lautete über viele Jahrhunderte eine Grundauffassung europäischer Christen. Dieser schon von den Kirchenvätern der ersten Jahrhunderte oft wiederholte Satz hat eine lange, nicht nur segensreiche Karriere hinter sich. Denn wenn ausschließlich der christliche Glaube Gültigkeit beanspruchen darf, kann die Konsequenz nur lauten: Christen müssen möglichst viele Nichtchristen ins eigene Boot ziehen, und zwar mit allen Mitteln.

Kaum eine christliche Kirche würde die Formel „Außerhalb der Kirche kein Heil" heute noch laut herausposaunen. Doch auch im Zeitalter der Globalisierung und des Massentourismus stellen Menschen die Frage nach der Wertigkeit und der Rangfolge der Religionen. Zwar vermeidet man – politisch korrekt – solche Begriffe. Aber ob in allen Religionen ein und derselbe Gott waltet, die Wahl der Religionsgemeinschaft damit beliebig ist oder ob der christliche Glaube eben doch unüberbietbar ist, diese Frage brennt vielen weiter auf den Nägeln. Scheint nicht jede Gewalttat religiöser Fundamentalisten, die durch die Medien geht, wie ein zusätzliches Argument für das moderne Credo: Eine moderne Religion heute muss jeden Absolutheitsanspruch aufgeben und pluralistisch gestimmt sein. Gibt es nicht eine Vielzahl von Wahrheiten statt nur einer einzigen – nämlich der eigenen?

Die katholische Kirche lässt an ihrer eigenen unverzichtbaren Rolle nicht deuteln. Sie sagt (allerdings nicht im Blick auf die Protestanten): Wer nicht in die katholische Kirche eintritt beziehungsweise in ihr bleibt, obwohl er weiß, „dass die Kirche von Gott durch Jesus Christus als eine notwendige gegründet wurde", kann „nicht gerettet werden". Nichtchristen hält sie allenfalls zugute, dass sie ohne eigenes Verschulden Evangelium und Kirche nicht kennengelernt haben. Wenn sie „Gott jedoch aufrichtigen Herzens" suchen, können auch sie das ewige Heil erlangen (katholischer Katechismus).

Die evangelische Kirche tut sich schwerer damit, über die Erlösung andersgläubiger Menschen zu urteilen. Weil sie von der Unverfügbarkeit der Gnade Gottes ausgeht, ist ihr auch jedes allzu selbstsichere Urteil über andere Religionen verdächtig. „Die Wahrheit", so steht es in dem evangelischen Dokument „Christlicher Glaube und nichtchristliche Religionen" (2003), darf man nicht als „Besitz" (also auch nicht als Herrschaftsinstrument) missverstehen. Einen Glauben, den Menschen eigensinnig „in Besitz und in Betrieb nehmen", sei ein „Werk von Sündern".

Das ist eine klare Mahnung an die eigene Kirche, sich selbst und ihre Rolle beim Thema Erlösung nicht überzubewerten. Sie „hat" die Wahrheit nicht in dem Sinne, wie man recht hat. Die Wahrheit, die Christen meinen, ist vielmehr ein ergreifendes Ereignis, das sie für Gott einnimmt. So muss man auch Jesu Wort lesen: „Ich bin der Weg, die Wahrheit und das Leben." (Johannes 14,6) So beschreibt „Wahrheit" also das innere Verhältnis zwischen Gott und Mensch und dient nicht der Abgrenzung von anderen Religionen. Damit entfällt jeder Zwang, rechthaberisch zwischen richtigen und falschen Wegen zu unterscheiden.

Trotz mancher Übereinstimmung der Religionen sind sie nicht austauschbar. Die Besonderheit des Christentums lässt sich knapp so beschreiben: Es ist Christus, der die Welt erlöst hat. Seine Heilszusage gilt ausnahmslos für alle Menschen. Das nimmt die Christen in die Verantwortung: Sie müssen dafür werben, dass alle Welt diesen menschennahen Gott kennenlernt. Zugleich mahnt sie das Vorbild Christi, auf Feindschaft oder Zwang zur Durchsetzung ihrer Ziele zu verzichten.

Werden nur Christen erlöst? Diese Frage stellt sich heute nicht mehr. Die traditionelle Auffassung „Außerhalb der Kirche kein Heil" und das pluralistische Konzept „Alle Religionen sind gleichwertig" haben sich beide überlebt. Der evangelische Theologe Wilfried Härle rät deshalb: Man soll den Geltungsanspruch der anderen Religionen achten, ohne die Glaubensgewissheit der eigenen Religion aufzugeben.

Eduard Kopp

Gibt es Zufälle in der Bibel?

Im Buch der Bücher hat alles seine feste Ordnung, seine Dramaturgie, seinen Sinn und Zweck. So scheint es. Doch es passieren auch Dinge, die zunächst nicht zusammenpassen

Es ist alles so wunderbar vorausgesagt. Da geschieht etwas Besonderes, und umgehend heißt es: Das stand doch schon seit Menschengedenken fest. Einem jungen Paar wird eröffnet, dass ein Kind unterwegs ist – und schon heißt es: Das hat bereits vor 700 Jahren der Prophet Jesaja angekündigt (Matthäus, Kapitel 1). Da reitet Jesus auf einem Esel nach Jerusalem hinein (wo ihn Verurteilung und Hinrichtung erwarten), und prompt klingt es: Schon vor 500 Jahren hat der Prophet Sacharja gewusst, dass der zukünftige König auf einem Esel eintreffen wird (Kapitel 21). Das Neue Testament wartet mit Dutzenden solcher Beispiele auf: Alles schon bekannt.

Tatsächlich bekannt – oder sind zwei Ereignisse nur kunstvoll miteinander verknüpft? Was sich in der Bibel, vor allem im Neuen Testament, ereignet, wird rückblickend oft als Erfüllung alter Verheißungen dargestellt. Die Bibel ist literarisch eben kein Überraschungsroman, sondern sie folgt einigen großen Linien. In ihr kommt die Geschichte als Heilsgeschichte zur Sprache, als eine mehr oder weniger fortlaufende Ereigniskette mit einem erwartungsvollen Beginn und einem großen Ende. Die Beschreibung von Zufällen hätte ihre eigene literarische Absicht, ihre Dramaturgie durchkreuzt – warum sollte sie solche schildern? Wenn alles von Gott vorherbestimmt oder gelenkt wird – welchen Nutzen brächte da die Beschreibung unerwarteter Zwischenfälle?

Wenig Platz also für Details, die so gar nicht in die großen Handlungen passen wollen. Doch das bedeutet nicht, dass die Bibel überraschungsarm ist. Zwei Beispiele sollen hier genügen: Als Jesus in seiner Geburtsstadt Nazareth wie üblich in die Synagoge ging, wurde ihm zum Vorlesen das Buch des Propheten Jesaja gereicht. Er schlug es auf und fing zu lesen an: „Der Geist des Herrn ist auf mir, weil er mich gesalbt hat, zu verkündigen das Evangelium den Armen…" Der „zufällige" Textfund entpuppt sich jedoch sofort als kunstvoll arrangiert. Denn alsbald lässt der Evangelist Matthäus Jesus über sich selbst predigen: „Heute ist dieses Wort der Schrift erfüllt vor euren Ohren."

Ist es nur ein Zufall, dass im Palast der jüdischen Religionsbehörde, die dem Untersuchungshäftling Jesus gerade den Prozess macht, eine Magd des Hohepriesters den Petrus enttarnt: „Du warst doch auch bei Jesus von Nazareth", was der mit gestellter Entrüstung leugnet. Dummer Zufall oder literarische Spitze? Auch dieser Text hat seine klare Pointe: Feigheit kennt keine Grenzen, die Sache Jesu ist und bleibt durch die Schwäche der Menschen bedroht. Nein, ganz beliebige, zwecklose, „zufällige" Geschehnisse am Rande gibt es nicht. Es ist wie in anderen literarischen Texten: Was zu lesen ist, hat seinen logischen Platz im Ganzen.

Und doch passiert im Neuen Testament auch so etwas: Ein zufällig daherkommender Mann, Simon von Cyrene, muss Jesus helfen, das Kreuz zu tragen. Ein einfacher Feldarbeiter, eben auf dem Weg nach Hause. Warum gerade er? Es bleibt ein Rätsel. So lebensnah ist die Bibel, dass sie die Bedeutung solcher kleiner Zufälle nicht in Abrede stellt. Dass schlicht alles festgelegt sei, ist nicht ihre Botschaft. Schon deshalb nicht, weil sie dadurch die Freiheit des Menschen, die Offenheit des Lebens einfach aus der Realität herausrechnen würde. Schaut man sich die einschlägigen Texte genauer an, zeigt sich, dass viele der beschriebenen Menschen mit offenen, irritierenden Situationen souverän umgehen. Aber am Ende bleibt die Grundbotschaft der Bibel klar erkennbar: Gott begleitet die Menschen durch alle Irrungen und Wirrungen, aber er bestimmt nicht jeden ihrer Schritte. Kein Mensch ist Gott gleichgültig. Im christlichen Raum spricht man auch von der Vorsehung nicht im Sinne einer ein für alle Mal gültigen Vorherbestimmung, sondern göttlicher Fürsorge für die Menschen.

Juden und Christen, von denen man doch die Devise erwarten könnte: „Alles folgt einem höheren Plan", haben mit Zufällen wenig Probleme. Die Pluralität des Lebens, die Chancen der Freiheit gehören zum jüdisch-christlichen Glauben und Weltbild einfach dazu. Eine allbestimmende Schicksalsmacht will Gott gar nicht sein. Und letztlich hat selbst seine Zuwendung zu den Menschen etwas „Zufälliges", insofern nämlich Ursache und Maß der Gnade nie berechenbar sind. Nach welchen Regeln ihnen die versprochene Liebe zuteil wird: ein großes Geheimnis.

Eduard Kopp

Darf man sich selbst töten?

Es gibt Lebenslagen, die Menschen als hoffnungslos erscheinen. Und es gibt Lagen, die es tatsächlich sind. Nicht nur die Betroffenen geraten in ein schreckliches Dilemma

Manche Texte wirken Jahrzehnte nach. Der Essay „Hand an sich legen – Diskurs über den Freitod" des österreichischen Schriftstellers Jean Améry aus dem Jahr 1976 ist ein solcher Text. Améry beschreibt darin die Möglichkeit zum Suizid als größte Freiheit des Menschen, als ein Privileg, das ihn vor allen anderen Geschöpfen auszeichnet. Er lehnt es deshalb glatt ab, dass Religion und Gesellschaft den Suizid mit einem Verbot belegen.

Das sind Gedanken auf höchstem philosophischen Niveau, die prompt die Kritik von Theologen und Psychologen hervorriefen. Die Realität, so ihre Erfahrung, ist einfacher, oft brutaler. Sie sehen den Suizid als Schlusspunkt einer langen Kette von „Selbsteinengungen", das tragische Ende einer Entwicklung. Eben nicht oder nicht immer ein Akt souveräner Selbstbestimmung, sondern oft ein Zeichen persönlicher Unfreiheit. Psychologen sprechen von einem Präsuizidalen

Syndrom, zu dem der Verlust an menschlichen Bindungen gehört, zudem wachsende Aggressionen gegen sich selbst, Panik, Verzweiflung. Selbstmordgefährdete sind einsam, nicht unbedingt äußerlich isoliert, aber auf jeden Fall innerlich. Und sie sind zunehmend außerstande, Alternativen zu diesem letzten Schritt zu denken. Auch Menschen, die einen vermeintlich rationalen „Bilanzselbstmord" begehen („Ich bin gescheitert"), sind emotional stark eingeengt, handeln gerade nicht nüchtern-sachlich.

Ist „Selbstmord" verboten? Das deutsche Strafrecht trifft dazu keine Aussage. Polizeibeamte, die zu einem Einsatz gerufen werden, können sich in den meisten Bundesländern nur auf die Generalklausel ihres Polizeigesetzes berufen, nach dem sie für den Erhalt der öffentlichen Sicherheit und Ordnung zuständig sind, und mancher Suizid bringt zweifellos die Ordnung durcheinander. Das Leben, das nach Artikel 2 des Grundgesetzes ein hohes Rechtsgut ist, lässt sich von Staats wegen schwer schützen, wenn es dem Betroffenen selbst als verloren gilt.

Juden und Christen plädieren eindeutig für den Erhalt des Lebens, verbunden mit einer umfangreichen Unterstützung für die Betroffenen und ihr soziales Umfeld. Ein Recht auf Selbsttötung lehnen sie strikt ab: Es widerspricht der grundsätzlichen Auffassung, dass das Leben ein Geschenk Gottes ist. Und außerdem: Ist ein solches Recht erst einmal eingeführt, würde es jede soziale Pflicht zum Schutz des Lebens unterlaufen. Im Endergebnis brächte es mehr Unmenschlichkeit hervor. Die theologische Ethik lehnt deshalb auch die direkte, aktive Sterbehilfe ab.

Das Tötungsverbot in den Zehn Geboten hilft nur mäßig weiter in der Frage, ob es erlaubt ist, sich selbst zu töten. Das fünfte Gebot bezieht sich ursprünglich auf hinterlistigen Mord, genauer gesagt: auf den Mord an einem Volksgenossen. Allerdings zeigt dieses Gebot, dass die jüdisch-christliche Ethik dem Schutz des Lebens einen hohen Stellenwert beimisst.

Lange Jahrhunderte versagten die Kirchen Menschen, die sich selbst getötet hatten, eine christliche Beerdigung. Einer, der mit dieser

Tradition brach, war der Reformator Martin Luther. Er begrub eigenhändig einen Jungen, der sich das Leben genommen hatte, wie der Film „Luther" von Eric Till eindrücklich zeigt. Angesichts der Verzweiflung der Menschen, die in den Tod gingen, verzichten heute die Kirchen darauf, sie moralisch zu verurteilen. Jedoch kritisieren die Kirchen hart alle, die Selbsttötung erleichtern wollen, schon gar dann, wenn sie damit Geld verdienen. Die angemessene Reaktion von Christen auf eine drohende Selbsttötung: dem Betroffenen so viel Nähe zu schenken, wie er zuzulassen vermag, und nicht aufzuhören, ihn zu lieben. Auch den Angehörigen, die durch die Tat in ein schreckliches ethisches Dilemma geraten, gilt es beizustehen.

„Wie werde ich damit fertig, dass ich hilflos bin?" Mit diesem Problem, so schreibt Fernsehpastor Jürgen Fliege, sei der moderne religionslose Mensch überfordert. Er muss lernen, Zumutungen zu akzeptieren, Leiden nicht auszublenden: „Wir brauchen die Ermutigung aus Religion und Spiritualität, um diese Veränderung zu wagen, so dass wir am Ende dieses Lebens, mit siebzig, achtzig, neunzig Jahren, angesichts unseres nahenden Todes den Schöpfer loben und sagen können: ‚Es war ein abenteuerliches Leben. Es war meines. Ich bin glücklich. Ich bin dankbar.'"

Die Kirche kann und wird niemandem die Verantwortung für einen verzweifelten Schritt in den Tod abnehmen. Sie hat eine andere Rolle: Menschen zu trösten.

Eduard Kopp

Ist Sex vor der Ehe erlaubt?

Das Christentum steht im Ruf, lustfeindlich zu sein. Stimmt das?
Was die Bibel sagt und woran sich Christen halten sollen

„**Wahre Liebe wartet**" – unter dieser Parole kämpfen christliche Teenager und Twens in Amerika und Europa gegen die eigene Lust auf Sex vor der Ehe. Sie geloben feierlich: „Durch die Gnade Gottes verpflichte ich mich ab heute vor Gott, vor mir selbst, meiner Familie, meinen Freunden und meinem zukünftigen Ehepartner, bis zum Tag meiner Heirat sexuell rein zu bleiben!" Manche tun's öffentlich, heften unterschriebene Karten mit diesem Text an Pinnwände. Andere dieser Zeitgeist-Verweigerer haben nur einen Adressaten für ihre Aktion: sich selbst, sie stecken die Karte in die Schublade, vertrauen ihren Schwur höchstens dem Tagebuch an. Einige kirchliche Jugendorganisationen unterstützen die Kartenaktion.

Junge Liebe ohne Sex – warum? Die Jugendlichen verweisen auf die Bibel. Aber die gibt an Begründungen für strenge Enthaltsamkeit wenig her. Sex im heutigen Sinne war für die Altvorderen kein Thema. Der Kult um die lustvolle, selbstbestimmte körperliche Begegnung zweier erwachsener Menschen interessierte die biblischen Erzähler nur am Rande. Nämlich dann, wenn jemand aus Lust die für das Zusammenleben der Sippe wichtigen Regeln verletzte.

So heißt es im zweiten Buch Mose sinngemäß: Wenn jemand eine Jungfrau, die noch nicht verlobt ist, verführt und mit ihr Geschlechtsverkehr hat, so soll er den Brautpreis zahlen und sie heiraten. Falls der Vater der Frau ihn aber als Schwiegersohn ablehnt, hat er den Brautpreis abzuliefern und die Sache ist erledigt.

Es ging im alten Israel also nicht um Gefühle und Anstand und „Moral", sondern um eine wirtschaftliche Angelegenheit. Die entjungferte Braut hatte auf dem Heiratsmarkt keine Chancen mehr. Dafür musste die Familie finanziell entschädigt werden.

Unsere moderne Ehe kennt das Alte Testament nicht. Zwar heißt es im sechsten Gebot in der deutschen Übersetzung: „Du sollst nicht ehebrechen." Aber wo in der Bibel heute „Ehe" steht, geht es in der Sache vor allem um „Familie" oder „Haus". Und an der Spitze des Hauses stand der Mann. Töchter und Ehefrauen waren sein Eigentum.

Als lebenslange, verlässliche Beziehung gewinnt die Ehe erst im Neuen Testament Gestalt. Am stärksten wirkt bis heute das im Matthäusevangelium überlieferte Wort Jesu gegen die Ehescheidung: „Was nun Gott zusammengefügt hat, das soll der Mensch nicht scheiden." (19,6) Der Apostel Paulus vergleicht die Ehe im Brief an die Epheser mit der Beziehung zwischen Christus und der Gemeinde (5,32). Damit erhielt sie den hohen Stellenwert, der sie für die römisch-katholische Kirche zum Sakrament macht. Dem Reformator Martin Luther erschien die Ehe als „weltlich Ding". Zugleich bleibt sie auch für Protestanten klares Leitbild für partnerschaftliche Beziehungen.

Für das gängige Bild von sündigem Sex und Fleischeslust hat vor allem der antike Kirchenlehrer Augustin (354 – 430) gesorgt. Augustin meinte, dass die „Ursünde" von Adam und Eva durch den Geschlechtsakt von Generation auf Generation vererbt werde. Daraus entwickelte sich die Auffassung, dass körperliche Lust keinen Wert habe. Sie könne allenfalls in der Ehe als Mittel zum Zwecke der Fortpflanzung geduldet werden.

Für die zentrale Veränderung im Umgang mit Sex sorgte die Pille in den sechziger Jahren des vergangenen Jahrhunderts. In der damit einhergehenden „sexuellen Revolution" konnte sich die Lust zweier Menschen vom Gedanken der Fortpflanzung vollständig lösen. Dass sexuelle Freiheit nie risikolos ist, wurde der westlichen Welt unter dem Schock von Aids seit Mitte der 80er Jahre auf neue Weise bewusst.

Waren die Erfahrungen mit Aids zentraler Auslöser für die Kampagne „Wahre Liebe wartet"? Schon möglich. Die von jungen Gläubigen der konservativen Southern Baptist Church in den USA gegründete Bewegung versteht sich jedoch in erster Linie als Aktion der moralischen Erneuerung aus einem christlichen Impuls heraus. Und auch wenn sich in der Bibel nur schwer Belege für ein striktes Nein zu vorehelichem Sex heute finden lassen, verdient die Aktion Respekt. Denn Jugendpsychiater haben festgestellt: Die in der Konsumgesellschaft propagierte grenzenlose sexuelle Freiheit ist für viele Jugendliche mehr Last als Lust und setzt sie unter großen Druck.

Christen bleiben gerade angesichts dieser Freiheit dem verantwortungsbewussten und aufrichtigen Umgang mit der Gottesgabe der Lust verpflichtet. Und vor allem gilt: Niemand darf andere zu Objekten seiner Triebe machen, darf sie ihrer Würde berauben, sie demütigen und zu sexuellen Handlungen zwingen oder sie körperlicher und psychischer Gefahr aussetzen. Sex als freiwillige, respektvolle Begegnung zweier Menschen – das ist für Christinnen und Christen eine unaufgebbare Konsequenz der Vorstellung, dass wir Gottes Ebenbilder sind (1. Mose 1,27).

Reinhard Mawick

Dürfen sich Christen scheiden lassen?

Wenn zwei heiraten, dann wollen sie ein Leben lang zusammenbleiben. Trotzdem scheitern viele Ehen. Auch bei Christen

„Bis dass der Tod euch scheidet…?" hieß eine Veranstaltung auf dem Deutschen Evangelischen Kirchentag in Köln im Juni 2007. Der Referent, ein bekannter evangelischer Theologe, gab zu: „Ich habe schon oft Paare getraut und dabei gedacht: Denen gebe ich höchstens drei Jahre!"

Leider werden heute sehr viele Ehen geschieden. Das Statistische Bundesamt meldete für das Jahr 2008 die Zahl von 377 055 Eheschließungen und 191 948 Ehescheidungen. Überhaupt scheitert etwa jede zweite Ehe. Nur selten geschieht eine Ehescheidung in völligem Einvernehmen. Meist bleibt mindestens ein Partner verwundet oder gar traumatisiert zurück. Jede Scheidung bedeutet Scheitern an einem großen Lebensprojekt, denn schließlich wollten ja beide Ehepartner bis zum Lebensende zusammenbleiben. Sonst hätten sie nicht geheiratet. Heutzutage „muss" niemand mehr heiraten.

In Deutschland trat 1977 an die Stelle des Schuldprinzips das sogenannte Zerrüttungsprinzip, denn eine klare Schuldzuweisung für das Scheitern einer Ehe ist oft kaum möglich. Der Staat bewertet seither Ehescheidungen nicht, sondern er beschränkt sich auf eine Rolle als Schiedsrichter, indem er Fristen setzt, Versorgungszahlungen festlegt und das Sorgerecht für die Kinder regelt.

Bei der Kirche ist das anders. Sie wertet sehr wohl, wobei es zwischen den Protestanten und Katholiken grundlegende Unterschiede gibt. In der römisch-katholischen Kirche zählt die Ehe zu den sieben Sakramenten. Das heißt, sie gilt zusammen mit der Taufe, der Firmung, der Eucharistie, der Beichte, der Krankensalbung und der Priesterweihe als besonders heilige Kulthandlung und von Jesus Christus selbst eingesetzt. Bis heute gilt deswegen in der katholischen Kirche Ehescheidung als prinzipiell unmöglich. In ganz besonderen Fällen kann eine Ehe annulliert, für ungültig erklärt werden. Ein katholisches Ehegericht stellt dann fest, dass die Ehe nie bestanden hat.

Für die Reformatoren um Martin Luther war die Ehe hingegen ein „weltlich Ding". Allerdings tat dies ihrer allgemeinen Hochschätzung auch in der evangelischen Kirche keinen Abbruch. Die Ehe galt als gute Gabe Gottes und als Mittel, ungezügelte Sexualität einzudämmen. Schließlich gibt es auch in der evangelischen Kirche Trauungen, obwohl sie strenggenommen nur „Gottesdienste anlässlich einer Eheschließung" sind und nicht sakramentale Handlungen wie zum Beispiel die Taufen.

Die kirchliche Hochschätzung der Ehe stützt sich auf biblische Aussagen zur Ehe, wobei diese keinesfalls eindeutig sind. Im Markusevangelium ist ein berühmtes Wort Jesu gegen die Ehescheidung überliefert: „Was Gott zusammengefügt hat, das soll der Mensch nicht scheiden." (10,9) Ein scheinbar klares Wort. Jesus sagt diesen Satz im Streitgespräch mit Schriftgelehrten, die argumentieren, dass es nach dem Gesetz des Moses im Alten Testament die Möglichkeit gibt, sich scheiden zu lassen. In der Tat war im alten Israel Ehescheidung relativ einfach – jedenfalls für die Männer. Nur sie konnten sich scheiden lassen beziehungsweise ihre Frau verstoßen. Das kam zur Zeit Jesu häufig vor. Viele Frauen gerieten dadurch in großes Elend. So betrachtet hat das Scheidungsverbot Jesu im Markusevangelium nicht das Ziel, das Institut Ehe an sich für heilig zu erklären. Es soll auch für die (Ehe-)Frau einen humanen und sozialen Anspruch gegenüber den (Ehe-)Männern einklagen.

Für eine prinzipielle Verurteilung jeder Ehescheidung bietet dieses berühmte Wort Jesu keine Grundlage. Trotzdem ist das Scheitern einer Ehe eine große Last für alle Betroffenen. Manchmal wird zu früh aufgegeben und zu früh geschieden, weil die Menschen unrealistische Vorstellungen von einer Ehe haben und sich wundern, dass mit den Jahren der Reiz der ersten Verliebtheit nachlässt. In anderen Fällen kann eine Scheidung für beide Partner eine Erlösung bedeuten und die Chance eines Neuanfangs eröffnen. Deshalb gibt es in der evangelischen Kirche sogar Gottesdienste, die anlässlich einer Ehescheidung den Segen für beide Partner erbitten, die jetzt getrennte Wege gehen.

Christen wissen, dass Scheitern in dieser Welt unvermeidbar ist, selbst wenn man sich ganz viel Mühe gibt. Davon ist leider auch die Ehe nicht ausgenommen, denn manchmal scheidet der Tod auch schon im Leben: der Tod der Liebe.

Reinhard Mawick

Sind Christen körperfeindlich?

Oder ist das nur ein Vorurteil? So viel steht fest: Christen haben eine ganz spezielle Einstellung zum menschlichen Körper

„**Christen müssen artig** sein. Keine Party, keinen Wein. Ein Bein, das sich zum Tanzen hebt, wird im Himmel abgesägt!" Das hessische Musikerduo Superzwei brachte diesen Songtext auf die Bühne. Die Pointe von den körperfeindlichen Christen zieht noch immer. Ein Zeichen dafür, dass irgendwo im Christentum, wenn auch nicht immer und überall, lust- und körperfeindliche Traditionen überlebt haben? Oder dass nur dieses Vorurteil überlebt hat?

Vielleicht finden manche Christen den freien Umgang mit ihrem Körper tatsächlich schwierig. Der Saarbrücker Theologieprofessor Gotthold Hasenhüttl berichtete – im Blick auf katholische Christen –, dass in Beichtgesprächen am allerhäufigsten die Rede auf verschiedene sexuelle Verfehlungen und körperliche Maßlosigkeiten aller Art kommt. Erst danach folgen bei den Bekenntnissen soziale Sünden aller Art. Möglicherweise ist das ein Spiegel der tatsächlichen Verfehlungen – oder nur der Vermutungen, was Pfarrer hören wollen.

Der Körper ist ein großes Thema in und außerhalb der Kirchen. Ärzte, Zeitschriftenverlage, Fitnesszentren verdienen heute ein Heidengeld damit, Menschen ihrem Idealkörper näher zu bringen. Die Kirchen sind besonders motiviert, zu einem positiven Körperverständnis beizutragen: Seit Anfangszeiten gilt die Aufforderung des Paulus: „Wisst ihr denn nicht", schreibt er, „dass euer Körper der Tempel des heiligen Geistes ist?" (1. Korintherbrief 6,19)

Die griechischen Denker haben dem Körper eine andere Rolle zugewiesen. Dem Philosophen Platon zum Beispiel galt der Körper als Gefängnis der Seele. Diese Seele als das Eigentliche, Wesentliche war physisch, sinnlich nicht fassbar. Im ursprünglichen, biblischen Christentum hat es solch eine Trennung nicht gegeben. Eine der schönsten Körper-Geschichten im Neuen Testament ist die von einer Frau, die Jesus unerwartet mit einem teuren Salböl übergoss, und er ließ es sich gern gefallen.

Der nordafrikanische Kirchenvater Augustinus (354 – 430) hatte sich nach Jahren eines losen Lebenswandels für längere Zeit als Mönch zu Arbeit und Gebet aus der Öffentlichkeit zurückgezogen. Seine asketische Lebensweise, später auch die der Mönchsorden und die Ehelosigkeit des Klerus könnten manche Christen beeinflusst haben, denen der eigene Körper eher im Wege steht.

Die evangelische Kirche hingegen kennt keine Zölibatspflicht für Geistliche und keine Keuschheitspflicht für Mönche – sofern man im Blick auf die evangelischen Kommunitäten überhaupt von Mönchsgemeinschaften sprechen will. Freiwilligkeit wird in der evangelischen Kirche großgeschrieben. Zugleich ist die in der Reformation wiederentdeckte Freiheit der Christen auch eine Rückkehr zu den biblischen Prinzipien der Lebensbejahung.

Warum ist das Christentum geradezu eine körperliche Religion? Das hängt schon mit seiner Entstehungsgeschichte zusammen. Im Zentrum des Glaubens steht ein Gott, der Mensch geworden ist, theologisch gesprochen: inkarniert wurde, „Fleisch wurde". Anders als im Islam, wo sich Gott nur über seine Propheten Gehör verschafft, begibt sich der Gott des Christentums in der Person Jesu in die Welt. Er ist fähig zu Freude und Leid, zu Lust und Schmerz, Liebe und Angst. Er lacht und weint. Er hat Hunger. Er ist verzweifelt. Er stirbt unter Qualen. Er lebt das ganze volle Leben mit seinen Licht- und Schattenseiten.

Dass das Christentum eine körperliche Religion ist, zeigt sich nicht zuletzt daran, dass in ihm neben der Seel-Sorge auch die Körper-Sorge großgeschrieben wird: Arme erhalten Unterstützung, Kranke Pflege, Alte werden betreut, Tote begraben. Gerade wenn es um die Bedürftigkeit des Menschen geht, sprechen Theologen auch vom Leib des Menschen: Der Leib ist es, der oft alle Aufmerksamkeit und Fürsorge verdient. Er ist, wie die Theologin Theresia Heimerl schreibt, „das theologisch korrekte Gegenstück zum Hochglanz-Körper der Medienwelt: heil, ganz, Wohlfühlen und erfülltes Sexualleben versprechend".

Am ehesten kann man das Körpergefühl der Christen so beschreiben: Weder folgen sie plakativen Idealen, noch lassen sie sich durch etliche rigide Normen einschränken. Sie betrachten den Körper als ein Geschenk, mit dem sie bedacht umgehen.

Eduard Kopp

Seid fruchtbar und mehret euch – gilt das noch?

In Deutschland schwindet der Kinderwunsch. Kinder oder nicht – das hat auch, aber nicht nur mit der wirtschaftlichen Lage zu tun. Lasst euch neugierig auf das Abenteuer des Lebens ein, rät die Bibel

Prinz Michael von Sachsen-Weimar-Eisenach, wohnhaft in Mannheim, hatte seine eigene Strategie, etwas gegen den Kindermangel in Deutschland zu tun. Er wurde Ehrenpate von fünf Kindern, die in Ostheim vor der Rhön getauft wurden. Angekündigt hatte er diesen familienförderlichen Akt bei einer Festveranstaltung der unterfränkischen Kommune, bei der ihr Bürgermeister über niedrige Geburtenzahlen geklagt hatte. Des Prinzen Angebot: die Kinder im Auge zu behalten und ihnen bei Bedarf finanziell zu helfen.

Die Aufforderung Gottes an die Menschen, fruchtbar zu sein und sich zu vermehren, zählt zu den prägnantesten Sätzen der Bibel – so richtig ernst genommen wird sie heute nicht mehr. Dabei erscheint dieser Appell doch als sehr aktuell: Unsere Gesellschaft plagen Nachwuchssorgen, Schulen werden geschlossen, die Rentenkassen leeren sich.

ETHIK UND MORAL

In zwei Zusammenhängen findet sich im Alten Testament Gottes Aufforderung: „Seid fruchtbar und mehret euch." In der Schöpfungsgeschichte taucht dieser Appell zur Fortpflanzung am fünften Tag im Blick auf die Meeres- und Himmelstiere auf sowie am sechsten in Bezug auf die Menschen (1. Buch Mose/Genesis, Kapitel 1). Noch deutlicher fordert Gott die Menschen nach dem Ende der Sintflut auf, für reichen Kindersegen zu sorgen. Hatte er zuvor die meisten Menschen zur Strafe für ihre Untaten ertränkt und nur die Familie Noahs mit drei Söhnen und Schwiegertöchtern sowie etlichen Tieren in einer Arche überleben lassen, so erging an die Überlebenden zwei Mal der Aufruf: „Seid fruchtbar und mehret euch!" (Kapitel 9)

Für Juden mehr noch als für Christen gilt Kinderreichtum als Zeichen göttlicher Zuwendung und als Lohn für ein gottgefälliges Leben. Es gibt in der Bibel Berichte über glücklose Paare, die nicht mit Kindern gesegnet sind und dies als Strafe Gottes verstehen. Schon dies sind Hinweise darauf, dass es in den Aufforderungen Gottes zur Fortpflanzung um etwas anderes geht als um eine umfassende Strategie zur Bevölkerung der Erde. Der Kern dieses Appells ist vielmehr die Aussage: Diese Schöpfung ist gut, und allen Menschen soll es ein Anliegen sein, dass sie in aller Vielfalt und Schönheit gedeiht.

Fruchtbar zu sein und sich zu vermehren – eine Aufforderung von bleibendem Wert? Mehr denn je. Gerade heute, da das Kinderkriegen keine Selbstverständlichkeit mehr ist wie noch vor zwei, drei Generationen. Da ein Fünftel der jungen Leute in Deutschland sich heute keinen Nachwuchs mehr wünscht. Da Menschen gründlicher als früher abwägen, welchen Weg sie in Liebe, Partnerschaft und Familie gehen wollen.

Partner fragen heute häufiger und intensiver nach der Qualität ihrer Beziehung. Werden Kinder ihre Zweisamkeit verändern? Durchkreuzen sie ihre beruflichen Pläne oder ihre Bildungsziele? Ist es überhaupt verantwortlich, in Zeiten wirtschaftlicher Unsicherheit Kinder zu bekommen? Kinder gelten als Berufshindernis, als wirtschaftliches Risiko, als Zeitfresser, als Störfaktoren in einer immer aufwendigeren Freizeitgestaltung.

Und dann die Gegenszenarien: Arbeitgeber schätzen Angestellte, die Kinder haben, denn wer mit der Versorgung und Erziehung von Kindern zurechtkommt, den wirft so schnell keine Herausforderung aus dem Gleis. Angestellte mit Kindern müssen für ihre Familien sorgen und können nicht beim nächsten Ärgernis einfach aus dem Job aussteigen. Auch die Volkswirtschaft liebt Kinder, denn nur wer geboren wird, kann später auch einkaufen. Doch unabhängig von solchen Erwägungen zeigt sich in vielen Fällen im Wunsch nach Nachwuchs eine vitale Lebensfreude, die sich sachlich gar nicht begründen lässt.

Die biblische Aufforderung „Seid fruchtbar und mehret euch" ist deshalb zeitlos aktuell, weil sie das Signal enthält: Ihr könnt dem Leben vertrauen! Ihr braucht keine Angst zu haben. Die Welt liegt euch und euren Kindern zu Füßen! Dieses befreiende Signal war schon nach den Zerstörungen der Sintflut wichtig. Und das ist es auch heute noch.

Sich der vitalen Kraft des Lebens nicht entgegenzustemmen, sich nicht zu sträuben, sondern dem Leben zu vertrauen: So kann man auch den biblischen Auftrag zur Fruchtbarkeit übersetzen. Das sagen auch die Kirchen. Deshalb heißt es in kirchlichen Erklärungen geradezu regelmäßig, wenn es ums Thema Kindermangel geht: Habt keine Angst! Habt Freude am Leben!

Eduard Kopp

Rein, unrein – was bedeutet das?

Unbeschwert von Schuld, unbefleckt an Körper und Seele: nur so konnten sich Menschen seit Urzeiten ihrem Gott nähern. Was das heute heißt, unterscheidet sich sehr zwischen den Religionen

Am „Tag der Reinheit" steht Großes auf dem Programm. Tausende Studenten – in Amerika, aber nicht nur dort – informieren am Valentinstag die Öffentlichkeit über den Wert der sexuellen Reinheit. Sie organisieren jedes Jahr Veranstaltungen in Schulen, Universitäten und Kirchen, verteilen bedruckte Armbänder und T-Shirts, Handbücher und Flyer, die alle die Botschaft weitertragen: Es lohne sich, der zunehmenden Sexualisierung zu wehren. Nicht zuletzt ließen sich so Geschlechtskrankheiten, unerwünschte Schwangerschaften und Abtreibungen zurückdrängen.

Fallen die Worte rein und unrein, denken viele Menschen zuerst an Sexualität und Ernährung. Auch in den Religionen richtet sich das Augenmerk sehr schnell auf diese Felder. Religionswissenschaftler unterscheiden zwischen der kultischen und der ethischen Reinheit. Nur im Zustand kultischer Reinheit können Juden und Muslime mit Gott in Beziehung treten. Die Reinheitsgesetze geben dem ganzen Leben Ordnung. Seit der ältesten Zeit des Judentums waren diese Gesetze eine wichtige Klammer der Gesellschaft und zwischen Gott und Mensch. Sie hatten also eine soziale und eine religiöse Komponente. Juden müssen ihre Reinheit nach sexuellen Begegnungen oder der Berührung eines Toten wiederherstellen, indem sie sich nach festen Regeln waschen. Die Speisegesetze legen fest: Verspeist werden dürfen nur jene Säugetiere, die wiederkäuen und zugleich Paarzeher sind, bei den Wassertieren nur solche mit Schuppen und Flossen.

Auch im Islam gelten strenge Reinheitsgesetze: Muslime beziehungsweise Musliminnen reinigen sich nach dem Geschlechtsverkehr, nach Ende der Regelblutungen und nach der Geburt eines Kindes, wenn sie sich auf das Gebet vorbereiten. Untersagt ist ihnen grundsätzlich der Genuss von Schweinefleisch und von Produkten aus Blut sowie aller Wassertiere mit Ausnahme von Fischen.

Im Christentum ist das Denken in den Kategorien der kultischen Reinheit und Unreinheit weitgehend überwunden. Von großer Bedeutung ist jedoch die Frage nach der ethischen Reinheit. Die neue Denkweise: Nichts, was von außen auf den Menschen trifft, kann ihn unrein machen, sondern nur das, was „aus dem Menschen herauskommt", aus seinem Denken und Wollen kommt (Markus 7,15). Damit ist die Unterscheidung zwischen reinen und unreinen Menschen, zwischen reinen und unreinen Orten, zwischen reiner und unreiner Nahrung hinfällig. Jesus ging eng mit den als unrein Stigmatisierten um. Wo immer im Neuen Testament von Reinheit die Rede ist, geht es im Kern um das sittliche Verhalten der Christen. Reinigungsrituale, die bis heute in den Liturgien der christlichen Kirchen zum Vorschein kommen, symbolisieren nur diese ethische Reinheit. Sie sind weder Voraussetzung für die Teilnahme am Gottesdienst noch für die Begegnung mit Gott.

Daran ändert auch nichts, dass zum Beispiel in der katholischen Kirche noch vor wenigen Jahrzehnten nur solche Männer ordiniert wurden, die keine auffälligen körperlichen Behinderungen hatten. Das änderte sich aber radikal durch die Begegnung mit kriegsversehrten

Geistlichen des Ersten und Zweiten Weltkriegs und mit dem zunehmenden Priestermangel.

Im weißen Mantel, Symbol ihrer Reinheit, hatten sich im 12. Jahrhundert auch die Ritter des Templerordens auf den Weg gemacht, um die heiligen Stätten der Christenheit von den Muslimen zu befreien und die Pilgerwege zu schützen. Doch ihr weißer Mantel war häufig blutgetränkt.

Kinder werden bis heute als Zeichen ihrer Reinheit in weiße Taufkleider gehüllt. Bräute treten im weißen Hochzeitskleid vor den Traualtar. Der Gedanke der Reinheit ist also keineswegs überholt. Aber er hat sich verändert. Nicht die Ausgrenzung des weniger Perfekten ist sein Sinn, sondern die Einladung, sich an ethischen Idealen zu orientieren und an ihnen aufzurichten. Menschen sollen und können aus der Begegnung mit Gott gerade neue Stärke gewinnen. Sie werden nicht auf ihre Fehlerhaftigkeit festgelegt, sondern von ihr befreit. Solche Rituale und Symbole machen sie selbstsicherer, souveräner.

Eduard Kopp

Sind Christen zur Gewaltlosigkeit verpflichtet?

Eigentlich ist die Sache klar: „Liebt eure Feinde!", predigte Jesus. Dietrich Bonhoeffer und Martin Luther King haben sich diesem Gebot verschrieben. Derweil halten viele Poltiker es für naiv, mit der Bergpredigt Gesetze machen zu wollen

Martin Luther King muss seinen Tod vorausgeahnt haben. Am 3. April 1968, dem Vorabend seiner Ermordung, predigte der US-Bürgerrechtler in Memphis, Tennessee: "Ich sah das verheißene Land. Vielleicht erreiche ich es nicht mit euch. Doch als Volk werden wir eines Tages dahin gelangen."

24 Stunden später war King tot. Er, der Gewaltanwendung stets abgelehnt hatte, war selbst Opfer von Gewalt geworden.

„Liebt eure Feinde", sagt Jesus in der Bergpredigt, „und bittet für die, die euch verfolgen." (Matthäus 5,44) Und: „Wenn dich jemand auf deine rechte Wange schlägt, dem biete auch die andere dar." (Matthäus 5,39)

Sätze wie diese waren es, die den Baptistenprediger Martin Luther King zum gewaltlosen Widerstand gegen Rassismus inspiriert hatten. Doch wer seine Feinde liebt und Angreifern die andere Wange hinhält, droht selbst ins Verderben zu stürzen. King wurde ermordet, wie

ETHIK UND MORAL

zwanzig Jahre vor ihm der moderne Erfinder des zivilen Ungehorsams, Mahatma Gandhi, Kings Vorbild.

Nicht jedem imponiert solche Aufopferungsbereitschaft. Im Mittelalter behaupteten Theologen, Jesu Bergpredigt enthalte Ratschläge lediglich für Heilige. Und der berühmte Theologe Albert Schweitzer beschwichtigte zu Beginn des 20. Jahrhunderts: Jesu Bergpredigt sollte nur bis zur nahen Ankunft des Gottesreiches gelten. Dass stattdessen inzwischen fast 2000 Jahre Menschheitsgeschichte folgten, damit habe Jesus nicht gerechnet.

Wahrscheinlich hat Jesus seine Worte aber genau so gemeint, wie er sie sagte: Dass man seine Feinde lieben und Angreifern die andere Wange tatsächlich hinhalten soll. Dahinter steht die Auffassung: Selbst wer sich mit Gewalt zur Wehr setzt und dabei anderen Schaden zufügt, lädt Schuld auf sich. Bis heute tun sich Christen schwer mit diesem radikalen Aufruf zum einseitigen Gewaltverzicht.

1983 sagte der damalige Bundeskanzler Helmut Schmidt im Streit um die atomare Nachrüstung: „Mit der Bergpredigt kann man nicht regieren." – „Woher wissen Politiker, dass man mit der Bergpredigt nicht regieren kann, wenn sie es nicht versuchen?", konterte der Pfarrer und frühere Berliner Bürgermeister Heinrich Albertz. Politiker könnten doch wenigstens versuchen, sich an die Grundsätze der Bergpredigt zu halten.

Tatsächlich kann Jesu Forderung in ein tiefes ethisches Dilemma führen. Denn manchmal lädt gerade der größere Schuld auf sich, der nicht mit Gewalt eingreift, weil er sich seine Hände nicht schmutzig machen will. Der Pfarrer und Widerstandskämpfer gegen Hitler, Dietrich Bonhoeffer, war Anhänger von Gandhis Idee des gewaltlosen Widerstandes. Bonhoeffer wollte den Nazis zunächst mit zivilem Ungehorsam, also gewaltfrei, entgegentreten.

Als er erkannte, dass Hitlers Ermordung Millionen Menschenleben retten könnte, bejahte er den gewaltsamen Widerstand, blieb jedoch der Ansicht, dass Gewalt immer Sünde sei. Nur: Wer untätig bliebe, würde größere Schuld auf sich laden. Das Attentat scheiterte, Bonhoeffer wurde ermordet.

Ob man durch Gewalt größeren Schaden abwenden darf, debattieren Christen schon lange. Der Kirchenvater Augustin (354–430) lehrte, in einem „gerechten Krieg" dürften Christen zu den Waffen greifen: wenn eine legitime Regierung ihr Land gegen einen nicht provozierten Angriff verteidige, wenn sie erlittenes Unrecht vergelte und die Zerstörung verhältnismäßig bleibe. Doch kaum ein Krieg seither hält diesen Regeln stand. Vor allem die Verhältnismäßigkeit der Mittel steht oft in Frage. Heute setzt sich unter Theologen die Ansicht durch, dass kein Krieg „gerecht" sein könne.

Dürfen Christen generell keinen Dienst an der Waffe leisten? Die Meinungen darüber gehen auseinander. Lutheraner bejahen den Beruf des Soldaten. So hatte der Reformator Martin Luther (1483–1546) gelehrt, nur friedfertige Menschen kämen mit den Regeln der Bergpredigt aus.

Doch in einer Welt voller Bösewichte müssten Christen die staatliche Ordnung verteidigen. Die Mennoniten, eine andere Reformationskirche, rufen dazu auf, jede Form von Kriegsdienst zu verweigern. Nur so könne ein Christ Jesus nachfolgen. Für ihre Überzeugung nehmen sie seit Jahrhunderten Verfolgung und Vertreibung auf sich.

Mit Gewalt kann man Konflikte nicht dauerhaft lösen. Christen sollten daher Alternativen aufzeigen, wo andere nur Gewalt als Ausweg sehen. Zwischen 2001 und 2010 hatte der Weltkirchenrat eine „Dekade zur Überwindung von Gewalt" ausgerufen. Weltweit warben Kirchen für Projekte, in denen Jugendliche und Erwachsene, Familien und Völker lernen, ohne Gewalt auszukommen. Die Botschaft: Einseitiger Gewaltverzicht ist immer noch das beste Mittel, um die Spirale der Gewalt zu durchbrechen.

Burkhard Weitz

Was halten Christen von der Todesstrafe?

Nicht nur muslimisch, sondern auch christlich geprägte Staaten tun sich mit Todesurteilen und Exekutionen unrühmlich hervor. Das biblische Tötungsverbot hat sich noch keineswegs durchgesetzt

Es war der erste Tag des muslimischen Opferfestes. Am 30. Dezember 2006, morgens um sechs Uhr, starb Saddam Hussein durch den Strang. Bekleidet mit einem weißen Hemd und einem schwarzen Mantel, an den Händen gefesselt, trat der 69-Jährige sehenden Auges vor den Galgen. Der irakische Exdiktator war umgeben von maskierten Männern. Die legten ihm zuerst ein schwarzes Tuch um den Hals, dann die Schlinge. „Er starb sofort", sagte später ein irakischer Regierungsvertreter. „Er zitterte nicht. Er wirkte ruhig und gefasst."

Die Evangelische Kirche in Deutschland (EKD) und der Vatikan kritisierten Todesurteil und Exekution. Der Vatikan verurteilte, dass „ein Verbrechen mit einem anderen Verbrechen bestraft" werde. Der EKD-Ratsvorsitzende, Bischof Wolfgang Huber, betonte, „die Todesstrafe sei keine angemessene Form staatlichen Strafhandelns". Zum Rechtsstaat gehöre der Verzicht auf die Todesstrafe. Deutliche Kritik kam auch von

Amnesty International wie auch vom Europarat, der die Exekution als „grausam und barbarisch" bezeichnete.

Tatsache ist: Auch christlich geprägte Staaten verhängen Todesurteile und lassen exekutieren. Schließlich waren es amerikanische Sicherheitskräfte, die Saddam Hussein kurz vor der Exekution an die irakischen Behörden übergaben, wohl wissend, was ihn erwartete. Und es war der amerikanische Präsident George W. Bush, der sich bisweilen als geläuterten Christen bezeichnet, der die Exekution als Meilenstein auf dem Weg zu einem demokratischen Irak bezeichnete.

Das aus den Zehn Geboten der Bibel bekannte Tötungsverbot hat sich also keineswegs durchgesetzt, auch nicht unter Christen. Im Jahr 2005 entfielen 94 Prozent aller Hinrichtungen weltweit auf vier Staaten: China, Iran, Saudi-Arabien und USA. Es wurden mindestens 2148 Menschen in 22 Staaten hingerichtet. An der Spitze stand zwar China mit mindestens 1770 Exekutionen. Doch in amerikanischen Todestrakten sitzen 3400 Menschen und warten auf die Hinrichtung. 1999 war dort ein Jahr mit besonders vielen Exekutionen: 98, der Spitzenwert seit 1990.

Anders als die Kirchen Europas sind jene in Amerika in ihrer Einstellung zur Todesstrafe gespalten. Während zum Beispiel die meisten evangelikalen Christen rechtskonservativ sind und mehrheitlich für die Todesstrafe eintreten, haben die römisch-katholische und die Evangelisch-Lutherische Kirche in Amerika (ELKA) die Todesstrafe geächtet. Bemerkenswert aber auch: Der katholische Weltkatechismus von 1992 rückt erst seit seiner Neuauflage von 2003 deutlicher von der Todesstrafe ab. Diese war übrigens erst im Jahr 1969 im Vatikanstaat per Gesetz abgeschafft, 2001 auch aus dessen Verfassung gestrichen worden. Das war schon lange überfällig, war doch das letzte Todesurteil im Kirchenstaat im Jahr 1870 vollstreckt worden.

Die überwiegende Mehrheit der christlichen Kirchen benennt heute gleich mehrere Gründe, warum Todesurteil und Exekution nicht zu rechtfertigen sind. Unmittelbar einleuchtend ist dieses Argument: Eine Exekution kann nicht revidiert werden. Urteile können aber Fehlurteile sein, wie das seinerzeit viel diskutierte Urteil im Verfahren gegen Anthony Porter aus dem amerikanischen Bundesstaat Illinois, bei dem die Aufdeckung falscher „Beweise" und skrupelloser Prozessabsprachen dazu führte, dass er nach 16 Jahren Haft im März 1999 als Unschuldiger aus der Todeszelle entlassen werden musste.

Eine Exekution verschließt dem Delinquenten außerdem jede Möglichkeit, Reue zu üben, den angerichteten Schaden wiedergutzumachen und sein Leben neu zu beginnen. Das christliche Menschenbild geht immer von der Möglichkeit aus, dass sich Menschen positiv verändern.

Schließlich: In Judentum und Christentum gilt jeder Mensch als Ebenbild Gottes. Jeder Einzelne hat einen unersetzlichen Wert. Das ist auch der Grund, weshalb die katholischen Bischöfe Amerikas die Todesstrafe als eine Gotteslästerung verstehen: eine Beleidigung dessen, der die Menschen geschaffen hat.

Normalerweise gedenken Muslime am Opferfest der Rettung eines Menschenlebens. Es geht um die aus der Bibel bekannte Geschichte Abrahams. Er war dabei, seinen Sohn auf dem Altar zu opfern. Aufgrund von Gottes Einspruch ließ er ihn leben. Ein solches Verhalten gegenüber Saddam wäre wahrlich eine große Geste gewesen.

Eduard Kopp

Ist Ehre ein religiöses Wort?

Mit diesem Begriff wurde viel Schindluder getrieben. Wenn Nationen oder Familien um ihre Ehre fürchten, sind sie zu allem fähig. Da lohnt ein Blick in die Bibel

Es sind Begriffe, die in einer modernen Gesellschaft überwiegend negativ klingen: Familienehre. Nationale Ehre. Es sind Worte, die schon häufiger Schlimmes beschönigt haben: Ehrenwort. Ehrenmord.

Der Begriff der Ehre hat in Deutschland eine lange Abwärtskarriere hinter sich gebracht. Massiv brach das Verständnis für ihn nach den Erfahrungen des Nationalsozialismus („Blut und Ehre") ein, danach erneut mit der Studentenbewegung der sechziger und siebziger Jahre. Heute verwundert es viele Menschen, wenn muslimische Familien ihre auf sexuelle Selbstbestimmung pochenden jungen Frauen mit Gewalt zurück in den Familienschoß zwingen wollen, um so die „Familienehre" zu retten. Ehre in diesem Sinn ist das Gegenstück zur Schande: Familienschande, Rassenschande.

Aber es gibt unstrittige Ehren und Ehrungen: Erfolgreiche Sportler erhalten Medaillen, Pokale oder den Lorbeerkranz. Bischöfe bekommen Orden verliehen. Mit einem Kniefall erwies Bundeskanzler Willy Brandt in Warschau den Opfern des Holocaust die Ehre; Firmenchefs versprechen ein ehrendes Andenken an verstorbene Mitarbeiter.

Ist Ehre überhaupt ein religiöses Wort? Unbedingt, wenn auch nicht im Sinne einer rigiden Standesehre. In der Weihnachtsgeschichte singen die von der Geburt Jesu begeisterten Engel: „Ehre sei Gott in der Höhe." Und in den Zehn Geboten heißt es: „Du sollst Vater und Mutter ehren." Die Ehre Gottes ist Dreh- und Angelpunkt des Glaubens, sie verändert auch die Menschen und ihr Zusammenleben von Grund auf.

Nach christlichem Verständnis hat jeder Mensch seine Ehre und Würde von Gott. Wie Gottes Sohn sich vor allem den sozial benachteiligten und politisch verfolgten Menschen zuwendete, so gilt bis in die Gegenwart die Regel: Den Geringsten ist ein besonderes Maß an Ehre zu erweisen (1. Korintherbrief 12,24). Es fällt auf: Hier ist die Ehre von der sozialen Stellung des Menschen unabhängig. Es ist wie bei dem Grundrecht der Menschenwürde – und also ganz anders als bei dem Ehrbegriff einer Standesgesellschaft. Die Menschenwürde wurzelt im jüdisch-christlichen Glauben darin, dass jeder Mensch Ebenbild Gottes ist: von ihm geschaffen, von ihm weiterhin wahrgenommen und geliebt. Diese Würde kommt jedem Menschen zu, unabhängig von seiner gesellschaftlichen Bedeutung und seinem Verhalten. Auch ein verurteilter Delinquent hat seine unantastbare Menschenwürde.

Es ist ein faszinierender Gott, der sich in seinem Sohn „selbst erniedrigte" und der auf äußere Anerkennung und Ehrbezeugungen verzichtete. Die Zeitgenossen Jesu, erst recht die politischen und religiösen Autoritäten, konnten das bis zuletzt kaum glauben. Jesu unmittelbare Anhänger grübelten häufig und gern über die Rangordnung im zukünftigen Reich Gottes. Die Mächtigen im Lande ängstigten sich vor einem „König der Juden". Noch bei der Kreuzigung nagelten sie über seinem Kopf eine Tafel mit einem entsprechenden Hinweis an. Doch an einem politischen Amt und an Ehrenbekundungen war ihm nicht gelegen.

Die Ehre, so erklärt die Mannheimer Kulturwissenschaftlerin Dagmar Burkhart in ihrer „Geschichte der Ehre", hat immer zwei Bedeutungen. Einerseits geht es um die innere Einstellung eines Menschen, andererseits um seine öffentliche Würdigung. Hier Sittlichkeit, Gewissen und Tugenden, dort soziales Ansehen, gesellschaftliche Achtung. Das hat, auch wenn es nicht auf den ersten Blick so erscheint, bis heute viel miteinander zu tun. Wenn sich zum Beispiel ein Politiker auf seine Ehre beruft und sich trotzdem etwas Gravierendes zuschulden kommen lässt, ist die Empörung in der Öffentlichkeit groß. So warf der frühere Kieler Ministerpräsident Uwe Barschel mit seinem „Ehrenwort" seine ganze Reputation auf die Waagschale – und verlor. Woran man sieht: Die „Ehre" hat doch noch einen Platz im Bewusstsein moderner Menschen.

„Die Ehre hat wie die Keuschheit den Status des Altmodischen, Überholten", schrieb der amerikanische Religionssoziologe Peter L. Berger 1973. Und doch sei ihre „Wiederentdeckung in der künftigen Entwicklung der modernen Gesellschaft sowohl empirisch plausibel als auch moralisch wünschenswert." Man kann ergänzen: In religiöser Hinsicht war sie nie bedeutungslos geworden.

Eduard Kopp

Was ist das Gewissen?

Seit Adam und Eva in den Apfel bissen, bewegt die Menschen eine innere Unruhe. Sie meldet sich meist zur Unzeit – und mit quälenden Fragen

Willi Wiberg, sieben Jahre alt, kann nicht einschlafen. Er hat heute jemanden geschlagen, der kleiner ist als er. Diesen kleinen Jungen mit dem Ball! Es ist fast so, als ob irgendetwas Unheimliches im Zimmer wäre. Plötzlich begreift er: Unter seinem Bett ist ein Ungeheuer!

Das Ungeheuer, das Willi Wiberg in Gunilla Bergströms Kinderbuch unterm Bett wähnt, ist sein Gewissen, das ihn drückt. Bergströms Geschichte weist darauf hin: Schon Kinder haben mit jenem wichtigen und oft komplizierten Prozess zu tun, der uns in unseren Gefühlen und Handlungen bestimmt. Etwas, was uns Menschen beschäftigt, seit Adam und Eva im Paradies gegen Gottes Verbot in den Apfel bissen und sich daraufhin ihrer Nacktheit schämten. Was aber ist das Gewissen?

Nach Sigmund Freuds klassischer Definition besteht die menschliche Seele aus drei Machtbereichen, die oft miteinander im Konflikt stehen: Als „Über-Ich" versteht Freud alles, was uns als gut und böse, was uns an Normen und Grundsätzen anerzogen und häufig mit Verboten oder Tabus eingetrichtert wurde. Gegen dieses „Über-Ich" revoltiert immer wieder das „Es". Die „Es"-Sphäre ist für Freud alles Triebhafte im Menschen, alles, was wir ohne Einschränkung ausleben möchten. Gleichsam als Zähmung beider Extreme konstruiert Freud einen dritten Bereich, das „Ich". In der „Ich"-Sphäre bildet sich das, was ein Mensch mit ausreichendem Selbstbewusstsein und mit Realitätssinn als sein Lebenskonzept ansieht. Es ist die Fähigkeit eines Menschen, sich selbst, sein Wollen und sein Verhalten an einem Maßstab zu messen. Der Philosoph Immanuel Kant nannte diesen Entscheidungsprozess des Ichs „das Bewusstsein eines inneren Gerichtshofes des Menschen".

Aber aus welchen Normen und Vorstellungen entsteht dieses eigentümliche Bewusstsein, was sind die Maßstäbe unseres Gewissens? In der alten christlichen Dogmatik heißt Gewissen conscientia, lateinisch für: Mitwissen. Gemeint ist hier das Mit-Wissen mit dem Willen Gottes.

Für den Reformator Martin Luther hatte solches Mitwissen eine ganz besondere Bedeutung. Auch er wollte unbedingt Gottes Willen erkennen und nach ihm handeln. Darüber geriet er in eine schwere Krise, weil er an den starren Glaubensregeln und Bußübungen seiner Zeit scheiterte. Schließlich musste Luther erkennen, dass er die Wahrheit über sein eigenes Leben nicht durch das Ableisten von „guten Werken", durch kirchlich geforderte Buß- oder Gebetsübungen erfahren konnte. Im Gegenteil: Die Menschen, kirchliche Würdenträger natürlich eingeschlossen, erreichen aus eigener Kraft wenig. Sie brauchen gleichsam einen Impuls von außen, einen Impuls, den sie aber aus freien Stücken aufnehmen müssen, damit er ihnen hilft.

Für Luther liegt dieser Impuls im Hören auf Gottes Wort, so wie er es in der Bibel fand. Ihm ging es dabei nicht um eine sklavische Befolgung irgendwelcher Gebote, sondern um eine ehrliche, offene Auseinandersetzung mit dem, was er dort fand, zum Beispiel das Gebot der Nächstenliebe. Die immerwährende kreative Auslegung der Bibel ist bis heute die entscheidende Grundlage christlicher Gewissensbildung. In welcher Haltung und Erwartung die Menschen auf Gottes Wort hören, das ist also der entscheidende Schlüssel zur Bildung eines christlichen Gewissens. Die Freiheit der eigenen Entscheidung ist dabei wichtig, ja unersetzbar.

Ein solches Gewissen kann den Menschen in schwierige Situationen führen. Für Martin Luther war das zum Beispiel die denkwürdige Stunde vor dem Reichstag zu Worms 1521, als der Kaiser ihn zwingen wollte, seinen Ideen abzuschwören. Er aber blieb standhaft und folgte seinem Gewissen: „Hier stehe ich, ich kann nicht anders, Gott helfe mir." Nicht immer ist eine Gewissensentscheidung so dramatisch. Aber immer wieder – das lehrt nicht nur die Bibel, sondern das zeigen auch viele Alltagssituationen – geht es um Grundsätzliches in der Beziehung zu den Mitmenschen, die für Christen die „Nächsten" sind.

So auch bei Willi Wiberg. Er hat einen kleinen Jungen geschlagen, einfach so, im Zorn. Sein Gewissen meldet sich am Abend, und zwar wie ein knurrendes, drohendes Ungeheuer unter dem Bett. Dass er nicht recht gehandelt hat, müssen ihm keine strengen Eltern oder Lehrer sagen, sondern das sagt ihm sein Gewissen. Willi Wiberg sucht den kleinen Jungen und findet ihn. Er versöhnt sich mit ihm und kann dann wieder durchatmen – erleichtert in seiner Seele und endlich wieder mit gutem Gewissen.

Reinhard Mawick

Was ist Schuld?

Strafrichter und Schiedsrichter haben täglich mit dieser Frage zu tun. Seelsorger auch. Aber ihre Antworten fallen recht unterschiedlich aus

Irgendwann ist das Maß voll. In seinem Brief an das Magazin „chrismon" schreibt ein Münchener: „Früher haben die Kirchen einem ein schlechtes Gewissen gemacht, heute geschieht dasselbe im Namen des Klimaschutzes. Das penetrante Vorrechnen von CO_2-Werten nervt nur noch. Wie man es dreht und wendet, schuldig wird man letztendlich immer." Dabei ist Herr R. eifrig um den Klimaschutz bemüht. Er bezieht Natur-Strom, hat kein Auto, isst kaum Fleisch. Jetzt kam er drauf: Auch wer Sport macht, stößt mehr CO_2 aus. Auch eine Feuerbestattung belastet das Klima. „Irgendwann reicht es, Schuldgefühle eingetrichtert zu bekommen", klagt er.

Was Schuld ist, davon verstehen die Kirchen einiges. Wie man Schuldgefühle, womöglich überzogene, weckt oder „eintrichtert", das ist aber nicht (mehr) ihr Thema. Das gehörte in die Zeiten barocker Bußpredigten oder der schwarzen Pädagogik. Das Ziel aller Seelsorge ist es vielmehr, Sünden zu überwinden, Schuld abzutragen. Dazu gehört allerdings auch, Sensibilität zu wecken in der Frage, wie und gegenüber wem man schuldig wird. Schuldig macht sich, wer einem anderen Menschen verweigert, was ihm zusteht – materiell oder immateriell. Schuldig im religiösen Sinne macht sich, wer seine Verpflichtungen Gott und den Menschen gegenüber nicht einlöst. Diese doppelte Dimension ist besonders wichtig, und sie macht den Unterschied zum Schuldverständnis des Strafrechts aus.

Im staatlichen Strafrecht steht die Bewertung der Tat im Vordergrund. Wenn Strafrichter von Schuld sprechen, meinen sie damit: Ein Mensch ist mit der Verantwortung für eine rechtswidrige Tat belastet; ihm ist diese Tat vorwerfbar. Das prüfen die Gerichte, außerdem, ob der Täter mit Vorsatz oder fahrlässig gehandelt hat. Die individuelle Schuld im Einzelfall abzuwägen ist das Schwierigste überhaupt im Strafverfahren. Zwar gibt es die im Strafgesetzbuch vorgesehenen Strafrahmen, aber innerhalb dieser Rahmen muss die individuelle Schuld bemessen werden. Ist mit dem Verbüßen der Strafe dann alles erledigt? Nicht unbedingt. Eine Freiheitsstrafe, selbst wenn sie verbüßt ist, wirkt im Strafregister nach. Wird der Täter erneut verurteilt, kann die neue Strafe härter ausfallen. Die alte Schuld hängt ihm also nach, bis der Eintrag gelöscht ist. Etwas Vergleichbares gibt es im kirchlichen Schuldverständnis nicht.

Dass nach christlichem Verständnis eine solche Tat nicht nur das Verhältnis der Menschen untereinander, sondern auch zu Gott in Mitleidenschaft zieht, lässt sich biblisch begründen. Gott hat diese Welt in ihrer Schönheit und Makellosigkeit erschaffen (im Schöpfungsbericht steht: „Und er sah, dass sie gut war"), er hat sich zudem in vielen Situationen als barmherzig und „gerecht" (die biblische Vokabel für „gnädig") erwiesen. Wenn Menschen sündigen, stellen sie sich gegen diese gute Schöpfungs- und Liebesordnung.

In der Bibel finden sich viele weitere Gründe dafür, warum Menschen sich durch ein Delikt auch gegenüber Gott schuldig machen: Es gibt in den biblischen Geschichten Verträge zwischen Gott und Mensch.

Solche Verabredungen sind zum Beispiel die Bundesschlüsse nach der Sintflut und am Sinai, wo die Zehn Gebote Gültigkeit erhielten. Zwar verpflichteten sich die Menschen jedes Mal, die Anforderungen Gottes treu zu erfüllen, doch schlugen sie regelmäßig über die Stränge.

Schuld lässt sich nicht einfach wegreden und wegwischen. Um alles in Ordnung zu bringen, müssen die Menschen ihre Tat als falsch erkennen und Gott um die Vergebung ihrer Schuld bitten. Das erleichtert es ihnen zugleich, ihr Verhältnis zu den Mitmenschen zu heilen. Es geht ja meist nicht nur um einen Schadensausgleich im engeren Sinne, Sünden haben viele Folgen. Wer sündigt, streut Zwist, Hoffnungslosigkeit, Lieblosigkeit, schreibt der Berliner Bischof Wolfgang Huber in seinem Buch „Der christliche Glaube": „Er zerbricht die lebendige Beziehung zu Gott, zur Zukunft, zu den Menschen und zu sich selbst." Der Delinquent muss, was ihm oft nicht aus eigener Kraft gelingt, wieder in den Lebensstrom eintauchen. Ihm dabei zu helfen, ist ein zentrales Anliegen der Kirchen.

Eduard Kopp

Gibt es Gnade ohne Reue?

Der Bundespräsident kann dafür sorgen, dass ein früherer Terrorist vorzeitig aus der Haft freikommt. Aber muss der dafür nicht erst bereuen? Martin Luther meinte: Gnade macht Reue erst möglich

Vom Motorrad aus schoss der Mann ins Innere des dunkelblauen Mercedes. Mit 15 Kugeln aus dem Lauf einer Maschinenpistole tötete er am 7. April 1977 den Chauffeur Wolfgang Göbel, den Sicherheitsbeamten Georg Wurster und den Generalbundesanwalt Siegfried Buback. Vermutlich hielt der Täter die Insassen des Wagens für „Schweine in Uniform" und „Charaktermasken". Er hatte verlernt, in ihnen Menschen mit eigener Würde zu sehen.

Einer der Tatbeteiligten war Christian Klar. Ob er selbst schoss oder ein Komplize, darüber schweigt Klar bis heute. Für 2009 hatte der damals 54-Jährige nach 25 Jahren in Haft eine vorzeitige Haftentlassung beantragt. Der Ex-RAF-Terrorist wollte, dass ihm die letzten Jahre seiner Haft erspart bleiben. Er bat den Bundespräsidenten um Begnadigung. Eine Debatte um Klars Gnadengesuch entbrannte. Namhafte Theologen meldeten sich zu Wort und empfahlen dem Präsidenten,

Klar nicht eher zu begnadigen, als bis er Reue für seine Taten zeige. Doch setzt Gnade wirklich Reue voraus?

Gnade ist ein zentraler Begriff christlicher Theologie. Als gnädig empfand der Reformator Martin Luther den göttlichen Weltenrichter, der Menschen trotz ihrer Bosheit nicht verurteilt, sondern freispricht. „Rechtfertigung" nannte Luther diesen Vorgang: Gott macht gerecht. Luthers Rechtfertigungslehre ist der Schlüssel zum Verständnis aller protestantischen Theologie. Aus ihr stammen Unterscheidungen, die heute in der Begnadigungsdebatte hilfreich sind. Zum Beispiel die Unterscheidung von Person und Werk. Gottes Gnade gilt der Person, nicht seinen Taten. Und die Person hat eine Würde (lateinisch: dignitas), auch wenn sie schwerste Verbrechen begeht. Dieser Begriff aus der christlichen Theologie hat Eingang in den ersten Artikel des deutschen Grundgesetzes gefunden.

Luther war überzeugt, die göttliche Gnade befreie Menschen davon, sich selbst rechtfertigen zu müssen. Sie erst mache dem Sünder den Weg zur Versöhnung frei. Demnach setzt nicht die Gnade Reue voraus, sondern umgekehrt: Gnade macht Reue überhaupt erst möglich. Es könnte doch sein, dass ehemalige RAF-Terroristen eine Begnadigung als Entgegenkommen anerkennen und im Gegenzug glaubwürdige Zeichen der Reue setzen. Und dass derjenige, der damals auf den Dienstwagen des Generalbundesanwaltes schoss, sich dann endlich offen zu seiner Tat bekennt.

Natürlich wusste Luther, dass sich Menschen von der Gnade Gottes oder gar dem Entgegenkommen anderer Menschen nicht unbedingt erweichen lassen. Kein Richter spricht einen Straftäter in der Hoffnung frei, dass er danach seine Tat bereut und sich bessert, das wäre naiv. Im Bereich staatlichen Handelns gelten daher nicht religiöse, sondern innerweltliche Regeln. Der Staat muss Menschen mit seinen Gesetzen in Schranken weisen und sie bei Verstößen bestrafen. Wobei heute die Strafen überführte Täter resozialisieren sollen. Zudem müssen Inhaftierte unabhängig von der Schwere ihrer Tat die Aussicht haben, nach Verbüßen der Strafe in Freiheit zu leben – sofern sie niemanden mehr gefährden.

Das Gnadenrecht des Bundespräsidenten ist in dieses innerweltliche Recht eingebunden, es dient als Korrektiv gegen Härten der Rechtsprechung im demokratischen Rechtsstaat. Indem der Bundespräsident einen Mörder begnadigt, kann er selbst einen ersten Schritt auf den Inhaftierten zugehen und ein einseitiges Zeichen der Versöhnung setzen. Er ist in seiner Entscheidung frei. Der Inhaftierte kann ihn weder durch öffentliche Reuebekundungen zum Gnadenspruch zwingen noch durch zur Schau gestellte Unbeugsamkeit daran hindern.

Der Präsident kann sich die Hoffnung zu eigen machen, dass sein Gnadenspruch den Straftäter zu Reue ermutigt. Selbstverständlich kann er aber auch aus pragmatischen Erwägungen vor seiner Entscheidung Zeichen der Reue und des Respekts vor den Opferfamilien verlangen – wie der damalige Bundespräsident Horst Köhler es getan hat. Solche Zeichen hätten es ihm erleichtert, eine Begnadigung zu verantworten. Denn sie hätten deutlich gemacht: Von diesem Inhaftierten geht keine Gefahr für die Gesellschaft mehr aus. Eine notwendige Voraussetzung für die Begnadigung sind solche Zeichen aber nicht.

Burkhard Weitz

Was ist eine Sünde?

Eine Sahnetorte zu viel, eine unerlaubte Liebelei: Solche Sünden haben einen großen Unterhaltungswert. Wenn Religionen Grenzen ziehen, dann aus einem ganz anderen Grund

„Du bist eine Sünde wert", heißt der Titel eines verheißungsvollen Buches – und er weckt gleich zwei Assoziationen: Hier geht es entweder um Sex oder aber ums Schlemmen. Die Vermutung trügt – es geht nämlich um beides, um sexuelle Verführung auf dem Umweg über die Kochkunst.

„Unter Sünde verstehen die meisten Leute einen Verstoß gegen den Diätplan", sagt der Paderborner Theologe und Therapeut Eugen Drewermann. Ganz offensichtlich trifft er damit ins Schwarze. Selbst Zarah Leanders Lied „Kann denn Liebe Sünde sein?" erreicht heute nicht mehr den Zitationsrang wie die Sünde, die in Konditoreien oder im Schnellimbiss begangen wird. Von der „lässlichen Sünde" des Tortenessens bis zur „Todsünde" der falschen Ernährung belastet heute eine Vielzahl an Fehltritten das Gewissen der Menschen und macht Bußübungen in Form von Waldläufen und Fitnesskursen nötig.

Die monotheistischen Religionen (Judentum, Christentum, Islam) haben ein durchaus ernsteres Sündenverständnis. In diesen Religionen tritt Gott den Menschen persönlich entgegen – mit seiner Liebe und seinen Forderungen, mit Güte und gelegentlich mit Zorn. Zwischen Gott und Mensch gibt es eine individuelle Beziehung. Kündigt der Mensch diese Beziehung auf, begeht er die eigentliche, die größte Sünde: die der Abkehr von Gott. In diesem Sinne kann man sogar sagen, dass es nur eine Sünde gibt: die Störung oder Zerstörung des Verhältnisses zu Gott. In den Zehn Geboten des Alten Testaments beziehen sich nicht zufällig die ersten drei auf den Glauben an Gott, dann folgen die anderen Verhaltensnormen: zum Beispiel die Achtung des Lebensrechts und des Eigentums anderer, die Fürsorge für die Eltern, die Wahrhaftigkeit.

Eine Sünde zieht immer die Beziehung zu Gott in Mitleidenschaft. Wie das? Einerseits gelten die wichtigsten Normen als von Gott gestiftet, andererseits besteht zwischen Gott und Mensch ein Treueverhältnis, wie es in der Bibel besonders schön im Bundesschluss Gottes mit Noah und den Überlebenden der Sintflut erzählt wird, wenn Gott verspricht, nie wieder Mensch und Tier zur Strafe zu ertränken (1. Mose 9).

Im umgangssprachlichen Sinn ist die Sünde hingegen meistens eine Einzeltat. Gerade die katholische Kirche hat der Verbreitung dieser Auffassung Vorschub geleistet, vor allem durch ihre Beichtspiegel, detaillierte Regelwerke zur Erforschung des Gewissens. Manche Erwachsene kommen ein Leben lang nicht von diesem tatorientierten Sündenverständnis weg. Hier sind die konfessionellen Unterschiede besonders deutlich. Während Katholiken beim Thema Sünde stärker die einzelne Tat im Blick haben, betonen Protestanten die „sündige" Grundstruktur der Schöpfung. Das hat mit der ersten Sünde der Menschen im Paradies zu tun, mit Adams und Evas Aufbegehren gegen den Willen Gottes. Paulus, der Theologe des Neuen Testaments, brachte es so auf den Punkt: Die Fehlhandlung eines Einzelnen, nämlich des Adam im Paradies, führte dazu, dass alle Menschen sterben müssen; die Erlösungstat eines Einzelnen, nämlich Jesu Tod am Kreuz, bringt allen das Leben zurück (Römerbrief 5,18).

Im Vergleich dazu stellt die Erbsündenlehre des Augustinus (354–430), des einflussreichsten Theologen des ersten Jahrtausends, eine fragwürdige, folgenreiche Verengung dar. Danach übertragen Sexualität und Zeugung die Sünde Adams von Generation zu Generation. Es gibt kein Entweichen aus dieser sündigen Verstrickung. Dass die Liebe zwischen Menschen eine von Gott geschaffene und gewollte Urkraft des Lebens ist, konnte Augustinus so nicht sehen. Erfreulicherweise verliert seine Erbsündenlehre an Bedeutung.

Sieben „Todsünden" soll es geben – doch sind sie keine Sünden im eigentlichen Sinn, sondern schlechte Charaktereigenschaften: Hochmut, Geiz, Neid, Zorn, Wollust, Völlerei und Trägheit. Tödlich an ihnen ist, dass sie die Beziehung zu Gott zerstören können. Katholisch gesprochen: Mit einer Todsünde auf dem Gewissen führt der Weg unweigerlich in die Hölle. Evangelisch gesprochen: Es ist wohl kaum „eine Sünde wert", wenn der eigene Glauben zur Disposition steht. Eine neue Speckrolle auf der Hüfte wiegt da weniger schwer.

Eduard Kopp

Ist Reichtum ein Handikap?

Die Bibel warnt mit herben Worten vor den Gefahren des Besitzdenkens. Die liegen manchmal da, wo man sie gar nicht vermutet

Der junge Mann hielt sich selbst für perfekt und hoffte, ewiges Glück verdient zu haben. Er war erfolgreich, aber rechtschaffen. Er lebte moralisch einwandfrei, engagierte sich sozial. Das musste doch wohl reichen, oder? Aber es reichte nicht. „Eins fehlt dir noch", musste er sich anhören. „Wenn du vollkommen sein willst, geh, verkauf alles, was du hast, und gib den Erlös den Armen – dann hast du einen Schatz im Himmel – und auf: Folge mir nach!" Als der junge Mann das hörte, ging er traurig davon, denn er war sehr reich. Reichtum scheint ein Handikap zu sein, jedenfalls wenn man der Erzählung Jesu vom „reichen Jüngling" aus dem Matthäusevangelium (Kapitel 19,16 – 26) folgt, denn Jesus quittiert den Fortgang des reichen Jünglings mit dem berühmten Satz: „Leichter geht ein Kamel durch ein Nadelöhr, als dass ein Reicher in den Himmel kommt." Ist also Reichtum an sich schlecht? Muss etwa, wer reich ist, immer ein schlechtes Gewissen haben?

Die Antwort lautet ganz klar: Nein. Zwar gibt es in der Bibel drastische Stellen der Reichtumsschelte. Die jüdisch-christliche Tradition erhebt Einspruch, wenn Wohlstand und Reichtum auf Kosten derer angehäuft werden, die arm und schwach sind. Klagen gegen die Ungerechtigkeit der Reichen finden sich schon im Alten Testament, zum Beispiel in den Prophetenbüchern.

Auch Jesus wendet sich entschlossen den Armen und Entrechteten zu, und zwar um deutlich zu machen, dass der Wert eines Menschen vor Gott nicht von Besitz oder sozialer Stellung abhängt. Um der christlichen „Option für die Armen" Nachdruck zu verleihen, macht der neutestamentliche Jakobusbrief gar Ankündigungen wie diese: „Und nun, ihr Reichen: Weint und heult über das Elend, das über euch kommen wird." Ein Gericht soll über die Reichen hereinbrechen, weil sie ihren Reichtum unrecht und auf Kosten der Armen erworben haben. Modern gesprochen: weil sie jede Sozialbindung des Eigentums ablehnen.

Im Laufe der Kirchengeschichte standen sich häufig radikale Positionen in der Einschätzung des Reichtums gegenüber. So war die Frage, ob Jesus überhaupt einen Geldbeutel gehabt habe, Auftakt eines am Ende handgreiflichen Streitgespräches zwischen den auf Armut bedachten Franziskanern und den Dominikanern. Umberto Eco hat diesen Konflikt zweier Orden in seinem berühmten Roman „Der Name der Rose" geschildert. Auch im Laufe der Reformation gab es radikale Reichtumskritiker, wie zum Beispiel auf Seiten der Täuferbewegung, die alle sozialen Schranken und alle Besitzverhältnisse in Frage stellte.

Heute ergreifen Kirchenvertreter in Afrika, Asien und Lateinamerika, ebenso der Papst und der Ökumenische Rat der Kirchen immer wieder klar Partei für die Armen und verurteilen – ausdrücklich mit Bezug auf die biblische Tradition – die Auswirkungen eines ungebremsten Kapitalismus.

Die häufige Problematisierung von Armut und Reichtum in der Bibel weist den Fragen der sozialen Gerechtigkeit ein großes Gewicht zu. Aber der Hauptakzent der biblischen Kritik liegt nicht auf dem Reichtum an sich, sondern auf dem unverantwortlichen Umgang mit ihm.

Den gibt es übrigens nicht nur gegenüber dem Nächsten oder ganzen sozialen Gruppen, sondern auch gegenüber sich selbst. Wer sich zu sehr auf seinen Besitz und seinen Reichtum verlässt, wer in ihnen das Wichtigste seines Lebens sieht und sich selbst nicht mehr ohne seinen Besitz vorstellen kann, der verfehlt sein Leben: Er ist im Tiefsten seiner Seele unfrei. Der christliche Glaube wirbt dafür, dass die Menschen ihr Selbstverständnis nicht aus ihrem Besitz oder ihren Leistungen gewinnen, sondern innerlich von ihnen unabhängig bleiben.

Hier liegt auch die Pointe der Geschichte vom reichen Jüngling. Bei allem Willen zum Guten ist der junge Mann im Innersten seines Wesens nicht frei von seinem materiellen Besitz, sondern definiert sich letztlich darüber. Er hat sein Herz an seinen Besitz gehängt und kommt nicht mehr davon los. „Worauf du nun dein Herz hängest, das ist dein Gott", mahnte der Reformator Martin Luther in seinem Großen Katechismus in der Erklärung zum ersten Gebot: Ich bin der Herr, dein Gott, du sollst keine anderen Götter neben mir haben. Er fuhr fort: „Es ist mancher, der meinet, er habe Gott und Alles gnug, wenn er Geld und Gut hat. (…) Siehe, dieser hat auch einen Gott, der heißet Mammon, das ist Geld und Gut, welches auch der allergemeinest Abgott ist auf Erden."

Ist Reichtum ein Handikap? Sagen wir so: Wer sich nur um seinen persönlichen Besitz sorgt, bei dem ist kein Platz mehr für Gott und den Nächsten. Dieser Reichtum ist tatsächlich ein Handikap, eine Blockade, für die Habenichtse wie für den Eigentümer selbst.

Reinhard Mawick

Müssen Christen Verzicht üben?

Kirche und Christentum stehen im Ruf, unablässig die Abkehr vom Genuss zu predigen. Dabei ist die Askese nur eine Strömung in einer Tradition, die auch der Sinnenfreude reichlich Raum gibt

Wahrscheinlich haben sich die Bosse der größten deutschen Speiseeisfirma vor einigen Jahren begeistert auf die Schenkel geschlagen, als Kirchenvertreter ihnen die Freude machten, sich öffentlich über ihre Eiskreation namens „Sieben Todsünden" aufzuregen. Das brachte Aufmerksamkeit für ihre Eiscreme – allerdings auch eine schlechte Presse für die Kirche. Die stand wieder mal im Verdacht, in den Verzicht verliebt und allem Genuss abgeneigt zu sein.

Zu diesem Image hat sie aufgrund ihrer historischen Entstehung selbst beigetragen, denn die ersten Christen glaubten, dass die Wiederkunft Christi unmittelbar bevorstehe. Es galt, die verbleibende Zeit zu nutzen, um sich auf die Begegnung mit Gott vorzubereiten und nicht in irdischen Lüsten zu verharren. So mahnte schon der Apostel Paulus: „Lasst uns ehrbar leben wie am Tage, nicht in Fressen und Saufen, nicht in Unzucht und Ausschweifung, nicht in Hader und Eifersucht;

sondern zieht an den Herrn Jesus Christus und sorgt für den Leib nicht so, dass ihr in Begierden verfallt."

Ende des vierten Jahrhunderts stieß der Kirchenvater Augustin auf diese Verse aus dem Römerbrief (13,13 f.). Da er bisher ein rechter Lebemann gewesen war, sich nun aber im Alter von 32 Jahren zum Christentum bekehrte, trafen ihn die biblischen Worte bis ins Mark. Nach seiner Bekehrung entwickelte Augustin eine folgenschwere Lehre: Das Ziel des menschlichen Lebens liege zwar im Genießen (lateinisch: frui), aber nur und ausschließlich im Genießen Gottes, denn Gott als das Gute an sich sei das Einzige, was um seiner selbst willen erstrebt werden dürfe. Alles andere dürfe dagegen nur für dieses Ziel, nämlich Gott zu genießen, genutzt werden (lateinisch: uti). Genuss Gottes hieß für Augustin allerdings, sich streng an den mönchischen Idealen der Askese und des Gebets zu orientieren.

Diese Lehre Augustins hat die christlichen Kirchen stark geprägt, besonders seine Leibfeindlichkeit und Kritik an der Sexualität als Ursprung aller Sünde. Er entwickelte die verhängnisvolle Lehre von der Erbsünde, nach der alle Menschen von Anfang an sündig seien, da sie alle durch einen stets sündhaften Geschlechtsakt gezeugt seien. Augustins Lehren flossen in der Überlieferung mit jener frühchristlichen Überzeugung zusammen, dass es mit der Erde sowieso bald zu Ende gehe. Martin Luther hingegen, der ansonsten sehr von Augustin geprägt war, stellte die Askese in das freie Ermessen der Gläubigen und warnte davor, asketische „Leistungen" als Verdienst für das ewige Heil anzurechnen.

Es gibt durchaus Passagen in der Bibel, die der Feier, dem Genuss und der Freude aufgeschlossen gegenüberstehen. So wird im Alten Testament geradewegs zum Genuss der Schöpfung aufgerufen: „Freue dich der Frau deiner Jugend. Lass dich von ihrer Anmut allezeit sättigen und ergötze dich allewege an ihrer Liebe." (Sprüche Salomos 5,18 f.) Auch Jesus scheint nicht übermäßig asketisch gewesen zu sein. Er bezeichnete sich selbst ironisch als „Fresser und Weinsäufer" (Lukas 7,34) und stellte sich damit bewusst in Gegensatz zu Johannes dem Täufer, dem Asketen, der wahrscheinlich sein erster Lehrer war.

Diese Traditionen, die den Genuss würdigen, kommen bis heute gegen die Betonung der Askese im Sinne Augustins schwer an, obwohl viele Geistliche durch zeitgemäße Verkündigung, demonstrative Lockerheit und sorgfältig gestaltete Gottesdienste versuchen, die sinnenfreudige Seite des Evangeliums stark zu machen – sicherlich ein sinnvolles Anliegen, denn Augustin und seine Nachahmer haben es mit der Verzichtsfreude übertrieben.

Auf der anderen Seite aber haben die Appelle des Kirchenvaters Augustin aus dem fünften Jahrhundert durchaus auch etwas für sich: Sie helfen, Wichtiges und weniger Wichtiges sowie Fremd- und Eigennutz ins rechte Verhältnis zueinander zu setzen. Denn wer alles unter der Perspektive des Eigennutzes betrachtet, verliert schnell das Gespür dafür, was andere Menschen brauchen. Das hatte auch Jesus im Blick, als er das biblische Doppelgebot der Liebe zitierte: „Du sollst den Herrn, deinen Gott, lieben und deinen Nächsten wie dich selbst." (Matthäus 22,37–39)

Wer das beherzigt, der weiß, wann Verzicht sinnvoll ist. Ein Eis mehr oder weniger, wie immer es auch heißt, spielt dabei wohl kaum eine Rolle.

Reinhard Mawick

Demut – eine überholte Tugend?

Wer meint, dass sich Demut nur im Kniefall vor dem Herrn ausdrückt, irrt. Denn mit Unterwürfigkeit hat die Demut des Siegers nichts gemein

Als sich Papst Johannes XXIII. (1958–1963) einmal wieder vor Schlaflosigkeit auf seinem Lager wälzte, weil er meinte, dass ihn große Sorgen und Probleme quälten, erschien ihm ein Engel im Traum und sagte: „Nimm dich nicht so wichtig, Giovanni!" Seitdem, so erzählte der Papst, ginge es ihm viel besser. Von dieser Art von Demut erzählt man gern, ja, sie gilt selbst heutzutage als „cool". In unserem Alltag sieht es aber oft anders aus. Wenn zum Beispiel Politiker einmal Fehler öffentlich zugeben, dann schreiben Zeitungen häufig von einer „ungewohnten Demutspose". Das zeigt: Demut ist ein Haltung, die eher gering geschätzt wird und um deren Befleißigung man sich nicht reißt.

Die Abneigung gegen die Demut ist verständlich, denn der Begriff ist zwiespältig. Im Namen der Demut wurden jahrhundertelang wie selbstverständlich Unterordnung und Unterwerfung gefordert. Diese negative Bedeutung liegt im germanischen Wortursprung begründet:

„Diemüete" bezeichnet noch im Mittelhochdeutschen die Gesinnung von Gefolgsleuten gegenüber ihrem Lehnsherrn, den Vorgang, dass man vor einem Herrn niederzuknien und auf Befehle zu warten hatte.

Die irischen Missionare, die im frühen Mittelalter das Christentum zu den Germanen brachten, übersetzten den lateinischen Begriff „humilitas" aus der Bibel genau mit diesem Wort, das die Unterwürfigkeit gegenüber dem Lehnsherrn zum Ausdruck brachte. Die Wortwahl hatte weitreichende Folgen: Im Namen der Demut wurden Menschen bedrängt, unterdrückt, eben im abwertenden Sinne gedemütigt. Viele, besonders Frauen, hatten unter Männern zu leiden, die sich zu Sachwaltern ihrer Demut aufschwangen. Damit aber wurde der eigentliche Sinn der biblischen Demut verfehlt, denn der liegt in der Freiwilligkeit. Demut im biblischen Sinne kann niemals eine erzwungene Unterwerfung sein, sondern sie ist eine persönlich entwickelte und gewollte Lebenshaltung. Zu wahrer Demut gehört unverzichtbar die autonome Entscheidung des Einzelnen.

Die Verknüpfung von Gottesliebe, Nächstenliebe und Selbstliebe ist der Schlüssel für eine recht verstandene christliche Demut, die nicht zur Selbsterniedrigung um der Selbsterniedrigung willen führt. Sie findet ihren Kern in dem Satz Jesu: „Du sollst den Herrn, deinen Gott, lieben von ganzem Herzen (…) und deinen Nächsten wie dich selbst." (Markus 12,30 f.)

Immer wieder haben die Menschen versucht, Demut aktiv herbeizuführen, zum Beispiel in Form von mechanisch vollzogenen Bußübungen oder strengster Askese. Ein Weg, der häufig in Orden und anderen engen religiösen Gemeinschaften gesucht wird. Auch Martin Luther (1483 – 1546) hatte sich in seiner Zeit als Augustinermönch jahrelang gegeißelt. Aber er erkannte schließlich, dass sein Fasten und seine Selbstgeißelung selbstgerechte „Werke" waren, die niemandem nutzten – auch nicht Gott, dessen Zorn der junge Luther fürchtete.

Später prägte Luther den Satz: „Rechte Demut weiß nimmer, dass sie demütig ist." Das heißt: Demut kann man sich nicht immer wieder von neuem vornehmen, sondern man muss sie als Lebenshaltung annehmen und kultivieren. In diesem Sinne schrieb der Königsberger Dichter Valentin Thilo im 17. Jahrhundert in einem Adventslied: „Ein Herz, das Demut liebet, / bei Gott am höchsten steht; / ein Herz, das Hochmut übet, / mit Angst zugrunde geht; / ein Herz, das richtig ist / und folget Gottes Leiten, / das kann sich recht bereiten, / zu dem kommt Jesus Christ."

Schon der Apostel Paulus hat das im 1. Korintherbrief so formuliert: „Denn obwohl ich frei bin von jedermann, habe ich doch mich selbst jedermann zum Knecht gemacht (…)." (9,19) Demut bedeutet für Paulus ein gehöriges Maß an Zurücknahme des eigenen Willens und der eigenen Interessen, aber diese Zurücknahme erfolgt aus eigenem Willen und eigener Erkenntnis. Zur Demut kann niemand gezwungen werden, sondern zur Demut gelangt der Mensch in einem persönlichen Entwicklungsprozess.

Vielleicht könnte man Demut heute am besten mit der Formel „Respekt vor dem anderen" übersetzen. Dann stellt sich die Frage, ob es nicht längst an der Zeit wäre, die Demut zu rehabilitieren. Macht nicht Demut das Leben menschlicher, weil sie den Blick vom Selbst auf die anderen lenkt? So besehen wäre Demut ein Kontrastprogramm zu dem populären Leitbild „Ich-AG". Demut könnte sogar in der Politik manches zurechtrücken: Sie könnte Politikern helfen zu verinnerlichen, dass sie nicht in erster Linie sich, ihrer Partei und deren Zwecken zu dienen haben, sondern dem Volk, das ihnen ein Mandat übertragen hat.

Demut, das lehrt die jüdisch-christliche Tradition, ist keinesfalls die peinliche Übung des Verlierers, sondern die würdige Geste dessen, der weiß, dass die Welt nicht nur um ihn selbst kreist.

Reinhard Mawick

Soll man Bettlern helfen?

Wer Bettlern Geld gibt, tut Gutes – und geht zugleich ein Risiko ein: Was, wenn der Bedürftige von seinen Einnahmen Schnaps oder Drogen kauft? Ein hingeworfener Euro würde seine Lage dann auf lange Sicht kaum bessern

„Du kannst den reinen Luxus haben, du darfst nur kein Problem damit haben, dass du ein Schmarotzer bist", erzählte Anja einem Reporter. Und über die Anbiederung beim Betteln sagte sie: „Ich bin schon im Schleim ersoffen beim Schnorren, aber in drei Stunden hab ich 70 Mark zusammen."

Anja war Bettlerin. Sie gab ihr Interview, als sie 15 Jahre alt war, drei Jahre vor ihrem Tod. Als 13-Jährige war sie der bürgerlichen Enge daheim im Odenwald entflohen. Sie bevorzugte das Leben unter bettelnden Punks und geriet in eine Abwärtsspirale. Fünf Jahre überlebte Anja auf der Straße. Ihre Mutter, zu der sie ein gutes Verhältnis hatte, versuchte sie heimzuholen. Sie kämpfte um Anja. Vergeblich. Mit 18 Jahren setzte sich das Mädchen den goldenen Schuss, eine Überdosis Heroin.

Vielleicht wäre Anja noch am Leben, wenn sie nicht so großen Erfolg beim Betteln gehabt hätte. Das Leben auf der Straße erschien ihr von Anfang an so einfach, dass ihre Mutter sie nicht von den Vorzügen des bürgerlichen Lebens überzeugen konnte. Dies wurde Anja zum Verhängnis.

Soll man Bettlern vorbehaltlos helfen? Oder soll man abwägen, ob sie wirklich das Geld brauchen? Sozialarbeiter warnen oft davor, Bettlern großmütig Geld zuzustecken. In Deutschland gebe es ausreichend staatliche Hilfe für Bedürftige. Wer Bettler unterstütze, verstärke ihre Unfähigkeit, Struktur in ihr Leben zu bringen, Behördengänge zu planen oder die Hilfe von Beratern in Anspruch zu nehmen. Schlimmstenfalls unterlaufe der Spender Versuche, die Lage des Bettlers von Grund auf zu ändern.

Nord- und Mitteleuropäern aus protestantisch geprägten Regionen eilt der Ruf voraus, gegenüber Bettlern hartherzig und überheblich zu sein. Sie würden den Bettlern viel zu häufig unterstellen, vom eingenommenen Geld nicht etwa Nahrung, sondern Alkohol zu kaufen. Mehr noch: Sie wollten Bettler dazu erziehen, ihr Leben selbst in die Hand zu nehmen, auf der Straße deshalb lieber gar nichts geben und ihre Spenden allenfalls an Hilfsorganisationen überweisen.

Tatsache ist: Protestanten haben im Laufe der Jahrhunderte ein Denken ausgeprägt, das Außenstehenden auf den ersten Blick hartherzig vorkommen könnte. Sie berufen sich dabei gar auf Bibelzitate. So heißt es bei Paulus im 2. Thessalonicherbrief (3,10): „Wer nicht arbeiten will, der soll auch nicht essen." Da kommt schnell die Vermutung auf: Entweder knüpfen Protestanten ihre Hilfe an Forderungen oder sie unterstützen andere nur dann, wenn es Hilfe zur Selbsthilfe ist.

Zu den Werken der Gerechtigkeit, in denen sich Christen nach dem Matthäusevangelium (Kapitel 25) bewähren müssen, zählt tatsächlich nicht, dass man Bettlern Geld geben muss. Vielmehr sollen Christen Hungrige speisen, Durstigen zu trinken geben, Fremde bei sich aufnehmen, Nackte bekleiden sowie Kranke und Gefangene besuchen.

Und so ist es historisch immer gewesen: Protestanten organisieren seit Jahrhunderten kostenlose Essensausgaben, helfen bei der Integration von Fremden, bauen Krankenstationen und resozialisieren Strafgefangene. Wenn es um solche Hilfen geht, waren und sind Protestanten schon immer ausgesprochen großzügig.

Vielleicht verhalten sich Protestanten trotz allem Großmut und bei aller Effizienz ihrer Hilfe zuweilen überheblich. Vielleicht haben sie eines zu wenig gepflegt: sich spontan vom Elend anderer anrühren zu lassen. Denn auch dies ist eine christliche Tugend. Sie wird auf eindrucksvolle Weise in einer Heilungsgeschichte im Markusevangelium (1,40–42) beschrieben. Da bat ein Aussätziger Jesus um Hilfe. Den ergriff ein starkes Mitgefühl, wörtlich übersetzt: „Es traf ihn in die Eingeweide." Diese Haltung gilt im Christentum als vorbildlich.

„Einen fröhlichen Geber hat Gott lieb", schreibt Paulus im 2. Korintherbrief (Kapitel 9). Ausdrücklich wehrt der Apostel das Missverständnis ab, man solle spenden, um sich ein schlechtes Gewissen zu ersparen.

Im Islam zählt die Armenabgabe zu den Hauptgeboten der Religion. Doch für Christen besteht nicht ausdrücklich die Pflicht, Bettlern ein paar Münzen zuzuwerfen.

Aber es gibt ja vielfältige Wege der Hilfe: Ob man mit dem Bettler das Gespräch sucht, ihm etwas Geld zukommen lässt oder ihn zum Essen oder ins Kino einlädt, das mag jeder selbst entscheiden.

Burkhard Weitz

Mit der Bibel Politik machen?

Reiche kommen nicht in den Himmel, Gewalttäter noch viel weniger! Mit der Bergpredigt in der Hand lässt sich prächtig moralisieren. Doch dabei sollte man unbedingt auf ein paar Feinheiten achten

Es war im Jahr 1983. Drei Palästinenserfamilien aus dem Libanon suchten in der Berliner evangelischen Heilig-Kreuz-Gemeinde um Asyl nach. Die Gemeinde half sofort. Denn ein Monat zuvor war Cemal Altun, kurdisch-türkischer Asylbewerber, aus Angst vor seiner Abschiebung aus dem Fenster eines Berliner Gerichtssaales in den Tod gesprungen. Die humanitäre Hilfe für die Palästinenser hatte Erfolg: Sie bewahrte die Betroffenen vor der Abschiebung in das vom Bürgerkrieg geschüttelte Land und führte zu einem generellen Abschiebestopp in den Libanon. Dieser Akt zivilen Ungehorsams gilt als Beginn der modernen kirchlichen Asylbewegung. Bis heute haben in fast 600 Fällen Kirchengemeinden Asyl gewährt. Sie verstecken Ausländer, die um Leben und Gesundheit bangen. Sie tun es öffentlich oder im Geheimen. Und sie berufen sich auf das Gebot: „Wenn ein Fremdling bei euch wohnt, sollt ihr ihn nicht bedrücken." (3. Buch Mose, 19,33)

Mit der Bibel Politik machen? Warum nicht. Sie eignet sich gut dafür. Das Buch der Bücher steckt voller ethischer Empfehlungen. Am bekanntesten sind die Zehn Gebote im Alten Testament und die Bergpredigt im Neuen Testament. Die Zehn Gebote gleichen einem Kalender an Vorschriften („Du sollst nicht töten", „Du sollst nicht begehren deines nächsten Weib…"), die Bergpredigt (Matthäus 5 – 7) mit ihrem Kernstück, den so genannten Seligpreisungen, eher einer Sammlung aus Lebensweisheiten, moralischen Forderungen und programmatischen Auskünften über das kommende Reich Gottes. Und mittendrin Sätze wie diese: „Selig sind die Friedensstifter, denn sie werden Kinder Gottes heißen", „Selig sind die Barmherzigen…", „Selig sind, die um der Gerechtigkeit willen verfolgt werden…"

Allerdings sollte man dem Missverständnis entgehen, dass es in der Bibel für jede Situation eine passende Anleitung gibt. So lässt sich etwa das Gebot „Du sollst nicht töten" allenfalls indirekt gegen die heutige Praxis der Abtreibungen ins Feld führen (die war historisch einfach nicht mitgedacht). Und das jüdische und urchristliche Zinsverbot taugt nicht als Regel für das heutige Bankensystem.

Aber es ergeben sich aus den Regeln der Bibel wichtige Grundsätze, die bis heute ihre Geltung haben. Eine der Mahnungen Jesu heißt: „Liebet eure Feinde und betet für die, die euch verfolgen!" Aus diesem Grund haben die christlichen Kirchen vor dem Irakkrieg gewarnt. Dieses Bibelwort verpflichtet alle Christen, immer wieder streng zu prüfen, wie sie „Feinden" ohne Gewalt begegnen können. Ein anderer zentraler Grundsatz heißt: „Wenn dich einer auf die rechte Backe schlägt, halte ihm auch die andere hin." Man liest dieses Gebot heute als Appell gegen die Rechthaberei. Die Seligpreisung der Verfolgten wiederum enthält die Aufforderung, sich um diese Menschen zu kümmern. Das biblische Zinsverbot schließlich setzt einen Akzent gegen rücksichtsloses Gewinnstreben.

Das Evangelium ist allerdings kein politisches Programm. Wer Politik mit der Bibel machen will, muss sie mit Verstand und im historischen Zusammenhang lesen. Und selbst wenn die Forderungen nach

Gewaltverzicht, Feindesliebe oder persönlicher Armut in vielen Fällen als unerfüllbar erscheinen, haben sie doch ihre Bedeutung: Sie sind ein Gegenprogramm zu Egoismus und Rücksichtslosigkeit, Herrschsucht und Gewalt in der Gesellschaft. Neue Gesetze, schon gar eine erschöpfende ethische Lehre auszuarbeiten – das war nicht die Absicht des Mannes aus Nazareth. Es wundert deshalb nicht, dass in den achtziger Jahren sowohl Anhänger der Friedensbewegung als auch Militärs auf Bibelzitate zurückgriffen: die einen, um die Rüstungsspirale zu durchbrechen, die anderen, um ihre Pflicht zum Schutz von Leben und Freiheit zu unterstreichen.

Wer mit der Bibel Politik macht, sollte beachten: Die Verhaltensempfehlungen stehen in einem religiösen Zusammenhang. Die Bergpredigt ist eine Verheißung, keine Verordnung. Sie stellt eine neue Welt in Aussicht, aus der Ungerechtigkeit, Gewalt und Zerstörung gebannt sind. Nicht die Menschen schaffen diese neue Welt, sondern Gott. Weil die Menschen von seiner Gnade berührt sind, setzen sie sich für Veränderungen ein. Ob die Ziele der Menschen und die Gottes im Einklang sind, die Frage bleibt letztlich offen.

Eduard Kopp

Müssen Christen bessere Menschen sein?

Die weiße Weste scheint bei ihnen der Normalfall zu sein.
Glaube und Moral gehören zusammen, keine Frage. Doch wie?

Es ist eine moralische Regel, über die man nur staunen kann: Wenn dich jemand auf die rechte Wange schlägt, dann halte ihm auch die linke hin. Diese Regel aus der Bergpredigt Jesu scheint alle herkömmliche Moral zu überbieten. Sätze wie dieser nähren die Auffassung, dass Christen eine Art Sonderethik haben, sich also auf ethisch höherem Niveau als Nichtchristen bewegen. Die weiße Weste: bei ihnen der Normalfall?

Immer wieder hat es in der Geschichte des Christentums Gruppen gegeben, die besonders viel Wert auf ein ethisch makelloses Verhalten legten. In der Alten Kirche zögerten deshalb viele Menschen die Taufe möglichst lange heraus, weil sie sich vorstellten, man dürfe als Getaufter nicht mehr sündigen, sonst komme man direkt in die Hölle. Im Mittelalter wuchs die Angst der Menschen vor schrecklichen Höllenstrafen, und der Ablasshandel, den die Kirche seit Beginn des 16. Jahrhunderts betrieb, machte daraus ein Geschäft: Gegen die Zahlung von Geld, so die Verheißung, könne zwar nicht die Schuld an sich getilgt, wohl aber die Dauer der Qualen in der Hölle verkürzt werden.

Martin Luther stellte die christliche Ethik auf eine neue Grundlage. In seiner Lehre von der Rechtfertigung des Gottlosen hob der Reformator den biblischen Gedanken hervor, dass Gott allein und zwar aus Gnade die Sünden der Menschen vergeben könne und dass deren Werke dafür bedeutungslos seien. An die Stelle der starren Regeln einer Gerechtigkeit nach den Werken trat die Hoffnung der Gläubigen auf einen gnädigen Gott.

Es gab sogar Lutheraner, die behaupteten, gute Werke seien schädlich. Gegen diese Radikalen entwickelte Luther eine Ethik, die stark auf das Gewissen des Einzelnen setzte. Denn die biblischen Gebote blieben natürlich auch für die Reformatoren zentral. Aber sie entkoppelten ihre Erfüllung von der Frage nach dem Seelenheil. Martin Luther war überzeugt, dass der Glaube ein so „geschäftig, tätig, mächtig Ding" sei, dass er automatisch gute Werke hervorbringe. Er wollte sie aber aufgrund seiner Überzeugung von der Rechtfertigung sola gratia (allein aus Gnade) nicht mit der Frage nach dem Seelenheil verknüpfen.

Deutlich anders sah das die andere große Konfession der Reformation, der wesentlich auf Johannes Calvin zurückgehende reformierte Protestantismus. Calvin lehnte die starke lutherische Trennung zwischen Glauben und Alltagsethik ab. Die reformierten Gemeinden achteten sehr genau auf den Lebenswandel ihrer Mitglieder. Wichen sie vom rechten Weg ab, wurden sie der Kirchenzucht unterworfen, bei schweren Vergehen sogar bestraft. Die reformierte Kirchenzucht, also die Befolgung christlicher Grundsätze im Alltag, diente keinesfalls nur der Kontrolle des persönlichen Lebenswandels, sondern auch des öffentlichen Lebens. Während das Luthertum die politische Sphäre praktisch in ihrer Eigengesetzlichkeit beließ, galten im reformierten Protestantismus die ethischen Maßstäbe des Evangeliums auch für die Herrschenden. Der Calvinismus entwickelte sogar eine Lehre vom

chrismon plus
Das evangelische Magazin

Gutschein
für eine kostenlose Ausgabe von chrismon plus

chrismon plus diskutiert aus der Perspektive christlicher Ethik Themen, deren Bedeutung über kurzlebige Tagesaktualität hinausgeht. Unterhaltsam, informativ, dialogfreudig und mit ansprechender Bildästhetik. chrismon plus erscheint monatlich.

www.chrismon.de

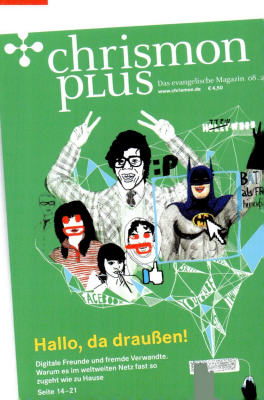

Sie haben ein Buch aus der edition chrismon gekauft. Herzlichen Dank!

Haben Sie auch Interesse an unserem Monatsmagazin **chrismon plus**? chrismon plus bietet Ihnen Geschichten über außergewöhnliche Menschen, hintergründige Reportagen, gut recherchierte Nachrichten, fundierte Kommentare. chrismon plus regt an: zum Nachdenken, Weiterdenken und Miteinanderreden.

Haben wir Sie neugierig gemacht? Dann machen wir Ihnen einen Vorschlag: Wir schicken Ihnen kostenlos ein Probeheft – Sie sagen uns Ihre Meinung dazu.

☒ **Ja**, bitte senden Sie mir ein kostenloses Probeheft von chrismon plus zu.

Name | Vorname

Straße | Hausnummer

PLZ | Ort

☐ Ich bin damit einverstanden, dass Sie mich telefonisch befragen

Sie erreichen mich unter dieser **Telefonnummer**

Antwort

chrismon plus

Hansisches Druck- und Verlagshaus GmbH

Postfach 50 05 50

60394 Frankfurt

Das Porto übernehmen wir für Sie.

Recht auf Widerstand, die wesentlich zur Ausbildung des modernen, demokratischen Rechtsstaats beitrug.

Heute gehören beide ethischen Konzepte eng zusammen. Nach evangelischem Verständnis kommt dem ethischen Verhalten des einzelnen Christen sehr wohl eine hohe Bedeutung zu, auch wenn Gott aufgrund des Verhaltens kein Urteil über den Menschen an sich fällt. Gottes Wille aber darf nicht aus dem täglichen Leben herausgehalten werden, sondern soll die Richtschnur für Christen sein. Zwar mag es schwer sein, biblische Maximalforderungen, zum Beispiel aus der Bergpredigt, im täglichen Leben konsequent zu praktizieren, doch die Auseinandersetzung mit ihnen schärft das eigene Gewissen.

„Seid vollkommen, wie auch Euer Vater vollkommen ist" – mit dieser Forderung Jesu schließt die Bergpredigt im Matthäusevangelium. Dieser Forderung wird ein Mensch niemals völlig entsprechen können. Doch neben ihr steht der biblische Grundsatz, dass Gott den Menschen nicht aufgrund seiner Werke beurteilt, sondern als eigenständige Person jenseits seiner Taten und Untaten.

Reinhard Mawick

Kann man glauben lernen?

So viel und so wenig, wie man lernen kann, zu lieben und zu hoffen.
Aber man kann dem Glauben eine Chance geben

Kann man lieben lernen? Zumindest kann und sollte jeder lernen, wie man eine Partnerschaft pflegt: indem man auf Vorwürfe verzichtet, für Fehler um Entschuldigung bittet und dem Partner verzeiht. Indem man Konflikte mit Worten löst, zuhört und offen über Sex und Geld redet. Und indem man die Persönlichkeit des anderen akzeptiert, wie sie ist.

So steht es in psychologischen Ratgebern. Dennoch: Selbst wer all diese Ratschläge befolgt, liebt noch lange nicht. Es ist Liebe, wenn man bei allem, was man für den Partner tut, einem Impuls der Zuneigung folgt. Und den lernt man nicht. Man kann sich bemühen, dass die Liebe eine Chance hat. Doch was man eigentlich „Liebe" nennt, fällt einem zu – oder nicht.

Kann man glauben lernen? Dazu muss man sich erst darüber verständigen, was Glaube überhaupt ist. Für die hebräisch- und griechischsprachigen Menschen des Alten und Neuen Testaments war das ein ganz anderes Thema als für uns. Das hebräische Wort für Glaube, ämunah, und das griechische Wort pistis können auch „Treue" oder „Wahrhaftigkeit" bedeuten.

Anders als moderne Menschen fragten sich die Menschen der Bibel nicht, ob es einen Gott gibt. Sie setzten Gottes Existenz voraus. Glaube hieß für sie, Gott treu zu sein und sich an seine Gebote zu halten: dass man Gedemütigte tröstet, zu Fremden gastfreundlich ist und Notleidenden hilft. Im Deutschen nennt man den Gottesfürchtigen daher fromm – was ursprünglich hieß, dass man ihn an seiner Rechtschaffenheit und Unbescholtenheit erkennt.

Ein in diesem Sinn gottesfürchtiger Mensch zu sein – das kann man lernen. Zum Beispiel, indem man Menschen Aufmerksamkeit schenkt, auch wenn sie die eigene Tagesplanung mit ihren Problemen durchkreuzen und Zeit beanspruchen, die man angenehmer verbringen könnte.

Wer sich mit netten Menschen umgibt, zu denen er immer freundlich ist, mag unbescholten sein. Aber deswegen glaubt er noch lange nicht. Vielleicht ist er ja nur aus purem Eigennutz so! „Meinst du, dass Hiob Gott umsonst fürchtet?", fragt Satan den Allerhöchsten (Hiob 1,9 – 10): „Du hast das Werk seiner Hände gesegnet, sein Besitz hat sich ausgebreitet im Lande. Aber strecke deine Hand aus und taste alles an, was er hat: Was gilt's, er wird dir ins Angesicht absagen!" Nur solange es ihm gutgeht, werde Hiob gottesfürchtig sein, unterstellt der himmlische Ankläger.

Tatsächlich kann es desto schwieriger werden, Gott für sich zu entdecken und treu zu bleiben, je verzweifelter die eigene Lage ist. Das biblische Buch Hiob beschreibt die Not als Testfall, an dem sich zeigt, wie es um Hiobs Glauben wirklich bestellt ist. Glaube immunisiert nicht gegen das Elend. Er kann verhindern, dass einen die Not verbittert. Er kann sich als Hoffnung, Lebensmut und Widerstandsgeist zeigen, wenn man nichts mehr zu verlieren hat. So ein Glaube lässt sich nicht lernen, er ist dann einfach da.

Der Theologe Dietrich Bonhoeffer beschrieb seinen Glauben im Widerstand gegen die Nazis so: „Ich glaube, dass Gott aus allem, auch aus dem Bösesten, Gutes entstehen lassen kann und will. Dafür braucht er Menschen, die sich alle Dinge zum Besten dienen lassen. Ich glaube, dass Gott uns in jeder Notlage so viel Widerstandskraft geben will, wie wir brauchen. Aber er gibt sie nicht im Voraus, damit wir uns nicht auf uns selbst, sondern allein auf ihn verlassen. In solchem Glauben müsste alle Angst vor der Zukunft überwunden sein. Ich glaube, dass auch unsere Fehler und Irrtümer nicht vergeblich sind, und dass es Gott nicht schwerer ist, mit ihnen fertig zu werden, als mit unseren vermeintlichen Guttaten. Ich glaube, dass Gott kein zeitloses Fatum (Schicksal) ist, sondern dass er auf aufrichtige Gebete und verantwortliche Taten wartet und antwortet."

Man kann sich solche Worte einprägen. Man kann versuchen, der Zusage zu vertrauen, dass Gott auch aus dem Bösesten Gutes schaffen kann und will. Aber man kann nur hoffen, dass man dann aus allem das Beste macht. Und dass im Ernstfall in einem wirklich die nötige Widerstandskraft dafür heranwächst. Man kann nur beten, dass man den Glauben hat, wenn es auf ihn ankommt. Erzwingen kann man ihn so wenig wie die Liebe.

Burkhard Weitz

Was ist Erlösung?

Frei zu sein, innerlich wie äußerlich, das ist eine der großen Hoffnungen der Menschen. Man kann es allein versuchen. Aber das wird manchmal schwierig

Endlich frei sein! Davon träumten die Israeliten, die jahrhundertelang in Knechtschaft in Ägypten gelebt hatten, bis sie dann, vermutlich im 13. Jahrhundert vor Christus, endlich loszogen, um eine neue Heimat zu finden. Dieser Exodus, dieser Auszug, ist für Juden die zentrale Erfahrung in ihrer religiösen Tradition. Und sie spielt auch im Christentum, zum Beispiel in der lateinamerikanischen Theologie der Befreiung, bis heute eine große Rolle.

Knechtschaft und Sklaverei: Aus diesen Lebenserfahrungen kommt die ursprüngliche Bedeutung des Wortes Erlösung. Ein Sklave wird von seinem „Löser" gegen Geld freigekauft. Davon zu unterscheiden ist ein Freikauf, eine „Lösung" nach dem jüdischen Sakralrecht: Da Gott die Israeliten aus Ägypten dadurch befreit hatte, dass er unter anderem die erstgeborenen Söhne der Ägypter getötet hatte, schulden die Israeliten ihm ein Lösegeld für ihre eigenen Erstgeborenen. Deren Leben gehört nach der Vorstellung der Juden Gott, sie kaufen mit einem Lösegeld ihre Söhne von Gott frei (2. Buch Mose 13,15).

Für viele Christen hingegen steht der Kreuzestod Jesu als die Erlösungstat im Vordergrund. Weit verbreitet, theologisch aber sehr umstritten ist die theologische Auffassung, dass Gott den Tod seines Sohnes als Sühneopfer für die Sünden der Menschen gefordert hat. Der Tod Jesu sollte Gott demnach Genugtuung verschaffen, die Menschen mit ihm wieder versöhnen. Theologisch fragwürdig ist diese logische Verknüpfung, weil es doch gerade Jesus selbst war, der immer wieder die Liebe und Versöhnungsbereitschaft Gottes und nicht etwa seine Forderung nach Sühne betont hat. Vor allem der Schweizer Theologe Karl Barth hat den Gedanken der Versöhnung betont: die Versöhnung des Menschen mit sich selbst, mit den Mitmenschen und vor allem mit Gott.

Aber immer wieder geht es beim Stichwort Erlösung um die Freiheit. Lähmende Fesseln und innere Blockaden, die Menschen zu schaffen machten, fallen von ihnen ab. Durch eigene Kraft oder durch die Hilfe anderer öffnen sich Fesseln: zum Beispiel bei der Befreiung vom Faschismus oder von der Apartheid. Auch die von den amerikanischen Freikirchen angestoßene Aufhebung der Sklaverei gehört dazu – eine Befreiung nicht nur der Sklaven aus ihrer Lage, sondern auch der Kirchen und der ganzen Gesellschaft von einer Last historischen Ausmaßes.

Und wo kommt da Gott ins Spiel? Nach den Verheißungen der Bibel gilt: „Gott wird abwischen alle Tränen von ihren (der Menschen) Augen, und der Tod wird nicht mehr sein, noch Leid noch Geschrei noch Schmerz wird sein." (Offenbarung 21,4) Michael Welker, Heidelberger Theologieprofessor, beschreibt Erlösung als „unverbrüchliche, unbehinderte Gemeinschaft mit Gott". Es geht nicht um einen allmächtigen Gott, der mit rascher, geübter Hand seine hilflosen Geschöpfe mal eben aus dem Schlamassel zieht. Er begibt sich vielmehr ganz und gar in ihre Lebenslage hinein und ist bei ihnen.

„So wahr es ist, dass Gott selbst in die Hände der Räuber gefallen ist in allen Gestalten der Armut, die sich auf der Welt herumtreiben, so wahr ist – ich behaupte es, und ich verlange es! –, dass Gott alle Wunden heilen und die Toten erwecken wird. Ich setze darauf, und ich kümmere mich nicht darum, dass ich die Wette verlieren kann." Das ist von Fulbert Steffensky, dem evangelischen Theologen, kühn formuliert. Er weiß aber auch: Nur zu hoffen ist zu wenig. Man muss auch etwas tun.

Vielleicht hat diese Hoffnung auf Befreiung eine gewisse Ähnlichkeit mit der Liebe zweier Menschen. Die Nähe des anderen verändert alles. Sie wundern sich: Der andere scheint mehr in mir zu sehen als ich selbst. Bin ich tatsächlich so liebenswert, so wertvoll, wie seine Blicke, Worte, Berührungen ausdrücken? „Deine Arme halten mehr, als ich bin", schrieb einmal der österreichische Dichter Ernst Jandl in einem Liebesgedicht. Es ist, religiös gesprochen, eine Nähe, die Veränderungen möglich macht. Diese Veränderungen sind Realität und Hoffnung zugleich, und auf jeden Fall mehr als das, was man selbst „machen", inszenieren kann.

Eduard Kopp

Ist Gott eine Frau?

Eine Frau erschuf die Welt, eine Mutter lenkt ihre Geschicke – mit dieser Vorstellung tun sich viele schwer. Doch die Bibel lässt Raum für beides: weibliche Weisheit und männliche Macht

Der Schweizer Schriftsteller und Pfarrer Kurt Marti veröffentlichte im Jahr 1980 ein Gedicht, das mit den Worten begann:
„unser vater
der du bist die mutter
die du bist der sohn…"
Warum so kompliziert?, fragte man sich. Was sollen diese Umdeutungen der Bibel? Muss Gott denn unbedingt ein Mann sein, der als Frau zugleich ihr eigener Sohn ist?

Das Anliegen des Dichters war allerdings weniger zweifelhaft als sein Gedicht. Anstoß zu diesen Zeilen war seine Erkenntnis, dass die fast ausschließlich männlichen Gottesvorstellungen in unserer Kultur nicht der Weisheit letzter Schluss sein können. Dass Gott in Gebeten unweigerlich als „Er" angesprochen wird, dass unsere Köpfe voll sind mit männlichen Rollenbeschreibungen und Kompetenzen, das forderte ihn heraus. Im Alten und teilweise im Neuen Testament der Bibel erscheint Gott als allmächtiger Vater, Herr der Heerscharen, als König, Richter, Krieger und Hirt, als Herr aller Mächte und Gewalten. Und die volkstümlichen Traditionen setzen noch eins drauf: Sie verpassen Gott einen langen, weißen Bart.

Dass Gott männliche Eigenschaften zugeschrieben werden, hat historische Gründe: Es waren überwiegend Männer, die ihre religiösen Erfahrungen und Geschichten in der Bibel verewigten. Einerseits spiegeln sich darin die männlich dominierten sozialen Verhältnisse ihrer Zeit, andererseits die Bestrebungen der jüdischen Religion, sich gegen die heidnischen Fruchtbarkeitskulte Kanaans, also gegen weiblich geprägte Religionen, abzugrenzen.

Den Juden war es immer wichtig, allzu konkrete Vorstellungen von Gott zu unterbinden. Das gilt erst recht für sexuelle Festlegungen. Liest man die Bibel genau, so fällt zum Beispiel auf: Schon ganz am Anfang erscheint Gott zwar als Schöpfer der Sexualität, er selbst ist jedoch weder ein Er noch eine Sie. Unmissverständlich ist auch das biblische Bilderverbot (5. Buch Mose 4,15 f.): „So hütet euch nun wohl…, dass ihr euch nicht versündigt und euch irgendein Bildnis (von Gott) macht, das gleich sei einem Mann oder einer Frau."

Doch warum wurde dieser Gott mit so vielen konkreten Vorstellungen befrachtet? Es hängt damit zusammen, dass man ohne konkrete Vorstellungen weder über Gott noch mit ihm sprechen, also beten kann. Konkrete Vorstellungen von Gott sind dabei Hilfskonstruktionen, sie können aber nie erschöpfend Auskunft über ihn geben. Der Gott der Bibel ist immer unvollständig und immer anders, als die Menschen erwarten. Das hat auch etwas Gutes: So gewinnen sie die Freiheit, sich auf die Suche nach neuen Gotteserfahrungen zu machen.

Bunte, vielfältige Vorstellungen über Gott sollen sein, solange man sie nicht überinterpretiert. Wie sonst könnte man eine Passage aus dem Buch Hosea verstehen, in der Gott über zwei zerstrittene Völker mitteilt: „Ich bin für Ephraim wie eine Motte und für das Haus Juda wie eine Made." (Hosea 5,12) Oder kurz darauf: „Ich bin für Ephraim wie ein Löwe und für das Haus Juda wie ein junger Löwe. Ich zerreiße sie und gehe davon; ich schleppe sie weg, und niemand kann sie retten." Dies sind kraftvolle sprachliche Bilder, mehr nicht.

Genau in diesem Sinn darf man Gott als Frau verstehen. Es ist sogar wünschenswert, den weiblichen Zügen Gottes mehr Aufmerksamkeit zu schenken. Weibliche Assoziationen gibt es auch in der Bibel genügend: Wie eine Bärenmutter wendet sich Gott zornig gegen alle, die ihren Jungen Böses antun wollen (Hosea 13,8). Oder der auferstandene Jesus Christus wird mit einer stillenden Mutter verglichen. Gott schreit wie eine gebärende Frau (Jesaja 42,14). Oder Gott ist wie eine Hebamme, die neuem Leben zum Durchbruch verhilft (Psalm 22,10: „Du hast mich aus meiner Mutter Leib gezogen"). Grundsätzlich gilt jedoch auch hier: Eine rein weibliche Vorstellung von Gott wäre so falsch wie eine männliche.

Manche Theologinnen empfehlen Formulierungen, die geschlechtliche Festlegungen umgehen. Ihr Alternativbegriff „das Göttliche" ist jedoch blass und abstrakt. Auch die Anknüpfung an den hebräischen Begriff ruach (Geist, Atem) ist vergleichsweise abstrakt, wenn er auch grammatikalisch weiblich ist. Gleiches gilt für den Begriff sophia (Weisheit). Beide Gottesbilder sind theologisch legitim. Sympathisch an der „Weisheit" ist zudem, dass sie ein ganzes Kaleidoskop an weiblichen Rollen einschließt: Sie ist Lehrerin, Predigerin, Gastgeberin und Mitschöpferin Gottes.

Eiserne Grundregel für das Sprechen über Gott sollte sein, keine Gleichungen aufzustellen, sondern allenfalls Vergleiche. Eine Definition der Art: „Gott ist..." muss scheitern. Ist Gott eine Frau? Offensichtlich nicht. Aber es spricht vieles dafür, dass er wie eine Frau ist.

Eduard Kopp

Ist Gott kinderlieb?

Die Kinder in der Bibel sind selten zu beneiden: Oft bekommen sie drakonische Strafen und eine schwarze Pädagogik zu spüren. Dennoch: Auch ihnen gilt die Liebe Gottes

Es ist eine der beliebtesten und bekanntesten Bibelgeschichten und sie wurde von Künstlern oft illustriert: Ein (bärtiger) Jesus zieht ein kleines Kind zu sich heran und führt es seinen Jüngern als Vorbild vor Augen. So wie dieses Kind, so solltet auch ihr sein! Das hatte einen guten Grund: Die Freunde Jesu hatten sich zuvor den Kopf heiß geredet darüber, wer im Jenseits der Größte denn wohl sein würde. Da konnte Jesus nur die vorbehaltlose Offenheit der Kleinen loben: „Wenn ihr nicht werdet wie die Kinder, werdet ihr nicht ins Himmelreich kommen." Später droht er sogar: Wer Kinder zum Unglauben verführt, soll im Meer ertränkt werden (Matthäus 18).

Eine rührende Geschichte – aber auch eine singuläre. Denn die Bibel geht meist viel ruppiger mit den Kindern um. Straßenkinder zum Beispiel mussten ihren Spott und ihre Häme teuer bezahlen. „Kahlkopf, komm herauf! Kahlkopf, komm herauf!", hatten sie einem Mann hinterhergerufen. Ein dummer Streich. Dumm für sie war allerdings, dass sie nicht wussten: Sie hatten es mit dem Propheten Elischa zu tun. Der kannte keinen Spaß und verfluchte die Kinder „im Namen des Herrn". Und schon kamen zwei Bären aus dem Wald und zerrissen gleich zweiundvierzig Kinder – der Prophet setzte einfach seinen Weg fort (2. Könige 2).

Dass kindlicher Spott solche drakonische Strafe findet, und das ausgerechnet in der Bibel, gibt zu denken, selbst wenn man getrost in Frage stellen darf, dass diese Episode tatsächlich so passiert ist. Sanktionen wie diese gelten heute als Ausweis schwarzer Pädagogik. Aber es kommt in der Bibel noch drastischer: Gott bestraft die Sünden und den Unglauben der Eltern mit dem Tod ihrer Kinder. Es kommt vor, dass ein uneheliches Kind wie das von König David und Batseba schon eine Woche nach der Geburt stirbt (2. Samuel 12). So werden Kinderleben mit der Moral und dem Glaubensgehorsam der Eltern verrechnet.

Schaut man ins Neue Testament, so findet man auch dort genügend Anlässe, über das Schicksal von Kindern zu erschrecken. Der Kindermord in Bethlehem überschattet die Weihnachtsgeschichte. Oder: Väter, die ihre Familie verlassen, um Jesus zu folgen, werden von ihm enthusiastisch gelobt. Seinem Anhänger Petrus sagt er: „Jeder, der um meines Namens willen Brüder, Schwestern, Vater, Mutter, Kinder verlassen hat, der wird dafür das Hundertfache erhalten und das ewige Leben gewinnen." (Matthäus 19) Einen Schutzraum können die Kinder der Bibel offensichtlich nicht beanspruchen, weder für ihr ungestörtes Heranwachsen noch für ihre Eigenwilligkeiten. Gott liebt die Kinder, wenn sie und ihre Eltern treu zu ihm halten. Es sind Geschichten, die Gottes Allmacht betonen.

Das widerspricht diametral den pädagogischen und religiösen Prinzipien von heute: Offen und geradeheraus sollen Kinder sein, emotional lebendig und willensstark. Solchen Haltungen zollen die biblischen Autoren wenig Anerkennung. Bleibt den Kindern nur eine Rolle als Statisten?

So könnte es aussehen, doch so ist es nicht. Zwar sind der Bibel die modernen Vorstellungen von Kinderrechten und Kinderwürde fremd, doch auch die Kinder der Bibel haben einen unverwechselbaren Platz in der Geschichte Gottes mit den Menschen: Mal sind sie Hoffnungsträger für das Gottesvolk – davon handeln die Geburts- und Erwählungsgeschichten wie die Errettung des Säuglings Mose aus dem Schilfkorb –, mal zeigt sich in Heilungs- oder Auferweckungsgeschichten, dass Gott sich intensiv um sie kümmert. Wenn der Prophet Elias den Sohn einer Witwe (1. Könige 17) oder Jesus den Jüngling von Nain (Lukas 7) zum Leben erweckt, zeigt das mehr als Respekt, nämlich Liebe und Fürsorge. Jesus geht sogar so weit, mit den Kindern über das störrische Verhalten der Großen zu sprechen.

Die Kindergeschichten der Bibel sind trotzdem keine pädagogischen Anleitungen oder psychologischen Fachtexte, sondern sie umrahmen die Kernaussage der Bibel: Alle Sorge Gottes richtet sich darauf, die Menschen auf den Weg des Heils zu lenken. Wie wichtig ihm dies ist, zeigt sich daran, dass er selbst Mensch (und also Kind) geworden ist. Auch wenn sich die Bibel schwertut mit einer vorbehaltlosen Annahme kindlicher Eigenheiten, so sind Kinder doch ein wichtiger Teil des Volkes Gottes. Die Bibel nimmt die Kinder ernst – wenn auch anders, als es die Menschen heute tun.

Eduard Kopp

Ist Gott allmächtig?

Eine Katastrophe passiert – und hinterlässt die Menschen voller Fragen. Wenn Gott tatsächlich Himmel und Erde beherrscht, dann sollte er doch wohl auch einen Terroranschlag aus der Luft oder ein Bahnunglück verhindern können…

„**Großer Gott, steh** uns bei!" Diese Schlagzeile, mit der am Tag nach den Terroranschlägen von New York und Washington am 11. September 2001 die „Bild"-Zeitung erschien, war vielen Menschen aus dem Herzen gesprochen. Hilf- und sprachlos hatten sie vor dem Fernseher gesessen, fassungslos angesichts des Ausmaßes der Katastrophe, voller Mitleid für die betroffenen Opfer und ihre Familien. Als Schlagzeile ein Stoßgebet, wie es eindrücklicher nicht sein kann.

„Wo warst du, lieber Gott, in Eschede?" So hatte ein Boulevardblatt im Juni 1998 getitelt, nachdem der ICE Wilhelm Conrad Röntgen bei Eschede 101 Menschen in den Tod gerissen hatte. Fahrgäste, die damals in den vorderen Wagen fast unverletzt überlebten, sagten den Journalisten später: „Gott hat mich vor dem Tod bewahrt." Die Angehörigen derer, die in den Trümmern der Wagen zu Tode kamen, hingegen fragten sich verzweifelt: „Warum hat Gott uns dies angetan? Warum hat er diese Katastrophe nicht verhindert? Konnte er nicht in letzter Minute die Notbremse ziehen?"

„Wo warst du, Gott?" – „Gott, steh uns bei!" Das sind zwei ganz und gar unterschiedliche Weisen, mit einer Katastrophe umzugehen: hier die quälende Frage nach der Allmacht Gottes („Warum lässt ein liebender, allmächtiger Gott diese Katastrophen zu?"), dort ein vertrauensvolles Gebet. Hier ein philosophisches, logisch letztlich unlösbares Problem, dort ein Bekenntnis. Die Weise, wie Kirche und Öffentlichkeit das Inferno von New York und Washington zu bewältigen suchen, zeigt die Stärke des zweiten Weges: „Du wirst alle Tränen von den Augen abwischen", zitierte Bischöfin Margot Käßmann. Und angesichts der aus den Hochhäusern stürzenden Menschen drückte Bischof Wolfgang Huber die tiefe Hoffnung aus, dass wir Menschen „nicht tiefer fallen können als in Gottes Hand".

Danach ist es wieder still geworden um die komplizierte Allmachtstheologie. Und dennoch: Alle christlichen Glaubensbekenntnisse formulieren, dass Gott allmächtig ist. Die Worte im Apostolischen Credo lauten: „Ich glaube an Gott den Vater, den Allmächtigen, Schöpfer des Himmels und der Erde." Eine schwere theologische Bürde, weshalb die Suche nach Neuformulierungen voll im Gange ist. Seit dem Deutschen Evangelischen Kirchentag 1999 in Stuttgart ist der Streit über das Bekenntnis zur Allmacht Gottes immer mal wieder aufgeflackert. Damals beteten die Protestanten ersatzweise: „Ich glaube an Gott, der die Liebe ist (…)." Doch inzwischen ist klar: Das heikle, den Juden und Muslimen wichtige Bekenntnis zu Gottes Allmacht lässt sich nicht einfach wegwischen.

Sicherlich hatte dies seine große historische Bedeutung zur Abgrenzung von anderen Religionen und Denkströmungen der Antike. Es diente als Stütze für den Monotheismus, den Glauben an einen einzigen Gott, gegen die unordentlichen Verhältnisse im griechischen und römischen Götterhimmel, wo etliche höhere Wesen gegeneinander kämpften. Doch für die Menschen der Moderne enthält die Vorstellung von Gottes Allmacht zu viele unerträgliche logische Widersprüche.

Dass Gott für ein von Menschen verursachtes Unglück direkt verantwortlich ist, lässt sich zumindest logisch ausschließen. Gott hat nach biblischem Bekunden eindeutig freie Menschen erschaffen. Warum und wie sollte er sie dann lenken wollen, ihre Eigenverantwortung durchkreuzen? Die Logik versagt allerdings kläglich, wenn Menschen wahllos und ungerecht zu Opfern werden. „Warum gerade ich?" – diese Frage ist prinzipiell nicht mit Logeleien, sondern nur mit Handeln zu beantworten: durch Hilfe, Zuneigung, Trost.

Gottes Allmacht ist im Neuen Testament (anders als im Alten) kein zentraler Begriff. Das kennt zurückhaltendere Formeln, zum Beispiel diese: „Alle Dinge sind möglich bei Gott." (Markus 10,27) Dreh- und Angelpunkt des christlichen Glaubens ist etwas anderes als die Omnipotenz: Dieser Gott ist in seinem Sohn verfolgt, verurteilt, gekreuzigt worden – aus Liebe zu den Menschen. Die Nähe zum Menschen, nicht die Herrschaft über ihn: Das ist seine Dimension.

Hans Jonas, jüdischer Philosoph und Autor, dessen Mutter im KZ getötet wurde, zog 1984 eine harte Konsequenz aus dem millionenfachen Judenmord im Holocaust. Er strich ein für alle Mal die Allmacht Gottes aus seinem Denken. Viele Christen halten gleichwohl an ihr fest. Anderen sind die Prinzipien der Liebe, des Vertrauens und der Geborgenheit für ihr Leben wichtiger.

Eduard Kopp

Muss man Gott fürchten?

Viele meinen: Zur Religion gehört Angst notwendig dazu. Im Mittelpunkt ihres Glaubens steht ein Gott, der mit strenger Hand regiert

Der Mann wollte reinen Tisch machen und sprach vielen aus der Seele: „Neulich war ich bei einem gruppentherapeutischen Training. Da fragte der Trainer, welche Sätze uns in unserem Leben am meisten eingeschüchtert hätten. Weißt du, was bei mir zum Vorschein kam als die mich einengende, schachmatt setzende Phrase? – Was wird der liebe Gott dazu sagen?"

Diese Sätze veröffentlichte der Freiburger Psychoanalytiker Tilmann Moser 1976 in seinem Buch „Gottesvergiftung". Es löste eine breite Diskussion aus, Moser traf anscheinend das Gefühl vieler Menschen: „Dein Hauptkennzeichen für mich ist Erbarmungslosigkeit", hieß eines seiner Urteile über Gott. Viele pflichteten ihm bei.

Gottesangst, wie sie Tilmann Moser beschreibt, ist keine Erfindung der Neuzeit. Seit Jahrtausenden gibt es Zeugnisse von Menschen, die sich vor Gott und dem Heiligen fürchten, über denen das unberechenbare Verhalten eines übermächtigen Gottes wie ein Damoklesschwert schwebt. Deshalb sind die Worte „Fürchtet euch nicht" in der Bibel eine Standardformel der Engel Gottes, wenn sie mit Menschen Kontakt aufnehmen, am bekanntesten in der Weihnachtsgeschichte, als ein Engel den furchtsamen Hirten die Geburt des Heilands verkündete (Lukas 2,10 – 11).

Im Mittelalter hielten eine ausgeklügelte kirchliche Höllenlehre und ein farbenprächtig entfaltetes Jüngstes Gericht die Massen in Angst und Schrecken. Auch Martin Luther fürchtete die strafende Gerechtigkeit Gottes über alle Maßen. Auch er litt, wie Moser sagen würde, an „Gottesvergiftung". Erst nach langen inneren Kämpfen kam er zu dem Schluss: Gottes Gerechtigkeit will den Menschen befreien und nicht bedrängen. Da erst war ihm, als sei die „Pforte des Paradieses" aufgetan worden. Luthers „Kleiner Katechismus", sein berühmter Leitfaden der christlichen Unterweisung, beginnt die Erklärung der Zehn Gebote in jedem Abschnitt mit den Worten: „Du sollst Gott fürchten und lieben." Dann folgt die konkrete Erläuterung.

Erst die Furcht und dann die Liebe? Diese Furcht hat nichts mit Seelenpein und Herzensangst zu tun, sondern bedeutet größtmögliche Ehrfurcht, nämlich Ehrfurcht vor dem Anderssein. Ehrfurcht, die anerkennt, dass Gott kein Abziehbild des Menschen ist, sondern etwas ganz und gar Anderes. Diese Einsicht ist auch heute Grundvoraussetzung jedes ehrlichen religiösen Bemühens auf den Spuren der Bibel: Gott ist Schöpfer und damit ein klares Gegenüber des Menschen. Dies ist ein, wenn nicht der Kerngedanke des christlichen Glaubens, ohne den sich jeder Glaube selbst aufgibt und zu einer Selbsttherapie des Menschen wird. Mag diese auch noch so inbrünstig mit religiöser Sprache oder Liturgie unterfüttert sein.

Heute fehlt es nicht an Versuchen, den „lieben Gott" möglichst klein zu machen, ja geradezu weichzuspülen und ihn als einen Erfüllungsgehilfen menschlicher Wünsche und Projekte zu verstehen. Aber wenn Gott nur lieb ist, ist er bedeutungslos. Die Autoren der Bibel haben das immer betont. So liest man beim Propheten Jesaja (Kapitel 55,8 – 9):

„Meine Gedanken sind nicht eure Gedanken, und eure Wege sind nicht meine Wege, spricht Gott, sondern so viel der Himmel höher ist als die Erde, so sind auch meine Wege höher als eure Wege und meine Gedanken als eure Gedanken."

Ehrfurcht vor Gott zu haben, das heißt für Christen: einsichtig zu sein, dass der Mensch nicht Herr und Meister seines Lebens ist. Zu wissen, dass es keinesfalls nur bedrückend ist, wenn man an persönliche Grenzen geführt wird. Es heißt aber auch: keine Selbstüberforderung durch überzogene Normen und übertriebene Ziele. Christen setzen Zuversicht und Vertrauen auf Gott, so, wie es im Hebräerbrief des Neuen Testaments steht: „Es ist aber der Glaube eine feste Zuversicht auf das, was man hofft, und ein Nichtzweifeln an dem, was man nicht sieht." (Kapitel 11,1)

Tilmann Moser, der Psychotherapeut, hat sich weiter mit dem Thema „Gottesvergiftung" beschäftigt. Im Jahr 2003 veröffentlichte der Autor des aufsehenerregenden Buches von 1976 einen neuen Band unter dem vielsagenden Titel: „Von der Gottesvergiftung zu einem erträglichen Gott" (Kreuz-Verlag). Darin schreibt er: „Ich kann nur sagen, dass ich offen bin für das Transzendente." Und schon einige Zeit zuvor hatte er festgestellt: „Der Bezug auf Gott wirkt wie ein Gegengift gegen Hochmut. In der ‚Gottesvergiftung' komme ich mir heute ein Stückchen hochmütig vor."

Muss man Gott fürchten? Nicht im Sinne von „Angst haben". Aber recht verstandene Gottesfurcht sollte nach christlichem Verständnis zum Selbstbild gerade des modernen Menschen gehören, weil er sich sonst in den Weiten seiner selbst erschaffenen Welten zu verlaufen droht.

Reinhard Mawick

Warum reden Christen so viel vom Opfer?

„Wer ein Schaf opfert, ist wie einer, der einem Hund den Hals bräche", schimpft ein biblischer Prophet: Gott fordere gar kein Leben!

Sie stießen Wehrlose von der Klippe, ertränkten sie im Moor oder zerschnitten sie auf dem Altar. Menschenopfer gab es überall. Bei Germanen, Kelten, Mittelmeervölkern, Chinesen, Azteken, Inkas, selbst auf Hawaii lassen sich Menschenopfer in früherer Zeit nachweisen. Noch Theodor Storm erzählt in der Novelle „Der Schimmelreiter", wie die Dorfbewohner vom Deichgrafen verlangen: „Soll Euer Deich sich halten, so muß was Lebiges hinein" – am besten ein Kind.

Jahrtausendelang wurden Unschuldige getötet, um Schuld zu sühnen, Ahnen zu nähren oder Götter günstig zu stimmen. Priester demonstrierten so ihre Macht über Leben und Tod. Manchmal galt das Menschenopfer als Verzicht, als Bereitschaft, Liebgewonnenes im Tausch gegen Glück und Gelingen herzugeben.

Wohl als erstes Volk des antiken Orients verbot Israel den Brauch, Kinder dem Gott Moloch zu opfern (3. Mose 18,21). Und die Geschichte von Abraham und Isaak? In ihrer Entstehungszeit hat man sie leichter so verstehen können, wie sie wohl gemeint war: als die eines Gottes, der sich von dem barbarischen Brauch abwendet (1. Mose 22). Bis heute erinnern Juden und Muslime an das Menschenopferverbot mit Symbolhandlungen. Jeder jüdische Vater muss seinen erstgeborenen Sohn 30 Tage nach der Geburt beim Priester auslösen, ihn von der Opferpflicht „freikaufen" (2. Mose 13,13). Muslime schlachten zum Opferfest Schafe, wie auch Abraham anstelle seines Sohnes einen Widder tötete.

Einige biblische Propheten lehnten jedes Opfer ab. „Wer einen Ochsen schlachtet, ist wie einer, der einen Mann erschlüge; wer ein Schaf opfert, ist wie einer, der einem Hund den Hals bräche", schrieb der Prophet im letzten Kapitel des Jesajabuches. Christen ächten das physische Opfer. „Dankbare Lieder sind Weihrauch und Widder, an welchen er (Gott) sich am meisten ergötzt", dichtete der barocke lutherische Pastor Paul Gerhardt. Christen sollen singen, nicht töten. Ein Opfer erbringt auch, wer auf etwas verzichtet. „Dankopfer" nennt man die Geldspende.

Wie aber passt die Lehre vom Sühnopfer Jesu dazu? Bis heute prägt die Lehre des mittelalterlichen Theologen Anselm von Canterbury unser Verständnis der Bibel: Die Menschen hätten mit ihrer Sünde Gottes Majestät beleidigt, schrieb er. Gott habe Grund, die Menschheit ganz zu vernichten. Doch Jesus habe Gottes Zorn durch sein Opfer am Kreuz versöhnt. Er habe Satisfaktion geleistet.

Nur: So steht es in der Bibel nicht. Für Jesu Jünger war dessen letzter Gang nach Golgatha zwar sehr wohl ein Selbstopfer. „Niemand hat größere Liebe als die, dass er sein Leben lässt für seine Freunde", soll Jesus kurz vor seinem Tod gesagt haben (Johannes 15,13). Aber es war ein ethisches Opfer, ein Akt der Selbstentsagung, kein kultisches Opfer für einen günstig zu stimmenden Gott.

Jesus sei „für uns" gestorben, heißt es im Neuen Testament, also zum Guten auch der später Geborenen. Im Neuen Testament gibt es dazu sehr unterschiedliche Erklärungen, stets verbunden mit einer Konsequenz für eigenes Handeln.

Jesus habe eine zu Unrecht verhängte Strafe klaglos getragen. Folglich sollten Sklaven duldsam sein, meint etwa der Autor des 1. Petrusbriefs (2,22–25). Der Autor des Hebräerbriefs vergleicht Jesu Tod mit der kultischen Opferpraxis: Die sei nur ein Schattenbild des wahren Selbstopfers Jesu. Daher seien Tieropfer im Tempel nun überflüssig (Hebräer 9). Und Paulus schreibt an die Römer (6,19–23): Jesus habe der widergöttlichen Sündenmacht eine Art Lösegeld bezahlt, um die versklavte Menschheit freizukaufen. In der Antike sah man darin die Aufforderung, selbst Sklaven freizukaufen.

Christen haben Jesu Selbstopfer stets auch als Vorbild für eigenes Handeln interpretiert. Zum Beispiel der katholische Pater Maximilian Kolbe. Er war in Auschwitz inhaftiert. Am 29. Juli 1941 wurden zehn Lagerinsassen zum Hungertod ausgewählt, eine absurde Strafe für die angebliche Flucht eines Häftlings. Kolbe meldete sich freiwillig – stellvertretend für einen Familienvater. Zwei Wochen überlebte er in der Hungerzelle. Dann töteten ihn SS-Schergen mit einer Giftspritze.

Burkhard Weitz

Ist Gott für das Böse verantwortlich?

Manchmal fällt es schwer, an die Güte des Schöpfers zu glauben. Wenn der Schatten des Bösen auf die Menschen fällt, kommen ihnen Zweifel an der Liebe Gottes

„Sie fehlt morgens, mittags, abends", sagt die Zeugin vor Gericht. Der Frau gegenüber sitzt der Angeklagte, der gestanden hat, ihre Tochter missbraucht und umgebracht zu haben. Die Frau erläutert im Zeugenstand, was es heißt, sein Kind auf diese Weise zu verlieren. Auf dem Rasen liege kein Hula-Hoop-Reifen mehr, erzählt sie, und niemand gebe auf die Frage, was aufs Schulbrot soll, immer dieselbe Antwort: „Mettwurst." Für Augenblicke wird ihr Schmerz erahnbar.

„Wer tut so etwas?", fragen die Geschwister des ermordeten Mädchens. Auch die Eltern sind ratlos, was den Mörder zu seiner Tat getrieben haben mag. Es ist, als habe eine dämonische Macht vom Täter Besitz ergriffen: das Böse. Und als wäre die Tat nicht genug, wirft nun das Böse seinen Schatten auf den Familienalltag. Panik erfasst die Eltern, wenn sich die Kinder geringfügig verspäten. Die Geschwister der Toten leiden unter Konzentrationsstörungen und haben Angst im Dunkeln.

Über wen sich der Schatten des Bösen legt, für den reichen die Begriffe der Alltagssprache nicht mehr aus, um seiner Erfahrung Ausdruck zu geben. Auch Fachbegriffe aus der Psychologie helfen ihm nicht unbedingt weiter. Es geht um mehr, als dass jemand gegen ein Gesetz oder die Moral verstoßen hat. Das Böse wird als Realität erlebt. Das Schicksal verdichtet sich zu einer persönlichen Macht, die ihm übel mitspielt. Unmöglich erscheint der Glaube an einen liebenden Gott, das Gebet zu einer beschützenden Macht. Zwar hat ein Mensch die böse Tat begangen, nicht Gott oder das Schicksal. Aber Gott hat sie zugelassen. Ist Gott indirekt für das Böse verantwortlich?

Für Christen ist Gott nicht nur eine beschützende Macht, sondern auch eine, die sich zuweilen abwendet und fernbleibt, wo Hilfe von oben bitter nötig wäre. Manche Psalmen der Bibel klagen Gott an, weil er untätig dem Elend zusieht. Der 13. Psalm sagt: „Herr, wie lange willst du mich so ganz vergessen? Wie lange verbirgst du dein Antlitz vor mir? Wie lange soll ich sorgen in meiner Seele und mich in meinem Herzen täglich ängstigen? Wie lange soll sich mein Feind über mich erheben?" An einer Stelle geht die Bibel sogar noch weiter: „Ich bin der Herr, der ich das Licht mache und schaffe die Finsternis, der ich Frieden gebe und schaffe Unheil", heißt es bei Jesaja 45,7. Der Gott der Bibel erschafft eine Welt, in der sich Katastrophen ereignen, die großes Leid über die Menschen bringen.

Nach christlichem Verständnis schenkt Gott dem Menschen Freiheit. Der Mensch kann sich Gottes Willen widersetzen. Gott hindert den Menschen selbst dann nicht, von seiner Freiheit Gebrauch zu machen, wenn sein Tun von Grund auf böse ist. Der Reformator Martin Luther litt darunter, dass Gott das Böse zulässt. Für ihn stand diese Erfahrung in einem schier unerträglichen Widerspruch zu seinem Glauben an einen gütigen Gott. Deshalb unterschied Luther zwischen dem verborgenen Gesicht Gottes, das er als zornig empfand, und dem freundlichen Gesicht des gnädigen Gottes. Wenn er, Luther, verzweifelt sei, fliehe er vor dem abgewandten Gesicht Gottes zu dessen zugewandtem Gesicht, zu Christus.

Viele Christen machen die Erfahrung der Gottesferne. Zu ihrem Glauben gehört auch, dass sie Gott anklagen. Doch christlicher Glaube wäre kein Glaube, wenn er nicht auf die Güte und Liebe Gottes vertrauen würde. Christen glauben auch, dass das Böse nie so übermächtig werden kann, dass es die Oberhand behält. Dass derjenige bei Gott ist, dem das Leben geraubt wird. Und dass die Hinterbliebenen bei noch so großer Trostlosigkeit eine Chance haben, sich wieder mit dem Leben auszusöhnen, eine neue Perspektive zu finden. Die Mutter des ermordeten Mädchens scheint das zu spüren. „Ich möchte das zum Abschluss bringen", begründet sie ihr mutiges Auftreten vor Gericht.

Auflösen lässt sich diese Widersprüchlichkeit Gottes nicht, so wenig wie die Widersprüchlichkeit des Lebens. Dass Gott wirklich nur Gutes will, ist keine wissenschaftlich-rationale Aussage, sondern eine Glaubensaussage. Der christliche Glaube versucht, die Widersprüchlichkeit des Lebens auszuhalten, ohne dem Zynismus oder der Gleichgültigkeit zu verfallen. Das gelingt aber nur, wenn der Glaube die Erfahrung des Bösen nicht ausklammert.

Es mag einen zur Verzweiflung treiben, dass Gott das Böse zulässt. Für den Glaubenden ist jedoch entscheidend, dass Gott an Wohl und Wehe der Menschen Anteil nimmt. Wer an diesen Gott glaubt, bejaht das Leben – obwohl oder gerade weil er weiß, wie mächtig das Böse sein kann.

Burkhard Weitz

Führt uns Gott in Versuchung?

…heißt eine der Bitten im Gebet Jesu, dem Vaterunser.
Führt Gott uns wirklich in Versuchung?

Der Minister muss sich entscheiden. Soll er das entführte Flugzeug, das auf die Großstadt zusteuert, zum Abschuss freigeben? Alles deutet darauf, dass er Tausenden Menschen das Leben retten kann, wenn er den Tod der 300 Passagiere in Kauf nimmt. Ein typisches ethisches Dilemma: Egal was er tut, der Minister macht sich schuldig. Nicht dass er für eine Fehlentscheidung belangt werden könnte. Aber die Sache wird schrecklich enden und er wird damit leben müssen.

In der Regel fallen ethische Dilemmata weit weniger dramatisch aus. Eine Schülerin überlegt, ob sie die Klassenkameradin, die eine andere auf dem Schulhof geschlagen hat, an den Lehrer verpetzen soll. Jemand ringt mit sich, ob er der Frau seines Freundes erzählen soll, dass der ein Verhältnis mit einer Kollegin hat. Ein Ehepaar wägt ab, ob es die alten Eltern ins Haus holen soll. Für die Alten wäre das gut – aber irgendwann müsste einer beruflich zurückstecken, um die

Pflege zu übernehmen, die Söhne müssten sich wieder ein Zimmer teilen… Solche Entscheidungen können Schuldgefühle hinterlassen, egal wie sie ausfallen.

„Führe uns nicht in Versuchung", lautet die sechste Bitte des Vaterunsers (Matthäus 6,13). Jesus, von dem dieses Gebet stammt, wurde selbst in Versuchung geführt – nicht von Gott selbst, sondern von dessen Widersacher, dem Teufel (Matthäus 4). Bleibt man in der Vorstellungswelt dieser Geschichte, müsste die Bitte aus dem Vaterunser lauten: Lass nicht zu, dass uns der Teufel zum Bösen verführt. Doch der griechische Urtext lässt keinen Zweifel. Jesus betet: „Führe uns nicht in Versuchung!" Gott selbst soll uns nicht auf die Probe stellen.

„Gott versuchte Abraham", so beginnt die biblische Erzählung von Isaaks Opferung (1. Mose 22). Gott testet Abrahams Treue und lässt ihn einen Altar vorbereiten – Abrahams eigener Sohn soll das Opfer sein. Abraham hat das Messer bereits in der Hand, da sagt der Herr in letzter Sekunde: Nein. War doch bloß eine Prüfung! Eine schreckliche Geschichte, denkt man heute – frühere Generationen mögen sich da kaum gewundert haben. Treuetests galten als normal, man musste doch prüfen, ob das Kind Anweisungen auch folgt, wenn die harte Erzieherhand fern ist. Solche Pädagogik gilt heute zu Recht als hinterhältig. Und kann ein Gott, der Menschen prüft, ein liebender Gott sein?

Dennoch: Früher haben die Menschen die Geschichte von der Versuchung Abrahams als Beispiel für ein ethisches Dilemma gelesen. Gott verlangt einen Gehorsamsbeweis, der ganz unvernünftig und lieblos ist. Manche israelischen Soldateneltern beziehen die Geschichte von Isaaks Opferung auf sich, wenn ihr Kind im Krieg fällt. Sie deuten sie als Bejahung eines übergeordnetes Gemeinschaftsinteresses – auch gegen das Wohl des eigenen Kindes.

Doch die biblische Erzählung geht darüber hinaus. Denn Gott führt Abraham in eine Lage, in der es völlig sinnlos scheint, auf ihn zu vertrauen. Abraham hält trotzdem am Glauben fest – und zerbricht daran innerlich, wie der dänische Philosoph Søren Kierkegaard meint. Wer der Auffassung ist, Abraham habe richtig entschieden, weil er blind auf

Gott vertraute, verkennt den Zielkonflikt in dieser Geschichte. Denn sie setzt voraus, dass Abraham in seiner Wahl frei ist. Niemand könnte Abraham einen Vorwurf machen, hätte er sich für sein Kind Isaak und gegen Gott entschieden. Das macht die Dramatik seiner Entscheidung aus, in der er die Treue über die Vernunft stellt.

Das ethische Dilemma des Abraham lässt sich sinnbildlich auf selbst erlebte Situationen übertragen. Zunächst muss man den Zielkonflikt als einen solchen erkennen. Wo reiner Pragmatismus oder gedankenloser Gehorsam das gewissenhafte Abwägen verdrängen, flacht das Leben moralisch ab. Da entlässt ein Chef Angestellte, ohne sich Gedanken über ihr Schicksal zu machen. Da sticht jemand den Freund bei einer Bewerbung aus und nimmt den Ärger des Freundes über die entgangene Chance nicht wahr. Wer sein Leben so einrichtet, hält Skrupel für altmodisch und überflüssig.

Innerhalb ihrer historischen Vorstellungswelt beschreibt die Abrahamsgeschichte das Problem des ethischen Dilemmas treffend. Wer am Gottesglauben festhalten und dabei ein gewissenhafter Mensch sein will, kann nur beten, dass er vor Prüfungen wie der des Abraham verschont bleibt.

Burkhard Weitz

Was ist Rechtfertigung?

Ein ungewohntes Wort für ein unglaubliches Geschenk. Gottes Gnade kann man sich nicht verdienen, er gibt sie einfach so. Das muss jeden Moralisten irritieren

Der junge Martin Luther litt eine große seelische Qual. Angesichts seiner menschlichen Schwächen fürchtete der Mönch, nie vor Gott bestehen zu können und geradewegs für das Höllenfeuer bestimmt zu sein. Seine selbstquälerische Lebensfrage: Wie bekomme ich einen gnädigen Gott? Einen Gott, der mich trotz meiner Schwächen und Fehler nicht verstößt?

Luthers Lebensfrage wird heute oft im Zusammenhang mit dem vieldeutigen Stichwort Rechtfertigung zitiert. Doch was ist damit gemeint? Ist heute in der Öffentlichkeit von Rechtfertigung die Rede, geht es meist um die Verteidigung des eigenen Verhaltens: Wem zum Beispiel im Strafverfahren ein Vorwurf gemacht wird, der wird sich dadurch zu verteidigen suchen, dass er triftige Gründe für sein auffälliges Verhalten benennt. Bleibt ein Schüler vom Unterricht fern, tut er gut daran, seine Abwesenheit zu begründen. Lag er zum Beispiel krank im Bett, kann er sein Fehlen rechtfertigen, volkstümlich: entschuldigen.

Ganz anders verhält es sich mit dem theologischen Sinn des Schlüsselwortes Rechtfertigung. Allerdings war dieser Begriff immer vieldeutig. Selbst zu Luthers Zeiten konnte das Wort, wenn man es juristisch verstand, je nach Zusammenhang mal ein Gerichtsverfahren oder auch eine Verteidigungsstrategie, mal das Urteil selbst, ja sogar eine Hinrichtung bezeichnen.

Im theologischen Sinn geht es bei der Rechtfertigung aber nicht darum, dass ein Mensch sein eigenes Verhalten verteidigt, indem er mit wortreichen Erklärungen seinen Kopf aus der Schlinge ziehen will. Es ist überhaupt nichts, was der Mensch selbst ausrichten könnte. Es beschreibt vielmehr die heilsame Zuwendung Gottes zum Menschen. Im Brief des Paulus an die Römer (Kapitel 5) ist zu lesen, Gottes Gnade sei den Menschen „überreich zuteilgeworden" und die Gnade helfe „aus vielen Sünden zur Gerechtigkeit". Rechtfertigung in diesem Sinn bedeutet: Die Menschen wurden wieder zu Gerechten „gemacht", und zwar durch Leben und Tod Jesu.

Solche Rechtfertigung ist ein außerordentliches Geschenk, unverdient, überreich. Es kommt den Menschen zugute ohne Ansehen ihrer Leistungen. Bekanntlich hat der Reformator Martin Luther scharf auf den zeitgenössischen religiösen Handel mit Reliquien und Ablassbriefen reagiert. Es war für ihn eine Erlösung, in der Bibel zu entdecken: Die Menschen verdienen sich nicht Heil und Gnade, sondern diese werden ihnen großzügig zuteil, vielleicht gerade deshalb, weil sie ihrer besonders bedürfen. Vor Gott sind die Menschen mehr als die Summe ihrer Taten und Untaten.

In spöttischen Debatten mit Protestanten äußern Katholiken gelegentlich eine Befürchtung: Wenn die Gnade Gottes den Menschen ohne Blick auf ihre moralischen Verdienste, ihre „Werke", zugutekomme, dann gebe es für sie doch gar keinen Grund mehr, sich nach Kräften ethisch und religiös zu bemühen. In dieser Argumentation sind Ursache und Wirkung vertauscht: Die Gnade ist eben nicht eine Belohnung für konsequentes Wohlverhalten des Menschen. Die „guten Werke", also das soziale, ethische und religiöse Engagement, sind vielmehr Folgen der Zuwendung Gottes: seiner unerschöpflichen, treuen Liebe, die die Menschen angstfrei leben lässt. Weil ihr Verhältnis zu Gott wieder geheilt ist, kreisen sie nicht mehr sorgenvoll um sich selbst. Allerdings können sie, populär gesprochen, diese Zuwendung Gottes auch verspielen, zum Beispiel dadurch, dass sie die gegebenen Chancen nicht nutzen.

Als am 31. Oktober 1999 in Augsburg die römisch-katholische und die lutherischen Kirchen feierlich die Vereinbarung über die Rechtfertigungslehre unterzeichneten, begruben sie damit auch die alten Feindbilder aus der Zeit der Glaubensspaltung im 16. Jahrhundert. Die gegenseitigen Vorwürfe, die Rechtfertigungslehre verfälscht zu haben, gelten seither als erledigt. Kein Protestant sollte Katholiken weiter verdächtigen, Gottes Gnade „verdienen" zu wollen. Und kein Katholik sollte argwöhnen, Lutheraner warteten still und ergeben auf Gottes Gnade beziehungsweise Reformierte sähen in ihren beruflichen Erfolgen einen Beweis ihrer religiösen Erwählung. Es ist anders: Wer erst anfängt, seine Chancen zu kalkulieren, könnte schon auf dem Holzweg sein.

Eduard Kopp

Geht es nicht auch ohne Gnade?

Das Wort klingt nach Schuld und Strafe. Dabei ist die Gnade Gottes für Christen ein Lebenselixier. Und obendrein erhält der Mensch sie als Geschenk

Ein junges Paar will heiraten und besucht den Pfarrer. Der fragt nach der Begrüßung: „Haben Sie sich schon einen Trauspruch ausgesucht?" – „Ja, eigentlich schon…", sagt die Frau, „aber…" Der Mann unterbricht sie: „Eigentlich geht der nicht!" – „Doch", widerspricht die Frau, „der muss gehen!" Sie hatten sich einen Vers aus dem 54. Kapitel des Buches Jesaja ausgesucht: „Es sollen wohl Berge weichen und Hügel hinfallen, aber meine Gnade soll nicht von dir weichen, spricht der Herr, dein Erbarmer."

„Wo liegt das Problem?", fragt der Pastor. Der Mann sagt, das mit der „Gnade" müsse ja nicht sein. „Da muss ich immer an einen König denken, vor dessen Thron ein Strauchdieb gezerrt wird, und der König lässt ‚Gnade vor Recht' ergehen und schlägt dem Dieb nur eine Hand ab statt beider."

Das Wort Gnade hat keine Konjunktur in dieser Zeit. Es klingt schwächlich. Heute wollen die Menschen souverän sein, allenfalls selbst einmal Gnade gewähren, aber nicht auf die Gnade anderer angewiesen sein. Aber: „Gnade" ist ein, wenn nicht sogar das Hauptwort der christlichen Tradition. Ein Unwort für moderne Menschen?

Besonders in der Theologie des Apostels Paulus spielt „Gnade" (griechisch: charis) die überragende Rolle: Einhundert Mal kommt es in den Briefen dieses Apostels vor, nur halb so oft im ganzen übrigen Neuen Testament. Immer wieder schärft Paulus ein: Dass wir leben können und dürfen, ist ein reines Geschenk der Gnade Gottes. In polemischer Abgrenzung gegen das zeitgenössische Judentum mit seinem Opferkult behauptete der rastlose Apostel: Gnade ist ein Geschenk. Wir können nichts, rein gar nichts selbst dazu beitragen. Wir können Gott nicht gnädig stimmen, zum Beispiel durch Opfer, sondern wir empfangen alles aus der Güte Gottes. Sehr prägnant hat Paulus das im 1. Korintherbrief (4,7) formuliert: „Was hast du (Mensch), das du nicht empfangen hättest? Und hast du es empfangen, was rühmst du dich wie einer, der nicht empfangen hat?"

Immer wieder gab es in der Kirchengeschichte seither Auseinandersetzungen darüber, was es mit dem Empfang der göttlichen Gnade auf sich habe. Ob man nicht doch etwas tun müsse, damit die Gnade wirken könne? Ob man nicht den übergroßen, allmächtigen Gott doch durch gute Werke gnädig stimmen müsse, quasi als Zünglein an der Waage, um Gnade für sein Leben zu erlangen? Den jungen Mönch Martin Luther quälte die Frage sehr: „Wie bekomme ich einen gnädigen Gott?" Die Kirche seiner Zeit bot Ablassbriefe an und „verkaufte" so ewiges Seelenheil. Daran konnte und wollte Luther nicht glauben. Nach langen inneren Kämpfen kam der junge Mönch zu der erlösenden Erkenntnis: Er muss sich den gnädigen Gott nicht verdienen, im Gegenteil: Gott ist gerade dem Sünder gnädig, dem Menschen, der unvollkommen ist.

In der Moderne verliert Luthers Antwort an Strahlkraft, denn die Frage nach dem „gnädigen Gott" wich zwei anderen Fragen. Erstens: Gibt es Gott? Wer diese Frage, aus welchen Gründen auch immer, für sich verneint, steht sogleich vor der zweiten Frage: „Was ist der Sinn meines Lebens?" Die meisten modernen Menschen haben den Ehrgeiz, den Sinn ihres Lebens selbst zu „machen" und zu bestimmen. Selbstbestimmung gilt durchweg als positiver Begriff. Ein Leben aus Gnade scheint diesem Lebensgefühl entgegenzustehen. Das ist der Grund, weshalb der Bräutigam auch das Bibelwort der Gnade als Trauspruch ablehnte. Hat er recht?

Viele religiöse Begriffe scheinen heute überholt zu sein. Aber in Wirklichkeit kommt es darauf an, ihren tiefen, eigentlichen Gehalt neu zu erschließen. Gelingt dies, dann hat religiöse Sprache auch den Menschen etwas zu sagen, die von sich meinen, Religion sei für sie ohne Bedeutung. Das Wort Gnade steht so für eine Grunderfahrung menschlichen Lebens: Das, wovon wir eigentlich leben, können wir weder kaufen, herstellen noch verdienen – nicht die Liebe noch die Freundschaft, nicht die Anerkennung noch Vergebung anderer Menschen. Die elementare Erfahrung, dass uns das Wesentliche im Leben geschenkt wird, ist der Kern der christlichen Rede von der Gnade.

Erfahrungen der Abhängigkeit und Fremdbestimmung macht jeder Mensch, egal aus welcher Tradition er kommt. Natürlich kann er sie auch als reinen Zufall oder als Schicksal beschreiben. Christen glauben, dass sie aus Gnade leben. Mögen da Berge weichen oder Hügel fallen.

Reinhard Mawick

Können Christen und Muslime miteinander beten?

Es wäre schön, wenn Gläubige beider Religionen in dieselben Bekenntnisse und Fürbitten einstimmen könnten. Geht das?

Es geschah mehr als einmal bei meiner Reise durch Marokko: Als Nichtmuslim wurde mir der Zutritt in die großen Moscheen des Landes verwehrt. Einen Blick durch die großen Tore in die Innenhöfe zu werfen, war das einzig Mögliche, hineinzugehen in stiller Bewunderung für diese große Religion, war verboten. Anders ging es in Jerusalem zu, im muslimischen Felsendom auf dem Tempelberg: Da war der Zutritt erlaubt, aber strikt verboten, sich eine Weile auf dem Teppich niederzulassen, wo bereits Dutzende Muslime kauerten. In den Moscheen Istanbuls schließlich wurde ich zur Gebetszeit freundlich begrüßt, danach aber zwei Mal auf die Podeste im Hintergrund in die Nähe der ebenfalls abgerückten Frauen verwiesen.

Diese Erfahrungen scheinen zu jenen Sätzen zu passen, die gegenwärtig in Deutschland für heftige Diskussionen sorgen: „Das interreligiöse Beten kommt aus theologischen Gründen nicht in Betracht. Auch jegliches Missverständnis, es finde ein gemeinsames Gebet statt, ist zuverlässig zu vermeiden." Diese Sätze stammen allerdings nicht aus muslimischer, sondern aus christlicher Quelle: aus der Studie „Klarheit und gute Nachbarschaft" vom November 2006, in der die Evangelische Kirche in Deutschland (EKD) Regeln für den Umgang mit Muslimen aufstellt. Immerhin eröffnet die Studie die Möglichkeit „der respektvollen Teilnahme am Gebet der jeweils anderen Religion und, damit verbunden, des inneren Einstimmens in Aussagen, die man aus seiner eigenen Glaubensüberzeugung vollziehen kann."

Die muslimischen Verbände in Deutschland kritisieren diese Studie heftig, auch eine Gruppe von 15 überwiegend evangelischen Religionskennern (in ihrem Buch „Evangelisch aus fundamentalem Grund. Wie sich die EKD gegen den Islam profiliert"). Es ist schon richtig: Auch im christlichen Glaubensbekenntnis heißt es: „Wir glauben an den einen Gott." Demnach gibt es nur einen einzigen Gott. Auch Muslime glauben, dass ihr Gott und jener der Juden und Christen derselbe ist: „Unser Gott und euer Gott ist einer." (Sure 29,46)

Auf der anderen Seite steht die christliche Glaubensüberzeugung: Das, was wir von Gott wissen, wissen wir zu großen Teilen aus dem Handeln und Reden Jesu. Das Verhalten Jesu hat unsere Vorstellung von Gott stark geprägt. In der Weise, wie er sich verhalten hat, erkennen wir Gott. Christen beten nicht einfach zu einem allmächtigen, unberührbaren, jenseitigen Gott, sondern zu einem Gott, der real Mensch geworden ist, der in einem klar umrissenen historischen Kontext lebte und wirkte, der sich mit Autoritäten seiner Zeit anlegte, der geltende Gesetze eigenwillig auslegte. Was und wie er dies tat: Das sagt endlos viel über den christlichen Gott aus – nicht zuletzt, wie er den geächteten Huren und verachteten Zolleinnehmern auf die Beine half. Werden Muslime und auch Juden sagen: Genau in diesem Eigensinn, in diesen Verhaltensweisen erkennen wir den Gott, an den wir glauben?

Es sind auch scheinbar beiläufige Dinge, die ein gemeinsames Gebet von Christen und Muslimen unmöglich machen. Der Koran lehnt zum Beispiel die Anrede Gottes als Vater ab. Das tut er aus Angst vor polytheistischen Tendenzen, also vor der Zersplitterung des einen, einzigen Gottes. Es hilft wenig, wenn Kritiker der EKD-Studie darauf hinweisen, dass Allah durchaus väterliche Züge aufweist. Eines der Hauptgebete der Christen, das Vaterunser, ist mit Muslimen nicht zu sprechen. Gemeinsame Gebete sind umgeben von einem Kranz möglicher Missverständnisse.

Noch wichtiger ist: Gebete sind kein Austausch von Informationen, der Empfänger ist kein Briefkasten, in den persönliche Nachrichten gelegt werden. Ein Gebet ist im Kern nicht Kommunikation, sondern eine innige Begegnung, ein Sich-Anvertrauen. Das macht es unmöglich, das Gegenüber je nach Anlass zu verändern oder auszutauschen. Wer die Stoßgebete von Soldaten im Krieg liest, die eines Dietrich Bonhoeffer in der Nazihaft, eines Kranken auf dem Sterbebett, eines Juden, der in ein Vernichtungslager gebracht wurde: dem wird deutlich, wie ernst es um die Wahl des richtigen Gebetes und des richtigen Gegenübers ist.

Oh ja, es gibt Christen, die zu Allah beten. Auf Malta habe ich sie getroffen, in einem Ostergottesdienst. Allah: So nennen sie seit der arabischen Zeit auf Malta ihren christlichen Gott – aber nur in ihrer maltesischen Sprache.

Eduard Kopp

Glauben alle an denselben Gott?

Der Tanz des Shiva, Buddha auf der Lotusblüte, das Kreuz Jesu, Engel und Gottesmutter: Vielleicht weisen sie alle auf dieselbe höhere Realität. Ist es egal, welches Symbol auf den Hausaltar kommt?

„Bist a Jid?", fragt der ultra-orthodoxe Jude den Reporter eines deutschen Nachrichtenmagazins. Beide stehen nahe der Klagemauer in Jerusalem, seit Wochen feuert die schiitische Hisbollah Raketen vom Libanon aus ins Land. Nein, sagt der Reporter. „Macht nichts", antwortet der Jude, „es gibt nur einen Gott für alle." – „Auch für die Libanesen?", will der Reporter wissen. Natürlich, sagt er, „wir sind alle Brüder, wir vergessen es nur manchmal."

Manchmal? Vermutlich 800 Menschenleben kostete der Krieg in Israel und im Libanon allein im Juli 2006.

Wenn es einen Gott gibt, dann gibt es ihn nur einmal. Und wer Menschen anderer Religionen nicht absprechen will, dass auch ihre Religion tiefe Lebensweisheit vermittelt, dass auch ihre Offenbarungen authentisch sind, muss sagen: Irgendwie haben alle einen Draht zu Gott. Sie sehen Gott nur aus unterschiedlichen Perspektiven.

So verschieden sind die Blickwinkel, dass Religionen einander meist fremd bleiben. Sogar die monotheistischen Religionen, die ja einiges gemeinsam haben: Sie alle gehen davon aus, dass Gott jeden Menschen gleich geschaffen habe und dass sie ihr Tun eines Tages vor Gott verantworten müssen.

Sie verehren Abraham für seine Glaubensstärke, David für seine Gebete und Hiob für seine Duldsamkeit.

Trotzdem können Juden und Muslime mit der christlichen Dreieinigkeitslehre nichts anfangen. Diese Lehre ist wesentlich für Christen. Sie besagt, Christus sei eine göttliche Person, und erklärt Jesu Leben und Lehre zum absoluten Maßstab. Ihretwegen ist das Gut der individuellen Menschenwürde für Christen nicht verhandelbar.

Christen und Muslime wiederum verstehen nicht, wie man 613 oft unerklärliche Ge- und Verbote befolgen kann. Doch die Liebe zur Thora prägt im Judentum ein kluges, pragmatisches Streben nach Recht und Gerechtigkeit. Zum Zeichen dafür binden sich religiöse Juden bei jedem Gebet Thoraverse mit Riemen an Stirn und Hand.

Für Juden und Christen geht der Pilger, der unter Zehntausenden im schlichten Pilgerhemd zur Kaaba vordringt, völlig in der anonymen Masse unter. Im Islam gilt diese Masse als starkes Zeichen für Gleichheit und Brüderlichkeit unter Muslimen.

Schon die monotheistischen Religionen sind einander fremd. Viel rätselhafter erscheinen ihnen die fernöstlichen Religionen: der Hinduismus mit seiner Allgegenwart des Göttlichen und der Buddhismus mit seiner Suche nach Alleinheit. Bei so viel Fremdheit bleiben Konflikte nicht aus. Schüler in fernöstlichen Religionen unterwerfen sich ihren Lehrern oft so radikal, dass es Christen abstößt. Manchmal erscheint Toleranz unmöglich. Ideale sind desto weniger verhandelbar, je gewisser sie sind. Irgendwann kommt der Punkt, an dem Menschen ihre Ideale mit Gewalt zu verteidigen bereit sind – auch wenn dies fast immer der falsche Weg ist.

Wer meint, er spare sich Ärger, wenn er seine Religion ganz aufgibt, denkt zu kurz. Mit der Religion legt er das Einzige ab, was ihn mit den anderen verbindet: das Wissen um den eigenen Absolutheitsanspruch. Mit diesem Wissen geht auch der Respekt für die religiöse Gewissheit der anderen verloren. Der Aufklärungsphilosoph John Locke (1632–1704) meinte aus diesem Grund sogar: Zu wahrer Toleranz seien Menschen, die die Existenz Gottes leugnen, nicht fähig.

Religionen wandeln sich. Sie durchdringen sich im Zeitalter der Globalisierung schneller, als sie es je zuvor taten. Und sie lernen voneinander. Fernöstliche Religionen zeigen sich vom monotheistischen Gleichheitspostulat beeindruckt. Christen lernen fernöstliche Meditation. Dennoch werden die verschiedenen Religionen wohl nie ganz zueinanderfinden. Gegensätze werden immer bleiben: verschiedene Gewissheiten darüber, wie das Absolute beschaffen ist, an das man glaubt. Und wie man sich ihm nähern soll.

Religionen werden immer um die Herzen der Menschen wetteifern, das ist gut so. Bitter ist nur, dass sich immer wieder Menschen mit ihren Gewissheiten an den Rand gedrängt fühlen. Und dass sie keinen anderen Ausweg sehen, als mit Waffengewalt um ihre Identität zu kämpfen.

Glauben alle an einen Gott? Der Jude an der Klagemauer hat recht: Ja, wir sind Geschwister. Nur leider vergessen wir es. Nicht nur manchmal, sondern viel zu oft.

Burkhard Weitz

Wem gehört der Sonntag?

Zur Gottesdienstzeit bleiben die Sportschuhe liegen.
Denn die Sonntagsruhe ist gesetzlich geschützt. Wettkampf
oder Besinnung – das ist die Frage

Manchmal fiel es Pfarrer Hans-Georg Ulrichs richtig schwer, einen Kompromiss vorzuschlagen. Zum Beispiel in folgender Situation: Aus ganz Deutschland waren Reiter mit ihren Pferden zu einer Sportveranstaltung angereist. Ulrichs, der sich 2006 einen Namen als WM-Pfarrer der Evangelischen Kirche in Deutschland macht, kennt das enge Zeitkorsett, in dem sich die Wettkämpfe abspielen. Anreise am Samstag, immer schön behutsam mit der wertvollen Fracht im Anhänger über Autobahnen und Landstraßen.

Ist das Ziel erreicht, müssen die Tiere erst einmal zur Ruhe kommen und sich an die neue Umgebung gewöhnen. Deshalb sind die Reiter früh am Sonntag auf den Beinen. Denn wenn sie am späten Nachmittag nach Hause zurückkehren wollen, erneut quer durch Deutschland, müssen die Wettkämpfe früh am Sonntagvormittag beginnen.

Dies ist genau die Zeit, in der die Gottesdienste stattfinden. Und es ist die Zeit, für die rechtlich gilt: An Sonn- und Feiertagen sind während der Hauptgottesdienste öffentliche Sportveranstaltungen verboten. Da ein Sonntagsgottesdienst erfahrungsgemäß von zehn bis elf Uhr dauert, im Falle einer Abendmahlsfeier auch länger, kann am Sonntagvormittag kaum eine Sportveranstaltung stattfinden.

Der Schutz der Sonntagsruhe hat Verfassungsrang. Artikel 140 des Grundgesetzes besagt: „Der Sonntag und die staatlich anerkannten Feiertage bleiben als Tage der Arbeitsruhe und der seelischen Erhebung gesetzlich geschützt." Die „seelische Erhebung", die für manche auf dem Rücken eines Pferdes oder auf dem Fußballfeld, für viele aber in einem Gottesdienst stattfindet, ist eine weltanschaulich neutrale Bezeichnung für religiöse und nichtreligiöse Besinnung auf grundsätzliche Lebensfragen.

Dennoch finden Wettkämpfe am Sonntagvormittag statt. Denn Ortsverwaltungen können Ausnahmen vom Sportverbot am Sonntagvormittag genehmigen. Die Behörden halten zuvor Rücksprache mit den Kirchengemeinden.

Und dort gibt es unterschiedliche Reaktionsmuster: Manche Pfarrer pochen auf das Sportverbot zur Gottesdienstzeit, andere sehen eine Sonntagsveranstaltung als ideale Gelegenheit, mit Gesangbüchern und Talar auf die Turnierwiese zu eilen und vor dem Spielbeginn einen kurzen ökumenischen Gottesdienst zu halten. So jedenfalls könnte ein Kompromiss aussehen, wie ihn der Pfarrer Hans-Georg Ulrichs liebt.

Der Sonntag gehört den Menschen. Er ist eine Schutzzone zur körperlichen, geistigen und seelischen Erholung. Er soll frei sein von den Zwängen des Alltags und Zeit lassen für religiöse Besinnung.

Der Sonntag dient auch dem Beisammensein der Familie. Sicherlich kann auch eine Sportveranstaltung der persönlichen Erholung dienen, doch soll der Vormittag kein beliebiges Zeitreservoir für regelmäßiges Training und Wettkämpfe von Jugendmannschaften sein.

Selbst wenn nur ein kleiner Kreis der Sportler hin- und hergerissen ist zwischen Gottesdienstbesuch und Wettkampf, bleibt der Sonntagsschutz von unverzichtbarem Wert: Er befreit die Menschen aus der Monotonie des stets Gleichen. Der Sonntag als Tag von religiöser Bedeutung ist eine der Säulen der jüdisch-christlichen Kultur, doch arbeitsfrei wurde er für viele Berufstätige erst im Jahr 1919.

In den fünfziger und sechziger Jahren war der Schutz der Sonntagsruhe eines der ganz großen politischen Streitthemen. Erst mit der schrittweisen Einführung der arbeitsfreien Samstage in den Sechzigern entspannte sich der Konflikt zwischen Kirche und Sport. Dazu kamen sehr grundsätzliche Gespräche zwischen den Kirchen und Sportfunktionären seit 1975.

Seitdem haben sich beide Seiten einander angenähert. Sie streiten nicht mehr eifersüchtig um die Interpretationshoheit über den Sonntag, sondern betonen ihre Partnerschaft in vielen Punkten, zum Beispiel in der Sorge um die körperliche und seelische Gesundheit der Menschen. Zu einem uneingeschränkten Lob der Partnerschaft mag sich die Kirche allerdings nicht durchringen, denn inzwischen haben sich um sonntägliche Sportveranstaltungen herum viele wirtschaftliche Interessen angesiedelt, weiten sich Handel und Dienstleistungen aus.

Wenn zwei Drittel aller Beschäftigten im deutschen Gastgewerbe regelmäßig sonntags arbeiten und zu neu erfundenen Stadtfesten Kaufhäuser großzügig geöffnet werden, steht es um die Sonntagsruhe schlecht.

„Menschen brauchen den Sonntag", heißt es in einer Erklärung der beiden großen Kirchen von 1999. Das gilt erst recht in einer Zeit der beruflichen Flexibilität und der Globalisierung. Wie sonst kann eine Familie noch zusammenkommen – zu Hause oder im Gottesdienst –, wenn alle Beteiligten in unterschiedlichen Arbeitsrhythmen stecken?

Eduard Kopp

Muss man sonntags zur Kirche gehen?

Angenommen, sonntags morgens wären die Sportplätze verriegelt und der Frühschoppen fiele aus. Würde das helfen, die Gotteshäuser zu füllen?

Im Jahr 789 gab Karl der Große einen kaiserlichen Erlass heraus. Er regelte, was seine Untertanen sonntags zu tun und zu lassen hatten. Den Frauen untersagte er, Schafe zu scheren, Wolle zu zupfen, zu weben, Kleider zuzuschneiden, zu nähen oder zu waschen. Den Männern verbot er die Arbeit auf den Feldern und in den Weinbergen, das Mähen, Pflügen und Ernten, das Häuserbauen und die Gartenarbeit. Einen Wagen zu benutzen erlaubte er nur, um in den Krieg zu fahren, Lebensmittel herbeizuholen oder Tote auf den Friedhof zu bringen. All dies diente einem einzigen Zweck: damit die Menschen „von überall her zur Messfeier in die Kirche kommen und Gott loben ob all des Guten, das er uns an diesem Tag erwiesen hat".

Es war beileibe nicht die erste staatliche Rechtsnorm in Sachen Sonntagsheiligung, aber sie betonte besonders deutlich die Pflicht zum Kirchgang. Die Kirche ihrerseits hatte schon um das Jahr 100 nach

Christus den Abendmahlsbesuch am „Herrentag" angeordnet (in der Lehrschrift „Didache"). Den Christen galt es als wichtige Pflicht, sich am Auferstehungstag Jesu, dem Tag nach dem Sabbat, also dem ersten der Woche, zum Gebet zu versammeln.

Heute bröckelt nicht nur der Konsens darüber, dass der Sonntag ein Tag der Ruhe und Besinnung ist. Auch der Besuch von Gottesdiensten ist bei vielen Katholiken und Protestanten unüblich geworden. Im Blick auf die katholischen Christen ist dies besonders erstaunlich, besteht doch für sie eine kirchengesetzliche Pflicht, sonn- und feiertags an einer Eucharistiefeier teilzunehmen. Kirchliches Gesetzbuch (CIC) und katholischer Katechismus lassen keinen Zweifel daran: „Am Sonntag und an den anderen gebotenen Feiertagen sind die Gläubigen zur Teilnahme an der Messfeier verpflichtet" (Kanon 1247 des CIC).

Eine vergleichbare Vorschrift gibt es in der evangelischen Kirche nicht, aber auch sie betont den Wert des Gottesdienstbesuchs. Zugleich geht sie – bis in die offiziellen Texte hinein – realistisch bis pragmatisch mit der geringen Zahl der Gottesdienstbesucher um. So heißt es in den neuen „Leitlinien kirchlichen Lebens" der lutherischen Kirchen Deutschlands geradezu bescheiden: „Etlichen Gemeindemitgliedern ist der Sonntagsgottesdienst wichtig für ihr Leben. Andere kommen nur selten… Für viele Kirchenmitglieder hat der sonntägliche Gottesdienst keine erkennbare Bedeutung."

Zunehmend werden in den evangelischen Gemeinden die geringe Anzahl der Kirchgänger und die deshalb kaum genutzten Kirchengebäude zum Diskussionthema. Denn während an gewöhnlichen Sonntagen immerhin noch rund 14 Prozent der Katholiken einen Gottesdienst besuchen, sind es auf evangelischer Seite ganze vier Prozent.

In diesen Zahlen spiegeln sich nicht nur die strengere Rechtsnorm der katholischen Seite und ihre intensivere Gottesdienstpraxis, sondern auch konfessionelle Unterschiede in der theologischen Einschätzung von Gottesdiensten überhaupt. Für Protestanten mehr als für Katholiken ist die Kirche ein Werk des Heiligen Geistes. Die Reformatoren unterschieden deshalb zwischen der sichtbaren und der unsichtbaren

Kirche. Äußerlich ist nicht klar zu erkennen, wer zur Gemeinschaft der Gläubigen gehört. Auch wer auf Distanz zur Institution Kirche geht, mag ein gläubiger Mensch sein. Anders die Katholiken: Sie betonen die Schlüsselrolle der Kirche und ihrer Sakramente für das Seelenheil. Der Verzicht auf den Gottesdienstbesuch muss nach katholischem Verständnis den Glauben beschädigen, nach evangelischem nicht.

Vor allem die evangelische Kirche verweist beim Thema Sonntagsheiligung auch gern auf das Vorbild Jesu. Der pochte nicht auf die sture Einhaltung der jüdischen Religionsgesetze, sondern lenkte den Blick auf den Sinn des wöchentlichen Festtages als eine seelische und religiöse Wohltat. Seinen Kritikern sagte er: „Der Sabbat ist um des Menschen willen gemacht und nicht der Mensch um des Sabbats willen." (Markus 2,27)

Auch wenn es für Protestanten keine Pflicht zum Gottesdienstbesuch gibt, steht der Nutzen doch außer Frage. „Rituale geben der Seele Nahrung", sagt der Liturgieberater der nordelbischen Kirche, Thomas Hirsch-Hüffell. Aber dazu müssen sie in einem bestimmten Rhythmus wiederkehren.

Das Thema Sonntagspflicht bekommt gegenwärtig in der evangelischen Kirche wieder Auftrieb, und zwar in einer ganz neuen Weise: als persönliche Verpflichtung. Spirituelle Lehrer wie Thomas Hirsch-Hüffell schließen mit Menschen, die religiös weiterkommen wollen, einen Vertrag. Darin enthalten: Regeln zur Selbstdisziplinierung. Warum? „Wer etwas über sich und seine Welt erfahren will, muss Verpflichtungen eingehen." Mit Strenge und Humor überprüft der Lehrer die Fortschritte – ganz ohne Gesetze.

Eduard Kopp

Was passiert bei der Taufe?

Am Anfang jedes christlichen Lebens steht die Taufe mit Wasser.
Das Ritual wurde im Lauf der Zeiten unterschiedlich gedeutet:
Heute tauft man meist Kinder, aber früher zuweilen erst die Sterbenden

Gerührt seufzt ein Herr in der letzten Kirchenbank. Vorn hält gerade die Patentante das Köpfchen des Säuglings über den Taufstein. Der Pfarrer schöpft mit der hohlen Hand Wasser aus der Schale und lässt es dreimal über die Babyhaare träufeln.

Er sagt: „Ich taufe dich im Namen des Vaters, des Sohnes und des Heiligen Geistes." Die Gottesdienstbesucher recken ihre Hälse, Fotoapparate klicken, Blitzlichter leuchten auf. Taufe heute – ein archaischer Ritus in moderner Umgebung.

Die Taufe ist ein paar Jahre älter als das Christentum. Als Erster taufte ein jüdischer Prophet namens Johannes. Er glaubte, das Weltende sei nahe. Deshalb rief er seine Zeitgenossen zur Umkehr auf. Mit einem Bad im heiligen Fluss Jordan sollten sie sich für das bevorstehende Gericht Gottes reinigen. Reinigungsrituale wie jene, mit denen sich Muslime heute noch auf ihr Gebet vorbereiten, waren den damaligen

Juden wohl bekannt. Das Neue an der „Taufe" war, dass sie für alle Zeit gelten sollte. Auch Jesus ließ sich von Johannes taufen.

Obwohl Jesus selbst niemanden getauft hat, galt die Taufe von Anfang an als zentrales christliches Symbol. Die ersten Christen haben es verändert aus der religiösen Tradition übernommen. Während Johannes mit seiner Taufe alte Sünden abwaschen wollte, empfängt der Täufling nach christlichem Verständnis auch einen neuen Geist.

So prägte der Reformator Martin Luther (1483 – 1546) das drastische Wort, in der Taufe werde täglich unser alter Adam ersäuft. Luther meint damit, dass ein Mensch zwar nur einmal in seinem Leben getauft wird, dass sich aber das, worauf die Taufe hinweist, täglich wiederholt. Mit dem alten Adam bezeichnete Luther zerstörerische Kräfte, die den Menschen in die Enge treiben, ihm den Lebensmut und die Orientierung rauben.

Der alte Adam wird ersäuft, um neuem Leben Raum zu schaffen. Luther hatte ganz alltägliche Erfahrungen im Sinn: Jemand findet plötzlich einen Ausweg aus einer Sackgasse. Er ist stark in einer Situation, die eigentlich zum Verzweifeln ist. In ihm wächst eine Kraft, von der er nicht weiß, woher sie eigentlich kommt.

Nach evangelischem Verständnis kommt die Lebenskraft von Gott, der jeden Menschen, ob getauft oder ungetauft, bejaht und bedingungslos akzeptiert. Die Taufe macht das Ja Gottes sichtbar. Dieses Ja kann Menschen zu Optimisten machen, ihnen ein großes Zutrauen schenken.

Die Taufe ist wie viele religiöse Symbole vielschichtig. Wie ein Kristall, in dem sich die Lichtstrahlen je nach Einfallswinkel unterschiedlich brechen, ist die Taufe offen für neue Interpretationen. So haben die ersten Christen die Taufe als Versiegelung gegen die Angriffe böser Mächte verstanden. Das ist eine schöne Vorstellung, weil sie den einzelnen Christen ermutigt: Nichts kann dir deine Seele rauben. Gottes heilende Kraft ist immer stärker als die des Teufels, egal was passiert.

Später hat man diesen Gedanken weitergesponnen: Wenn die Taufe ein Kind gegen Dämonen schützt, fällt das ungetaufte Kind den

Dämonen in die Hände. Diese Schlussfolgerung hat viel Angst verbreitet. Noch bis in die fünfziger Jahre war es vielerorts üblich, Kinder unmittelbar nach der Geburt zu taufen – aus Angst, der Teufel könne die Seele des Kindes rauben. Solch ein Umgang mit der Taufe verdreht ihr eigentliches Anliegen und macht sie zu einem Symbol der Angst statt der Hoffnung.

In den ersten Jahrhunderten hieß es auch: Nach der Taufe dürfen Christen nicht mehr sündigen, sonst sei die Taufe völlig umsonst. Als das Christentum im vierten Jahrhundert Staatsreligion wurde, traten sehr viele Menschen der Kirche bei. Aus Angst, sie könnten dem hohen moralischen Anspruch der Taufe nicht gerecht werden, ließen sich die meisten erst kurz vor dem Tode taufen. Bald war die Taufe am Ende des Lebens allgemeiner Brauch. Sicher ist sicher. Auch Kaiser Konstantin, der erste Christ auf dem römischen Kaiserthron ließ sich erst auf dem Sterbebett taufen.

Zwar ist es nie zu spät, sich taufen zu lassen. Doch die Taufe gehört an den Anfang eines neuen Lebens, nicht an dessen Ende. Und so begann die Kirche ab dem fünften Jahrhundert zu predigen, dass die Taufe ein Geschenk des Himmels sei. Um dies zu unterstreichen, ist es seither in den meisten christlichen Kirchen üblich, Säuglinge zu taufen. Von Säuglingen kann man noch nichts fordern, wohl aber kann man sie beschenken.

Burkhard Weitz

Besser mit der Taufe warten?

„Mein Kind soll später einmal selbst entscheiden", sagen Eltern, die sich mit der Kindertaufe schwertun. Doch ob es eine wirklich freie Entscheidung in Glaubensdingen geben kann, ist sehr umstritten

Ein bisschen verwundert scheint der Säugling zu sein, der im weißen Festkleid zum Taufstein getragen wird. Seine offenen Augen folgen den strahlenden Gesichtern der Eltern und der vielen Festgäste, die schemenhaft an ihm vorbeiziehen. Das Taufwasser auf dem Kopf entlockt ihm ein paar Schreie, über ein Mikrofon hört die Kirchengemeinde alles mit. Paten und Eltern sind rasch zur Stelle, um dem Kleinen Haar und Stirn zu trocknen. Und vor allem werden sie gebraucht, um eine Frage wie diese zu beantworten: „Seid ihr bereit, dieses Kind zum Glauben an Jesus Christus zu führen und ihm zu helfen, dass es ein lebendiges Glied der Kirche bleibt, so antwortet: Ja, mit Gottes Hilfe."

Das Ja der Eltern und Paten hat Gewicht. Denn ab sofort gilt: Bis das Kind zu einem mündigen Gemeindemitglied herangewachsen sein wird und in der Konfirmation seine eigene Entscheidung für den Glauben und die Gemeinde deutlich macht, tragen sie den größten Teil der Verantwortung für die religiöse Entwicklung des Kindes.

Die Kindertaufe ist bis heute weitgehend Konsens und vorherrschende Praxis in den großen christlichen Kirchen. Zwar wächst die Zahl der jungen Menschen und Erwachsenen, die um Aufnahme in die Gemeinden bitten und dann getauft werden. So stieg seit Beginn der sechziger Jahre ihr Anteil an den evangelischen Taufen von einem auf acht Prozent. Doch grundsätzlich sprechen sich unter den taufwilligen Protestanten fast 90 Prozent für die Säuglings- oder Kleinkindertaufe aus. Rund zehn Prozent der Evangelischen befürworten eine Taufe der Kinder erst in einem Alter, in dem sie selbst entscheiden können.

Das war nicht immer so. Bis ins fünfte Jahrhundert galt die Taufe vor allem als Angebot für Erwachsene. Je mehr sich aber das Christentum ausbreitete und schließlich zur gesellschaftlich bestimmenden Religion wurde und je mehr bereits getaufte Erwachsene ihrerseits Kinder bekamen, wuchs der Brauch, auch diese schon als Kinder zu taufen. Eine Rolle spielte dabei auch die populär werdende Erbsündenlehre, die es den Christen nahelegte, ihre Kinder möglichst frühzeitig aus dem Einflussbereich des Bösen zu befreien.

Als Anlass für ein Familien- und Gemeindefest, auch als Vergewisserung der Eltern, dass ihr Kind unter dem besonderen Schutz Gottes steht, ist die Kindertaufe heute beliebt. Eine Reihe evangelischer Gemeinschaften und Kirchen lehnen die Kindertaufe allerdings strikt ab. Dazu zählen die Pfingstkirchen (unter denen einige die Kindertaufe immerhin als gültig anerkennen). Ihnen fehlt darin jedoch eine nachvollziehbare Bekehrung des Taufwilligen und die Entwicklung eines persönlichen Glaubens. Nach Auffassung der Pfingstkirchen können sich nämlich nur Erwachsene ihres Glaubens bewusst sein. Auch die Baptisten taufen nur „mündige" Christen. Wer als Kind in einer anderen Kirche getauft wurde und sich erst später ihrer Gemeinschaft anschließt, wird noch einmal getauft.

Doch dass die Zahl der Erwachsenentaufen in Deutschland zunimmt, hat nicht – wie bei den Baptisten oder Pfingstlern – theologische, sondern zunächst demografische Gründe. Eine wachsende Zahl an Konfirmanden oder Teilnehmern am schulischen Religionsunterricht ist deshalb noch nicht getauft, weil in ihren Familien eine Kirchenmitgliedschaft unbekannt war.

Für die Kindertaufe spricht ein pädagogischer und ein theologischer Grund. Was Kinder nicht kennenlernen, werden sie nur schwerlich beurteilen können. Sicherlich werden sie die religiösen Einstellungen ihrer Eltern nicht unreflektiert übernehmen, sondern sich mit ihnen auseinandersetzen und ihre persönliche Haltung dazu finden. Doch der Satz „Mein Kind soll später einmal selbst entscheiden" beruht auf einer Fiktion: dass es eine freie, durch die Eltern unbeeinflusste Entscheidung der Jugendlichen in dieser Frage geben könnte. Ob sie in einer religiösen Familie aufwachsen oder nicht – es wird sie von Anfang an prägen.

Für die Kindertaufe spricht auch ein theologischer Grund: In ihr wird deutlich, dass Gott die Menschen voraussetzungslos und bedingungslos annimmt. Ein Säugling könnte auch gar keine Glaubens„leistung" erbringen. Umgekehrt ist auch die alleinige Erwachsenentaufe theologisch problematisch, knüpft sie doch ihrerseits Bedingungen an die Gnade Gottes: bewusste Bekehrung und „mündigen" Glauben.

Doch auch wer sich Zeit nimmt mit seiner Taufe, den schreibt Gott deshalb nicht ab. Dass Gott die Menschen liebt, gilt nach Auskunft der Bibel „vom Mutterschoß an" (Jesaja 46). Und es gilt auch das Versprechen: „Ich will euch tragen, bis ihr grau werdet." Da bleibt also noch etwas Zeit selbst für die, die sich erst als Erwachsene zum Christentum bekennen möchten.

Eduard Kopp

Wer kann Pate werden?

Wer ein Kind tauft, der sucht Menschen, die es begleiten und auf dem Weg ins Leben an die Hand nehmen. Die Wunschpaten sind meist schnell gefunden. Fragt sich nur, ob es auch die richtigen sind

Das Fest schien schon verdorben, bevor es angefangen hatte. Da sagte doch die Pfarrerin beim Gespräch mit den Eltern, eine Woche vor der geplanten Taufe: „Tut mir leid, aber diese Paten gehen nicht!" Die Eltern des halbjährigen Kindes waren in der Zwickmühle. Wie sollten sie das ihren besten Freunden beibringen? Die hatten sofort freudig zugesagt, Paten zu werden. Sicher, dass die beiden nicht in der Kirche sind, das wussten die Taufeltern. „Aber ist denn so etwas heute noch so schlimm?", fragten sie die Pfarrerin enttäuscht. Das Wichtigste sei doch, dass die Eltern den Paten vertrauten.

Die Geistliche schüttelte den Kopf: „Nein, Ihre Freunde können unmöglich Paten werden!" Ihr Argument: Das Patenamt sei ein kirchliches Amt, und das könnten nun mal nur Kirchenmitglieder ausüben. Schließlich müssten die Paten versprechen, dass sie bis zur Konfirmation gemeinsam mit den Eltern für die Erziehung ihres Patenkindes im christlichen Glauben sorgen würden. „Könnte das jemand glaubhaft versprechen, der sich selbst von der Kirche abgewendet hat?", fragte die Pfarrerin.

Irgendwie verstanden die Eltern das Anliegen der Pfarrerin. Aber auch sie hatten ein besonderes Anliegen bei der Wahl der Paten: Sie wollten diese Menschen gern in eine enge Beziehung zu ihrem Kind bringen. Was wäre, wenn ihnen selbst einmal etwas zustieße? Ihre Freunde hatten schon signalisiert, dass sie sich dann um das Kind kümmern würden. Dieses Versprechen, so die Eltern, sei ihnen viel wichtiger als die Kirchenmitgliedschaft ihrer Wunschpaten. Ein fragwürdiges Argument?

Als das Patenamt in der Alten Kirche entstand, hatte es eine ganz andere Bedeutung als heute: Der Pate musste für den damals in der Regel erwachsenen Täufling vor der Gemeinde bürgen, dass es dieser mit dem neuen Glauben wirklich ernst meint. Schließlich konnte der Glaube dramatische Konsequenzen haben, denn im Römischen Reich gab es immer wieder grausame Christenverfolgungen.

Als das Christentum zur Staatsreligion in Europa geworden war, mussten die Paten sogar ein Examen ablegen, in dem getestet wurde, ob sie ihrem Patenkind denn auch den rechten Glauben beibringen könnten. Zu Beginn der Neuzeit wandelte sich mit der Taufe auch das Patenamt: Man bemühte sich, dem Kind möglichst angesehene und wohlhabende Paten zu verschaffen, denn man erwartete von ihnen zur Taufe und zu Geburtstagen reiche Geschenke.

Heutzutage möchten Eltern oft nahe Verwandte und besonders gute Freunde enger an ihre Familie binden, indem sie sie zu Paten wählen. Dadurch ist der kirchliche Sinn des Patenamtes bei den meisten Taufeltern in den Hintergrund getreten. Patenschaft gilt heute als Auszeichnung und Freundschaftsbeweis für die Paten und als eine Absicherung des Kindes im Falle eines Unglücks: Stößt den Eltern etwas zu, so die Hoffnung, springen die Paten ein.

Die meisten Pfarrerinnen und Pfarrer in der evangelischen Kirche haben Verständnis für solche sozial motivierte Patenwahl. Dennoch müssen sie darauf bestehen, dass zumindest ein Pate evangelisch ist oder zumindest einer anderen Kirche aus der Arbeitsgemeinschaft christlicher Kirchen angehört. Das könnte zum Beispiel auch ein Katholik sein. Die Kirche will nicht nur Zeremonienmeisterin für schöne Rituale sein, sondern daran erinnern, dass der christliche Glaube, die Gemeinschaft mit Gott im Zentrum steht. Durch die Taufe empfängt ein Mensch nach kirchlichem Verständnis nämlich mehr als nur einen feierlichen Glückwunsch für sein Leben. In der Taufe wird der Täufling Christ, und zum Christsein gehört die Kirche als Gemeinschaft der Glaubenden unverzichtbar dazu.

Doch es muss vor der Taufe keine Tränen geben. Meistens können sich Pfarrer und Eltern einigen. Die Pfarrerin kann die enttäuschten Taufeltern beruhigen: „Sie suchen einen zusätzlichen Paten, der Kirchenmitglied ist. Wenn das schwierig ist, helfe ich Ihnen bei der Suche. Ihre ursprünglich vorgesehenen Paten werden als Taufzeugen an der Taufe beteiligt und auch in die Taufurkunde eingetragen."

Das Fest ist gerettet! Vielleicht aber ist gerade die Übernahme eines Patenamtes auch ein guter Grund, wieder in die Kirche einzutreten. Denn wer einen Täufling an die Hand nimmt, sollte wissen, wohin der Weg führt.

Reinhard Mawick

Brauchen Kinder Gott?

Kinder beten, ohne dass sie es von anderen gelernt hätten.
Und sie stellen bohrende Fragen, auf die ihre Eltern nicht einmal kämen.
Aus Spiel wird Ernst, wenn sie wissen wollen, was im Leben zählt

Kinder erleben die Welt als bergend, geheimnisvoll und bedrohlich. Für sie ist die Welt belebter als für Erwachsene. Marionetten erscheinen ihnen wie Kobolde. Ein maskierter Mensch ist ihnen unheimlich, auch wenn sie wissen, wer hinter der Maske steckt. Kinder sind von ihren Beschützern abhängig. Der Zorn der eigenen Eltern kann existenzbedrohend wirken.

In dieser intensiven Erlebniswelt spielt Religion eine wichtige Rolle. Einfache Religiosität entsteht bei Kindern sogar ganz von selbst. Kinder legen sich Erklärungen zurecht, die ihnen – wie religiöse Mythen – die Orientierung in dieser geheimnisvollen Welt erleichtern. Sie suchen Sicherheit in Ritualen. Aus Lob und Tadel erschließen sie Grundmuster für richtiges und falsches Verhalten, eine Art kindlicher Ethik.

Kinder nehmen auch Anregungen für ihre Religion aus der Erwachsenenwelt. Sie hören von Gott und stellen sich ihn als Riesen vor, der die Welt baut wie ein Handwerker ein Haus. Sie lernen: Gott ist größer als die Eltern. Er kann Gute beschützen und Böse bestrafen. Für sie ist Gott so real wie alles andere auch. Oft kommen Kinder von selbst darauf, mit Gott zu sprechen. „Unser Kind betet", stellen Eltern, die selbst nie beten, erstaunt fest. Ihre Kinder sind Gott gegenüber unbefangen, sie brauchen Gott.

An Weihnachten lernen Kinder das Jesuskind kennen. Karfreitag ist es bereits erwachsen und hängt am Kreuz. „Warum hängt der da so komisch?", fragen Kinder. Wenn sie hören, dass böse Menschen Jesus wehtun und ihn töten, fragen sie: „Warum sind die Menschen böse?" Oft kommen solche Fragen unerwartet und Eltern fühlen sich bei ihrer Beantwortung überfordert.

Je einfacher die Antwort, desto besser kann das Kind sie in sein Weltbild einfügen. „Was ist eine Kirche?" – Da spricht man mit Gott. – „Wer ist Gott?" – Gott hat die Welt, dich und mich gemacht. – „Warum ist Opa tot?" – Opa ist im Himmel bei Gott. Vielen Erwachsenen bereiten solche Antworten Unbehagen. Manche kommen sich wie Betrüger vor, wenn sie so über Gott reden. Doch sie fänden es zu hart, dem Kind zu sagen, die Menschen hätten sich Gott nur ausgedacht, die Welt sei zufällig entstanden und von Opa bliebe nur der verwesende Körper im Grab.

Schließlich will sich das Kind in seiner Welt zurechtfinden. Es verlangt Orientierung, nicht Belehrung. Im Gespräch mit Kindern können Eltern ihr eigenes Weltbild überprüfen. Oft zeigt sich, dass sie selbst vieles nicht befriedigend erklären können. Kindern die Sache mit Gott zu erklären, kann Anlass sein, über den eigenen Glauben nachzudenken. Kinder wollen nicht belogen werden. Sie merken, wenn ihre Eltern nicht hinter dem stehen, was sie sagen. Als Jugendliche fühlen sie sich hintergangen, wenn ihre Eltern nichts über den kindlichen Glauben hinaus bieten. In dem Fall sollte man lieber von vornherein seine Ratlosigkeit zugeben.

Religiöse Erziehung gelingt nur, wenn die Erwachsenen nicht auf ihrer Meinung beharren, sondern sich auf die kindliche Sicht einlassen.

Missionarischer Eifer wirkt oft kontraproduktiv. Zwang in Sachen Religion bewirkt, dass Kinder den Glauben eher als Last denn als Hilfe erleben. Das wäre fatal, denn religiös erzogene Kinder haben viele Vorteile im Leben. Für ihr Selbstbewusstsein ist es wichtig, wenn sie sich von ihrem Schöpfer geliebt wissen. Kinder merken, dass die Zuwendung ihrer Eltern schwankt. Um das Kind von ihrer Sympathie unabhängig zu machen, können die Eltern in ihm den Glauben nähren: „Gott hat dich immer lieb."

Das Ritual eines Abendgebets kann dem Kind helfen, seine Selbstbeobachtungsgabe zu schärfen. Das Kind überlegt: „Was hat mich heute gefreut?", und dankt Gott dafür. Dann überlegt es: „Was hat mich geärgert oder traurig gemacht?", und bittet Gott, dass so ein Ärger nicht noch mal passiert und dass Gott es tröstet. In der Zwiesprache mit Gott lernt das Kind, seine Gefühle wahrzunehmen, ihnen Ausdruck zu verleihen, Misserfolge und Kränkungen zu relativieren und seine Stimmung aufzuhellen. Auch eine kindgerechte Auseinandersetzung mit christlichen Werten ist möglich. Etwa wenn die Eltern auffordern, nicht zurückzuschlagen, wenn man gehauen wird. Wenn sie empfehlen, Streit aus dem Weg zu gehen oder den Ausgleich zu suchen. Dafür muss das Kind sich in andere einfühlen können. Am besten geht das, wenn das Kind auch die eigenen Gefühle kennt.

Religiöse Erziehung entspricht nicht nur der kindlichen Weltsicht. Sie kann dem Kind auch zu einer positiven Lebenssicht verhelfen. Kinder brauchen Gott, nicht anders als Erwachsene.

Burkhard Weitz

Ist die Bibel zu grausam für Kinder?

David tötet Goliath, ein König lässt zahllose Kinder ermorden:
An Gräueln und Horror ist kein Mangel im Buch der Bücher

Ein äußerst blutrünstiges Buch, das Hass, Grausamkeiten und Massenmorde als gottgewollte Verhaltensweisen empfehle – so sei die Bibel. Mit dieser Begründung reichte ein Rechtsanwalt beim Berliner Verwaltungsgericht Klage ein. Er wollte gerichtlich erzwingen, dass die Bundesprüfstelle für jugendgefährdende Schriften die Bibel auf den Index setzt. Die Bibel – ein Horrortrip für Kinder? Das Gericht wies die Klage zurück. Begründung: Die Bibel sei ein kulturgeschichtliches Dokument.

Tatsächlich bestimmt die Bibel bis heute unser ethisches Empfinden, auch das der Religionsverweigerer. Nächstenliebe, gleiches Recht für alle, individuelle Menschenwürde – solche Grundsätze mögen wir für universell erachten, doch sie gelten nicht überall auf der Welt.

Schon die prominenteste Geschichte des Christentums, die Leidensgeschichte Jesu (Markus 14–15), ist voller Grausamkeit. Sie beschreibt, wie Soldaten einen unschuldigen Menschen grausam zu Tode foltern.

Und doch ist sie die älteste Erzählung, in der das Sterben eines zu Unrecht Verurteilten derart in den Mittelpunkt rückt. In welcher der Verurteilte die ungeteilte Sympathie des Erzählers genießt.

Die Leidensgeschichte Jesu wirkt bis heute auf unsere kollektive Psyche. Sie hat unsere Kultur geprägt: etwa dass wir uns in das Leid anderer hineinversetzen und sie nicht für ihr Unglück verachten oder verspotten. Wer seinen Kindern die Passionsgeschichte erzählt, teilt dieses Erbe auch mit ihnen.

Biblische Geschichten schreiben nicht vor, wie man sich verhalten soll. Sie sind zu Mythen verdichtete Lebensgeschichte. Zum Beispiel die Geschichte von David und Goliath (1. Samuel 17). Der junge David besucht seine älteren Brüder im Krieg. Im Lager gegenüber baut sich der Kraftprotz Goliath auf. Er jagt Davids Brüdern und deren Soldatenkollegen Angst ein. David lässt sich nicht einschüchtern. Mit einer Steinschleuder tritt er vor den Riesen und besiegt ihn. Die Geschichte endet brutal. David schlägt Goliath mit dessen Schwert den Kopf ab.

Die Pointe dieser Geschichte liegt nicht im grausamen Schluss. Erwachsene dürfen sie nicht auf die brutale Szene reduzieren. Dann kommt auch kein Kind auf die Idee, mit einer Steinschleuder gegen den nächsten Kraftprotz anzutreten. Kinder verstehen die Geschichte von David und Goliath als Mut-mach-Geschichte. In ihr ist der Kleine der Held. Und der behauptet sich gegenüber dem Großen. „David und Goliath" ist eine Metapher, ebenso wie „Star Wars" und „Jurassic Parc". Sie ist keine Anleitung für den Alltag, sondern hat auf andere Weise etwas mit unserer Wirklichkeit zu tun.

Die Bibel ist ein Geschichtenbuch, kein Geschichtsbuch. Geschichten können auf einer wahren Begebenheit beruhen, müssen es aber nicht. Sie sind wie ein Spiegel. Sie reflektieren unsere Verhaltensweisen, geheimen Wünsche und Gefühlslagen.

Sie verschaffen uns einen Einblick in unsere eigenen Abgründe. Etwa wenn Kain seinen Bruder Abel aus Eifersucht ermordet (1. Mose 4).

Oder wenn Petrus seinen Freund Jesus verleugnet, obwohl der sich gerade in größter Gefahr befindet (Markus 14,66–72).

Die Bibel macht Katastrophen, Gräueltaten und menschliches Versagen zum Thema. Das ist nicht ihre Schwäche, sondern ihre Stärke. Bibelgeschichten können Kindern Orientierung geben. Sie geben ihnen einfache Deutungen an die Hand. Eindeutige Bilder, welche die Grenze zwischen Gut und Böse nicht verwischen.

Der böse König Herodes stellt dem Jesuskind nach (Matthäus 2,13–18). Herodes fürchtet sich vor Konkurrenten. Er weiß, dass Jesus später ein großer König wird, glaubt, Jesus werde ihm den Thron streitig machen. Deshalb will er ihn töten. Herodes weiß jedoch nicht, in welchem Haus Jesus und seine Eltern wohnen. So fasst er den Plan, alle Kinder von Bethlehem umzubringen. Die Geschichte endet mit einem sinnlosen Massaker. Sie stellt aber auch klar: Der Mörderkönig lehnt sich gegen Gott auf. Und Gott sorgt dafür, dass Jesus mit seinen Eltern entkommt.

Bibelgeschichten sind keine Gute-Nacht-Geschichten. Sie beruhigen nicht, sondern wühlen auf. Wer Kindern Bibelgeschichten erzählt, sollte sich Zeit nehmen, mit ihnen darüber zu reden. In der Sintflutgeschichte (1. Mose 6–9) lässt Gott die böse Welt untergehen. Noahs Familie rettet sich mit den Tieren auf einem Schiff. Kinder fragen: Warum bauen sich die bösen Menschen keine Schiffe? Darf ich auf das Schiff kommen, wenn ich etwas Böses getan habe? Die Fragen sind so hart wie Fragen über die Wirklichkeit. Eltern müssen sich ihnen stellen. Der Fokus der Geschichte liegt woanders. Sie erzählt von einer Rettung in ausweglosen Lage. Nach der Sintflut verspricht Gott, dass er niemals mehr mit Vernichtung strafen will. Wenn Menschen heute so umkommen, ist das gegen Gottes Willen.

Burkhard Weitz

Warum zur Konfirmation?

Irgendwann werden die Kinderschuhe zu klein, wachsen die jungen Männer und Frauen aus den alten Klamotten heraus. Der große Schritt ins Erwachsenenleben ist ein guter Grund für ein besonderes kirchliches Fest

Der blaue Anzug sitzt ziemlich perfekt. Er ist nur ganz wenig auf Zuwachs gekauft. Ein weißes Hemd, eine gepunktete Fliege und auf Hochglanz polierte schwarze Schuhe: Fertig ist der Mann.

Aus Jungs, die sonst in legeren Klamotten über den Schulhof laufen, werden Männer, die halb stolz, halb steif zum Mittelpunkt eines Festes werden. Die Sportschuhe bleiben diesmal zu Hause. Ausnahmsweise.

Aus Mädchen werden Frauen. Statt Jeans tragen sie diesmal ein Kostüm mit Bluse, Strumpfhose und (halb)hohen Schuhen, dazu etwas Schmuck. Ein paar Mutige halten einen Strauß Maiglöckchen in den Händen.

Die meisten Mädchen waren zuvor beim Friseur, haben sich etwas geschminkt und sehen irgendwie erwachsener aus als die Jungs, mit denen sie gemeinsam zum Konfirmationsgottesdienst in die Kirche ziehen – oder genauer gesagt: wohin sie ihr Pfarrer geleitet.

Denn darum geht es im schönsten, wichtigsten kirchlichen Fest für junge Menschen: Der Pfarrer, die Pfarrerin übergeben sie gleichsam der Gemeinde. Die Jugendlichen sollen zu tragenden Stützen der Gemeinschaft werden. Und umgekehrt: Die Gemeinde soll beitragen zum Erwachsenwerden der jungen Menschen.

In der Konfirmation wird den jungen Menschen die Hand aufgelegt: Sie bekommen Gottes Segen. Die Konfirmation, wörtlich übersetzt „Bestärkung", hat nicht nur diesen praktischen Sinn, den jungen Frauen und Männern einen Weg in die Gemeinde zu bahnen, sondern auch einen theologischen: Die Jugendlichen sollen sich ihre eigene Taufe „aneignen".

Ihre Taufe als Kind war gewissermaßen noch unvollständig, weil ihr persönliches Taufbekenntnis fehlte. Ab sofort gilt nicht mehr allein das Wort der Eltern oder Taufpaten, die vor mehr als einem Dutzend Jahren an ihrer Stelle den Glauben bekannten.

Nun machen sie sich als Konfirmanden mehr oder weniger entschlossen dieses lange zurückliegende Versprechen zu Eigen: Sie wollen, so sagen sie, zu dieser Gemeinde gehören und als Christen leben. Äußerlich erkennbar wird ihre neue Rolle in der Kirchengemeinde an der Teilnahme am Abendmahl.

Gäbe es die Konfirmation noch nicht, sie müsste „erfunden" werden. Das Gleiche gilt für die katholische Firmung. Das Bedürfnis nach einem Ritus fürs Erwachsenwerden ist geradezu mit Händen zu greifen.

Auch die sozialistischen Gesellschaften setzten darauf. Als (teilweise erzwungene) Loyalitätserklärung gegenüber der politischen Macht hatte die Jugendweihe in der DDR einen hohen Stellenwert.

Sie erfreut sich immer noch einer gewissen Beliebtheit, ist jetzt allerdings ihres unmittelbaren politischen Nutzens beraubt. Geblieben ist, vor allem in Ostdeutschland, der erklärte Wunsch nach einer atheistischen Alternative zur Konfirmation.

An die Konfirmationskurse richten sich heute viele Erwartungen. In der dünnen religiösen Luft der Gegenwart gibt es manches, was die Konfirmanden überhaupt erst entdecken müssen. Elternhaus und

Schule treten immer weniger als Vermittler religiösen Wissens und des Glaubens in Erscheinung.

Früher mehr als heute gehörte ins Vorfeld der Konfirmation oder in die Feier selbst eine Prüfung des religiösen Wissens. Die Konfirmanden mussten zeigen, was sie gelernt hatten: über Taufe und Abendmahl, das Glaubensbekenntnis und die Zehn Gebote, die Psalmen und das Gesangbuch, die Jesusgeschichten.

Auch wenn es eine ernüchternde Wahrheit ist, dass nach dem Kurs viele Jugendliche nicht wieder in ihrer Gemeinde auftauchen, haben sie durch die gemeinsame Zeit dennoch vieles gewonnen.

Hoffentlich auch diese Erkenntnisse: Pfarrerinnen, Pfarrer und all die anderen Betreuer haben selbst eine wechselhafte Glaubensbiografie. Kirche ist veränderbar, entwicklungsfähig, sie ist subjektiver und vielfältiger, als es oft von den Kanzeln klingt. Sie ist geprägt von unterschiedlichsten Interessen und Ideen, Erfahrungen und Traditionen.

Es ist möglich und es lohnt sich, selbst Einfluss zu nehmen und eigene Wünsche zu äußern.

Zur Konfirmation gehören Geschenke ganz selbstverständlich dazu. Das Schielen nach Geschenken wird zwar oft als Beleg für fehlenden religiösen Ernst gesehen. Doch die Freude auf Schecks und Scheine weist eher darauf hin, dass die Jugendlichen wachsende Ansprüche ans Leben, an ihr persönliches Glück, an ihre Autonomie stellen. Autonomie kostet Geld. Autonomie ist die beste Frucht der Pubertät.

Am Ende der Konfi-Kurse steht also im besten Fall ein Wechsel der Blickrichtung: Nicht mehr Objekt der Gemeindearbeit zu sein, sondern selbst die Gemeinde zu formen und den eigenen Glauben. Es gibt Glauben eben nur im persönlichen Zuschnitt, nur im persönlichen Kleid. Die Konfirmierten sind damit endgültig aus den Kinderkleidern herausgewachsen.

Eduard Kopp

Was essen wir beim Abendmahl?

Aus dem Brot auf dem Altar wird Christi Leib. Aus Wein wird Blut. Das sind schwierige Formeln mit einer unglaublichen Wirkungsgeschichte. Formeln, die bis heute Millionen Menschen zusammenführen

Es vergeht kein Tag, an dem nicht die Worte Jesu beim letzten Abendmahl vor seinem Tod nachgesprochen werden. In Gottesdiensten erwachen sie zu neuem Leben: Jesus teilte das Brot, gab es den anwesenden Jüngern und sagte: „Nehmt, das ist mein Leib." Er reichte ihnen auch den mit Wein gefüllten Kelch und sagte: „Das ist mein Blut, das Blut des Bundes, das für viele vergossen wird." So steht es im Markusevangelium (22 – 24), ähnlich in den Büchern des Matthäus und des Lukas.

Essen die Jünger, essen wir heute den Leib, trinken wir das Blut eines Menschen? Im katholischen Volksglauben ist es ja durchaus vorstellbar, dass Hostien zu bluten beginnen oder Wein das Aussehen von Blut annimmt. Um solche mysteriösen Vorgänge geht es hier nicht, sondern um die ganz reale Gegenwart Gottes in Brot und Wein. Aber das ist etwas ganz anderes als eine materielle Anwesenheit auf dem Altar.

Die Kirche sagt: Mit Leib und Blut ist Christus in den Gaben anwesend. Das wird gelegentlich als eine Art Metapher, eine bildhafte Rede, erklärt, ähnlich der: Jemand ist „mit Leib und Seele" bei einer Sache engagiert. Eine solche Metapher ist die Rede vom Leib und Blut Jesu nicht. Sie ist hintersinniger: Im Blut liegen nach jüdischem Verständnis die ganze Lebenskraft, Lebendigkeit, die innersten Antriebe des Menschen. Ohne Blut kein Leben.

Selbst zwischen den Kirchen der Reformation war das Abendmahlsverständnis strittig. An der Frage, ob das Brot nun Christi Leib, der Wein sein Blut ist (lateinisch: est) oder bedeutet (significat), war 1529 in Marburg der Einigungsversuch zwischen Martin Luther und Huldrych Zwingli gescheitert. Erst im zwanzigsten Jahrhundert löste sich dieser Konflikt zwischen Lutheranern und Reformierten langsam, und zwar damit, dass sich beide Seiten aus der Fixierung auf die Ausgangsfrage lösten und einen Satz aus dem 1. Korintherbrief beherzigten: „Ist der Kelch des Segens, über den wir den Segen sprechen, nicht Teilhabe am Blute Christi? Ist das Brot, das wir brechen, nicht Teilhabe am Leib Christi? Ein Brot ist es. Darum sind wir viele wie ein Leib; denn wir alle haben teil an dem einen Brot." (1. Korinther 10) Brot und Wein lassen uns teilhaben am Leib und Blut, sie sind nicht einfach mit ihm identisch – eine befreiende Einsicht für all jene, die an eine irgendwie materielle Anwesenheit Gottes in Brot und Wein denken.

Das Abendmahl wird zum Abendmahl durch die Versammlung der Gemeinde. Brot und Wein sind nur im Zusammenhang mit der gemeinschaftlichen Feier des Mahls zu verstehen. Das Brechen des Brotes, die Danksagung an Gott, das Nachsprechen der Abendmahlsworte in den unterschiedlichsten Formulierungen: All das hat seinen tiefsten Sinn in der Gemeinschaft der Menschen, untereinander und mit Gott. Das Abendmahl ist zugleich auch ein Fest der Versöhnung. Es kann auch Katholiken und Protestanten weiter miteinander versöhnen.

Gibt es in der evangelischen Kirche überhaupt keinen Platz für die (katholisch verstandene) „Wandlung" von Brot und Wein? Nicht im Sinne einer geheimnisvollen Veränderung von Brot und Wein. Nach vielen schwierigen Beratungen des Abendmahlsthemas in den 50er und 60er Jahren wurde das Geschehen um Brot und Wein für die evangelischen Kirchen fast schon minimalistisch so beschrieben: „Durch den Vollzug der Feier des Abendmahls (…) werden Brot und Wein ausgesondert und in den Dienst dieses Mahles gestellt" (Abschlussbericht zu den Arnoldshainer Abendmahlsthesen 1962). Nicht mystische Verwandlung, sondern liturgische „Aussonderung", also Hervorhebung, erfahren Brot und Wein.

Ein wörtliches, materielles Verständnis von „Leib und Blut" ist also fehl am Platz und wird zudem der biblischen Sprache nicht gerecht. Das ist umso deutlicher, je weiter man in der Geschichte des Christentums zurückgeht. In den ersten drei Jahrhunderten versammelten sich die Christen zu einem gemeinsamen Essen, dem „Sättigungsmahl". Eine abgelöste Betrachtung von „Leib" und „Blut" wäre für sie gar nicht verständlich gewesen. Erst als das Abendmahl später nichts mehr mit Hunger und Durst zu tun hatte, wurde eine isolierte Betrachtung von Fleisch und Blut möglich.

„Leib" und „Blut" beim Abendmahl? Ohne weiteres: ja. Solange man sie nicht dinglich versteht.

Eduard Kopp

Warum ist das gemeinsame Abendmahl so wichtig?

Lange dauerte es, bis Protestanten unterschiedlicher Bekenntnisse miteinander Brot und Wein teilten. Doch die Katholiken halten Distanz

Schon lange vor dem zweiten Ökumenischen Kirchentag, der 2010 in München stattfand, wurde von den Verantwortlichen festgelegt: Es soll auch dort kein gemeinsames Abendmahl zwischen Protestanten und Katholiken geben. Das legten Vertreter beider Konfessionen am Ende des Kölner Kirchentages fest. Die bisherigen „illegalen" gemeinsamen Mahlfeiern hätten der ökumenischen Sache mehr geschadet als genützt. Zwar sei das gemeinsame Abendmahl zwischen Protestanten und Katholiken ein „wichtiges und hohes Ziel", aber man solle nicht zu ungeduldig sein.

Als beim ersten Ökumenischen Kirchentag zu Berlin im Jahre 2003 eine große Gemeinde demonstrativ ein ökumenisches Abendmahl feierte, hatte das für die beiden katholischen Geistlichen, die daran mitwirkten, dienstrechtliche Konsequenzen. Viele engagierte Christen verstehen längst nicht mehr, warum das so sein muss. Ihnen ist das gemeinsame Abendmahl wichtig, weil es ein deutliches Zeichen dafür ist, dass Christen jenseits aller konfessionellen Unterschiede im Wesentlichen verbunden sind. Bis heute aber untersagt die katholische Kirche ihren Mitgliedern die Teilnahme an evangelischen Abendmahlsfeiern – ebenso wie sie Mitgliedern anderer Konfessionen die Teilnahme an der katholischen Eucharistiefeier verbietet. Dagegen laden die evangelischen Kirchen ausdrücklich Christen aller Konfessionen zum gemeinsamen Abendmahl ein.

Diese evangelische Offenheit ist das Ergebnis eines langen historischen Prozesses. Lange war die Frage des Abendmahls gerade zwischen den protestantischen Konfessionen sehr umstritten. Während die lutherische Lehre hervorhob, dass Christus in den Elementen Brot und Wein real zugegen ist, betonten die Reformierten in der Tradition Zwinglis und Calvins, das Geschehen sei ein reines Gedächtnismahl.

Erst vor 50 Jahren, im November 1957, unterzeichneten evangelische Theologen nach zehnjährigen Beratungen die „Arnoldshainer Abendmahlsthesen", deren Kernsätze nach weiteren umfangreichen Beratungen in die „Leuenberger Konkordie" von 1973 eingingen. In diesem Vertrag hielten unterschiedliche protestantische Kirchen fest, dass die gegenseitigen Lehrverurteilungen aus der Vergangenheit hinfällig sind und keine kirchentrennende Wirkung mehr haben. Seit Leuenberg laden sich die protestantischen Kirchen gegenseitig zum Abendmahl ein, denn sie sind davon überzeugt, dass nicht die einheitliche Auffassung des Mahls entscheidend ist, sondern der Glaube, dass Jesus Christus selbst der Einladende ist, der alle bestehenden Differenzen im Verständnis des Mahles aufhebt und ihnen die Wichtigkeit nimmt. Eine befreiende Erkenntnis, die einen Jahrhunderte dauernden Lehrstreit beendete. Außerdem erkannten die evangelischen Kirchen in der Leuenberger Konkordie gegenseitig die Ämter ihrer Kirche an.

In der Ämterfrage liegt bis heute der Hauptgrund, dass sich die katholische Kirche der ökumenischen Abendmahlsgemeinschaft verweigert. Sie erkennt evangelische Amtsträger nicht an. Deshalb ist ihrer Auffassung nach das von diesen zelebrierte Abendmahl auch nicht gültig. Das Haupthindernis auf dem Weg zum gemeinsamen Abendmahl liegt also weniger in unterschiedlichen theologischen Auffassungen über das Abendmahl an sich, sondern im Führungsanspruch des Vatikans, der sich aus seinem Verständnis als allein vollgültige Kirche Jesu Christi ergibt.

So gab es auch 2010 beim Ökumenischen Kirchentag in München trotz der vorherigen Absprache der Veranstalter ein gemeinsames, im katholischen Sinn unerlaubtes Abendmahl, denn die Ungeduld an der kirchlichen Basis wächst. Sie empfindet die Unterschiede in den Konfessionen meist als Bereicherung, will diese aber nicht mit dem Verzicht auf das gemeinsame Abendmahl bezahlen. Leider ist im Moment aufseiten des Vatikans wenig Bewegung in dieser Frage zu erkennen.

Vielleicht wird sich irgendwann auch in Rom die Einsicht durchsetzen, die 1973 auf dem Leuenberg den Durchbruch brachte: Christus selbst lädt zum Mahl ein, er lädt ohne Einschränkung alle ein, die sich zu ihm bekennen. Bis dieser zentrale Glaubensgedanke die Spitze der römisch-katholischen Kirche erreicht, werden sich Gläubige in nicht geringer Zahl wohl über das Verbot des gemeinsamen Abendmahls hinwegsetzen.

Reinhard Mawick

Was geschieht beim Segen?

Gut soll es euch ergehen! Von Gefahren sollt ihr verschont bleiben und eine tiefe, treue Liebe erleben! Fromme Wünsche wie diese machen Menschen stark und zuversichtlich

„Unseren Segen habt ihr", sagen die Eltern. Beglückt schreitet das Brautpaar an die Stufen des Altars. Dort legt der Pfarrer seine Hände auf ihre Häupter und segnet sie in Gottes Namen.

Nach der Trauung gibt auch die Verwandtschaft ihren Segen dazu. Denn beim Bund fürs Leben zählt vor allem eins: Alles ist zum Besten bestellt, wenn Segen auf der Ehe liegt. Hängt aber der Haussegen schief, droht handfester Ehekrach – allen Wünschen zum Trotz.

An wichtigen Wendepunkten im Leben bitten wir um Schutz und Sicherheit, wünschen uns, dass wir gesund bleiben, glücklich sind und uns untereinander vertragen. Mit einem Wort: Wir bitten um Segen.

Nicht nur zu besonderen Anlässen, auch in ganz alltäglichen Floskeln sprechen wir Segenswünsche aus, manchmal sogar ohne es zu bemerken. Wir sagen „Adieu", was auf Deutsch so viel heißt wie „Gott befohlen" oder „Gott möge dich behüten". Und wenn sich Angestellte und

Arbeiter um die Mittagszeit ein „Mahlzeit" zubrummen, ist selbst in diesem knappen Gruß eine Segensbitte versteckt. „Gesegnete Mahlzeit" heißt der Zuruf vollständig. Auch auf dem Essen soll Segen liegen.

Doch was genau tut einer, der segnet? Solange uns niemand fragt, glauben wir zu wissen, was es mit dem Segen und dem Segnen auf sich hat. Wir sprechen Segenswünsche aus, als wären sie die natürlichste Angelegenheit der Welt. Dass ein Pfarrer segnet, nehmen wir als selbstverständlich hin – Segnen gehört zum Pfarrer wie die Kelle zum Maurer. Doch wenn uns jemand fragt, was denn nun genau beim Segen geschieht, sind wir meist ratlos.

Eines ist sicher: Wenn ein Pfarrer jemandem die Hand auf den Kopf legt und ihn segnet, meint er mehr als „Mach's gut und viel Glück". Natürlich kann der Pfarrer mit seinem Segen nicht Glück und Wohlergehen herbeizwingen. Der Segen liegt irgendwie dazwischen: Er ist mehr als ein lapidarer Glückwunsch und weniger als ein magisches Ritual.

Im Lateinischen heißt segnen „benedicere", wörtlich übersetzt: gutsprechen. Das Gegenstück dazu ist „maledicere", zu Deutsch: schlechtsprechen, also verfluchen. Das Lateinische lässt erkennen, dass segnen und verfluchen vom Prinzip einander sehr ähnlich sind.

Wer einen Menschen segnet oder verflucht, will Einfluss auf dessen Zukunft nehmen. Mit dem einen großen Unterschied: In der beabsichtigten Wirkung sind Segen und Fluch kaum gegensätzlicher zu denken. Ein geschickt inszenierter Fluch kann einen Menschen außerordentlich stark verunsichern. Er kann ihn im Extremfall so destabilisieren, dass dieser Mensch tatsächlich Unheil auf sich zieht. Das Ganze ist ein psychologischer Mechanismus, den sich schwarze Kulte zunutze machen.

In der Kirche gibt es keine Fluchrituale. Das Christentum soll Menschen stabilisieren, nicht verunsichern. Auch beim Segen im christlichen Umfeld gibt es eine psychologische Komponente. Sie ist schwerer zu erkennen als beim Fluch, denn es ist leichter, Menschen psychisch zu vernichten als sie aufzubauen. Beim Segen legt der Pfarrer die Hände beschützend über einen Menschen. Oder er hält die Handflächen, nach unten geöffnet, symbolisch über die ganze Gemeinde.

Manche Menschen fühlen sich dabei sicher und behütet. Manche finden diese Geste beruhigend. Es ist für viele Menschen ein besonders würdevoller Moment des Gottesdienstes.

Wichtig zu wissen ist: Nach evangelischem Verständnis kann man Menschen segnen, nicht aber unbeseelte Dinge. Autos, Erntemaschinen, Bauwerke können keinen Segen empfangen, lediglich die Menschen, die mit ihnen umgehen. An katholischen Kirchweihen beteiligen sich evangelische Pfarrer nur aus Respekt vor der katholischen Schwesterkirche. Doch auch hier gilt: Nicht den Mauern der Kirche gilt der Segen, sondern den Menschen, die sich zwischen ihnen bewegen.

Am wichtigsten jedoch ist: Niemals geht der Segen vom Pfarrer oder einem anderen Menschen aus. Der Segen kommt von Gott. Das betonen alle Segensbitten, auch die bekannte Segensformel aus dem Alten Testament: „Der Herr segne dich und behüte dich. Der Herr lasse sein Angesicht leuchten über dir und sei dir gnädig. Der Herr erhebe sein Angesicht auf dich und gebe dir Frieden." (4.Buch Mose 6,24 – 26)

Wenn ein Pfarrer segnet, macht er den göttlichen Segen lediglich sichtbar. Er zeichnet dabei mit der rechten Hand die beiden Balken des Kreuzes nach, sei es als Zeichen vor der Gemeinde, sei es auf die Stirn eines Menschen.

Diese Geste macht deutlich: Der Segen kommt von Gott, der in der Person Jesu Christi gekreuzigt wurde und von den Toten auferstand. Nach evangelischem Verständnis kann jeder Christ segnen. Jeder Christ ist von der Gnade Gottes berührt.

Burkhard Weitz

Beichte – für Protestanten überholt?

Manchmal erscheint das eigene Leben wie ein Scherbenhaufen. Wer will, sucht dann Zuflucht in der persönlichen Aussprache über Schuld und Reue – ein kirchliches Angebot mit einer wechselhaften Geschichte

Zu mitternächtlicher Stunde nimmt Priester Michael Logan eine unheimliche Beichte ab: Sein Küster gesteht einen Mord. Logan rät ihm, sich der Polizei zu stellen. Doch dem Küster fehlt der Mut. Später verdächtigt die Polizei den Priester des Mordes. Logan könnte sich leicht vom Verdacht befreien.

Doch er wahrt das Beichtgeheimnis. Das Gericht spricht Logan mangels Beweisen frei. Das Publikum aber tobt und verlangt Rache. Logan schwebt in großer Gefahr.

Eines stellt Regisseur Alfred Hitchcock mit Priester Logan im Film „Zum Schweigen verurteilt" sehr zutreffend dar: Pfarrer sind ausgesprochen verschwiegen, wenn es um die Beichte geht.

Das gilt für katholische wie evangelische Pfarrer. Nur so kann sich jeder darauf verlassen, dass alles, was in der Beichte zu Wort kommt, streng vertraulich ist.

Nicht nur Katholiken können bei schweren Vergehen eine persönliche Beichte, also ihr eigenes Sündenbekenntnis, ablegen, sondern auch Protestanten. Für jeden Christen gehört die Beichte zur Buße.

Und Buße ist tätige Selbstkritik sowie der Versuch, sich zu bessern. Mit dem Sündenbekenntnis erkennt der Christ an, dass durch sein verkehrtes Tun das Verhältnis zwischen Gott und Mensch gestört ist. Die ritualisierte Form ermöglicht dem Beichtenden, so etwas wie eine innere Reinigung zu erleben.

Die kirchliche Buße sieht traditionell vor, dass der Sünder zunächst seine Vergehen von Herzen bereut und sie vor einem Geistlichen bekennt. Dann erst kann dieser den Reumütigen von seiner Sünde lossprechen (Absolution) und gegebenenfalls eine gute Tat als Zeichen der Reue verlangen.

Absolution empfängt nur, wer Reue zeigt. Natürlich kann der Pfarrer nicht immer sicher sein, ob die Reue echt ist. Theologen gehen aber davon aus, dass in Zweifelsfällen denjenigen, der mit der Beichte sein Spiel treibt, die Zusage der göttlichen Vergebung ohnehin nicht erreicht. Nur für den, der bereut, ist Vergebung überhaupt wichtig.

Wenn jemand ein Verbrechen beichtet – was selten vorkommt –, verlangt der Pfarrer, dass sich der Täter der Polizei stellt. Meist aber geht es um persönliche Gewissensnot: Jemand hat seinen Partner betrogen, er hat einem Kind unrecht getan, die Eltern belogen oder mutwillig eine Beziehung zerstört.

Oft lässt sich das zerschlagene Porzellan nicht mehr kitten. Die eigene Schuld wird beim Namen genannt, das Beichtgespräch macht den Weg frei für eine Neubesinnung.

Die Reformatoren haben den Nutzen der Beichte nie bestritten. Im Gegenteil: Noch 150 Jahre nach Luthers Tod war es üblich, dass jeder Protestant regelmäßig zur persönlichen Beichte ging. Erst im Zeitalter des Pietismus, als die Protestanten die individuelle Frömmigkeit betonten und der Dogmen überdrüssig waren, begannen sie, erste Beichtstühle aus den Kirchen zu räumen.

Grund dafür war die Klage über eine angebliche Verflachung der Beichte. Ganz im Sinne des Reformators Martin Luther empfanden es die frühen Pietisten als falsch, sich mit floskelhaften Schuldbekenntnissen die Absolution des Pfarrers einzuholen. Man forderte Ernsthaftigkeit und schaffte den in der Theorie längst beseitigten, aber praktisch noch immer gültigen Beichtzwang ab.

Seit dem frühen 18. Jahrhundert überlassen es Protestanten dem Einzelnen, ob er von der Aussprache mit dem Pfarrer Gebrauch macht oder nicht. Ihnen reicht zumeist, dass die Gläubigen am Anfang jedes Gottesdienstes eine allgemeine Beichte ablegen. Die Folge war, dass Beichtstühle in evangelischen Kirchen überflüssig wurden.

Im 19. Jahrhundert machten viele Protestanten aus der Not eine Tugend. Sie behaupteten, der Verfall der Beichte sei eine Errungenschaft der Reformation. In Wahrheit hatte Martin Luther bis zu seinem Tod 1546 regelmäßig gebeichtet. Gleichwohl: Im 19. Jahrhundert taten viele Protestanten die persönliche Beichte als katholische Eigenart ab.

Erst nach der Entdeckung der Psychoanalyse lernten evangelische Christen aufs Neue, welche Heilwirkung in einer persönlichen Aussprache liegen kann. Seither hat die Seelsorge im Alltag der Pfarrer stark an Gewicht gewonnen. Zwar folgt nicht jedes Seelsorgegespräch formal den Schritten der Buße mit Sündenbekenntnis und Lossprechung.

Aber vertrauliche, offene Gespräche und die Bitte um Gottes Vergebung haben ihren festen Platz in der evangelischen Kirche. Gerade in schweren Gewissenskonflikten sind Pfarrer oft die einzigen vertrauenswürdigen Gesprächspartner. Und wer sich ausspricht, findet leichter Klarheit bei sich selbst.

Burkhard Weitz

Was ist ein Sakrament?

Die eigentümliche Gratwanderung zwischen heiliger Handlung und reinem Denkspiel gehört zum Wesen der Kirchen

"Fotografieren Sie nicht während der Taufe, erstens werden die Bilder schlecht, wir stellen das lieber später nach, und zweitens ist es doch ein Sakrament." Die junge Pastorin hat die Eltern des Täuflings fast überzeugt, doch dann hakt der Vater nach: „Eben, es ist ein Sakrament, deshalb wollen wir es ja im Bild festhalten." Die Pastorin sagt: „Aber genau das können Sie nicht fotografieren…"

Sakrament, das klingt schon geheimnisvoll. Selbst Menschen, die der Kirche fernstehen, ahnen, dass mit diesem Begriff etwas Besonderes gemeint ist. Etwas Heiliges eben. Das lateinische Wort „sacramentum" kommt vom Wortstamm „sacer", zu Deutsch: „heilig, unverletzlich", und kann am besten mit „religiöses Geheimnis" übersetzt werden. Sakramente – die wichtigsten sind Taufe und Abendmahl – haben für alle christlichen Kirchen identitätsstiftenden Charakter. Sie gehören zum Kern des kirchlichen Lebens, auch wenn sie teilweise in den Kirchen sehr unterschiedlich interpretiert werden.

Die Sakramentenlehre in der Alten Kirche geht auf den antiken Kirchenvater Augustin (354–430) zurück. Er definierte sie als „sichtbare Zeichen einer unsichtbaren Gnade". Am Beispiel des grundlegenden Sakraments der Taufe erläutert Augustin, dass zu einem äußeren Zeichen (im Falle der Taufe das Wasser) ein Wort hinzutreten müsse. Im Zusammenwirken „funktioniert" ein Sakrament. Er prägte den Satz: „verbum accedit ad elementum et fit sacramentum" (zu Deutsch: Das Wort tritt zum Element und wird ein Sakrament).

Es liegt in der Natur dieser Definition, dass man in der Sakramentenlehre den Akzent entweder stärker auf das Element, also auf das sichtbare Zeichen, oder auf das dazu gehörende Wort legen kann. Hier liegt die Hauptunterscheidung der großen Konfessionen: Die katholische Lehre kam bereits im Mittelalter zu der Auffassung, dass der äußere Vollzug der Entscheidende sei, dass also ein Sakrament allein aufgrund der Handlung „funktioniere". Martin Luther und die Reformatoren im 16. Jahrhundert brachen mit diesem stark materiellen Sakramentsverständnis. Sie fügten sogar noch ein drittes Kriterium hinzu, nämlich den Glauben des Menschen, der das Sakrament empfängt.

In seiner Glaubenslehre, dem „Kleinen Katechismus", schreibt Luther zum Wesen der Taufe: „Wasser tut's freilich nicht, sondern das Wort Gottes, das mit und bei dem Wasser ist, und der Glaube, der solchem Worte Gottes im Wasser traut." Bei der Taufe und dem Abendmahl muss es nach evangelischem Verständnis also immer drei Komponenten geben: das Wasser (oder beim Abendmahl die Elemente Brot und Wein), das Wort Gottes und der Glaube des Empfangenden.

Neben dieser inhaltlichen Differenz besteht der grundsätzliche Unterschied in der Sakramentenlehre zwischen evangelischer und römisch-katholischer Kirche auch in der Zahl der Sakramente. Die Katholiken kennen sieben Sakramente: Taufe, Abendmahl, Firmung, Beichte, Krankensalbung, Priesterweihe und Ehe. Die Evangelischen kennen hingegen nur Taufe und Abendmahl, da nur diese beiden nach der Bibel von Jesus selbst eingesetzt sind.

In den Sakramenten präsentiert die Kirche wirkliche Zeichen Gottes und damit den Einbruch einer anderen Wirklichkeit in diese Welt. Menschen, die zweifeln, Menschen, denen der Glaube egal ist oder die explizit Atheisten sind, mögen das „Gesamtkunstwerk Sakrament" nicht verstehen und das Leben mit und von den Sakramenten als Spielerei betrachten. Die Kirche hingegen gäbe sich ohne Sakramentsverständnis und -verwaltung selbst auf. Sie wäre von anderen Vereinen und Interessenverbänden nicht mehr zu unterscheiden. So eint die meisten christlichen Kirchen und Konfessionen auf der Welt der Glaube, dass Jesus Christus in den Sakramenten Taufe und Abendmahl wichtige, unersetzbare und in ihrer Bedeutung im Letzten nicht auslotbare Zeichen gesetzt hat. Ohne diesen Glauben wäre das kirchliche Leben seiner heilbringenden Fülle beraubt, es wäre arm und auf sozial-ethische Fragen verkürzt.

Und dass man so viel Fülle nicht wirklich fotografieren kann, versteht sich demnach von selbst.

Reinhard Mawick

Darf man zu Maria beten?

Hilfe und Schutz erhoffen sich viele von Jesu Mutter Maria. Auch Protestanten bleiben von der Marienfrömmigkeit nicht unberührt

Im Anfang war ein Übersetzungsfehler. Von einer Jungfrau steht beim Propheten Jesaja nichts: „Siehe, ein Mädchen ist schwanger und wird einen Sohn gebären", hatte der über den kommenden Messias geweissagt (7,14). Erst die griechische Übersetzung der Bibelstelle machte aus dem Mädchen fälschlicherweise eine Jungfrau. So kam der Mythos von der Jungfrau in die Weihnachtsgeschichten des Neuen Testaments. Mit weitreichenden Folgen.

„Ich glaube an Jesus Christus, geboren von der Jungfrau Maria", bekennen bis heute Christen in aller Welt, auch evangelische. Und das zu Recht. Selbst wenn der christliche Jungfrauenmythos seine Existenz einem Übersetzungsfehler verdankt, ist er ein bleibendes Symbol. Wie in anderen Religionen deutet die Jungfrauengeburt auch im Christentum auf einen göttlichen Schöpfungsakt: Gott setzt mit Jesu Geburt den Anfang für eine neue Epoche der Menschheitsgeschichte. Maria kommt die zentrale Rolle zu. Eine Frau bringt das Heil zur Welt.

Maria sei „ein geringes, armes Mädchen", schreibt der Reformator Martin Luther, „welche selbst Hannas' und Kaiphas' Töchter nicht hätten für würdig erachtet, ihre geringste Magd zu sein". Hannas und Kaiphas gehörten der hohepriesterlichen Familie an, also der Jerusalemer Oberschicht. Gott stellt nicht sie, sondern Maria an die Wiege der neuen Menschheitsepoche. Luther deutet dies als Angriff auf den menschlichen Hochmut: „So gehen Gottes Werk und Blick einher in der Tiefe. Der Menschen Blick und Werk aber gehen nur in der Höhe."

Von der armen, einfachen Frau Maria ist in der katholischen und orthodoxen Marienverehrung nur wenig zu spüren. Stattdessen rufen Katholiken und Orthodoxe Maria als himmlische Fürsprecherin an. „Bete für uns in der Stunde unseres Todes", heißt es im populären Bittgebet „Ave Maria". Maria gilt als Heilsmittlerin. Man ruft sie um Beistand an als Gottesgebärerin, Himmelskönigin, unbefleckte, seligste Jungfrau.

Bis in unsere Zeit geben Erscheinungen und Visionen der katholischen Marienverehrung Auftrieb. So soll Maria im französischen Lourdes, im portugiesischen Fatima und im saarländischen Marpingen erschienen sein. Die Orte sind nun beliebte Wallfahrtsorte. Die katholische Lehre unterstreicht Marias Popularität. Etwa das Dogma von der unbefleckten Empfängnis Mariens (1854) oder das von der leiblichen Aufnahme Mariens in den Himmel (1950). In der Bibel ist von alledem nirgends die Rede.

Einige katholische Theologen werten die Marienfrömmigkeit als die weibliche Seite ihrer sonst patriarchalen Kirche. Demgegenüber kritisieren Feministinnen das realitätsferne Frauenbild des Marienkults. Die unbefleckte Jungfrau gelte als Widerpart zur Urmutter Eva, hier die Heilige, dort die Verführerin. Mit solchen Gegensätzen, so sagen sie, begründe die katholische Kirche eine frauenfeindliche Weiblichkeitsnorm.

Protestanten beten nicht zu Maria. Nach evangelischem Glauben darf sich niemand zwischen Gott und den Gläubigen stellen. Dennoch kommt zu Weihnachten auch unter evangelischen Christen eine Art Marienfrömmigkeit auf. In ihrem Mittelpunkt steht der Lobgesang der Maria. Aus Freude über ihr Kind singt Maria (Lukas 1,46): „Meine Seele erhebt den Herrn, und mein Geist freut sich Gottes, meines Heilandes; denn er hat die Niedrigkeit seiner Magd angesehen." Maria dankt Gott, dass er sie, die gedemütigte Frau, aus ihrer Erniedrigung befreit. Während ihre Mitmenschen sie verachten, verleiht Gott der Maria Würde.

Auch Weihnachtslieder betonen Marias Bedeutung. „Josef, lieber Josef mein", singt Maria in einem Lied, „hilf mir wiegen mein Kindelein."

Durch die evangelische Jugendbewegung nach den Weltkriegen fand sogar ein Marienlied Eingang in den evangelischen Liederschatz: „Maria durch ein' Dornwald ging, der hatte in sieben Jahrn kein Laub getragen." Mit schwermütigen Versen suchten evangelische Jugendliche in den zwanziger und fünfziger Jahren einen Ausgleich zu düsteren Kriegserinnerungen.

Weihnachten ist ein Familienfest. Weihnachtskrippen inszenieren eine Idealfamilie: Vater und Mutter knien anbetend vor dem Kind. In den Krippenspielen ist Maria (neben dem Verkündigungsengel) für Kinder die begehrteste Rolle. Möglicherweise verkörpern Maria und Jesus zu Weihnachten das Urbild der Mutter-Kind-Beziehung. Sie erinnern daran, dass jeder Mensch als hilfloses Geschöpf zur Welt kommt und dass sich in den ersten Lebensjahren aus der Mutter-Kind-Bindung ein Urvertrauen entwickelt, das jeden Menschen ein Leben lang halten und tragen kann.

Im Rückblick auf die eigene Kindheit empfinden viele Menschen solches Urvertrauen als ein Gottesgeschenk. Verstehen wir den Dank dafür als Gebet an die weibliche Seite Gottes, dann wäre gegen ein solches Gebet wohl nichts einzuwenden.

Burkhard Weitz

Wofür sind Heilige gut?

Sie geben der Kirche Gesicht und den Gläubigen Halt: die Märtyrer und Heiligen. Doch über ihre Fähigkeiten streiten sich die Konfessionen

Viele Jahrhunderte lang gehörten sie zu den Besten der Besten in der christlichen Kirche: Märtyrer und Heilige, die durch ihre unbestechliche Glaubenstreue zu Vorbildern für die späteren Generationen geworden sind. Zu Anfang Stephanus, der erste Märtyrer, der gesteinigt wurde, weil er zu harte Kritik übte am jüdischen Gesetzesdenken im frühen Christentum. In jüngster Zeit ein Dietrich Bonhoeffer, der daran Anstoß nahm, dass ein nationalsozialistischer Staat Kirche und christlichen Glauben seinen totalitären Zielen unterwirft. An Glaubenszeugen wie Stephanus oder Bonhoeffer richten sich Menschen auf. Ihr Vorbild färbt ab.

Der evangelische Pfarrer Bonhoeffer: ein Heiliger? Ein Märtyrer ohne Zweifel – es waren die Nationalsozialisten, die ihn, den „persönlichen Gefangenen des Führers", am 9. April 1945 im KZ Flossenbürg mit dem Strang hinrichteten. Aber ein Heiliger? Die evangelische Kirche kennt keine Heiligen im katholischen Sinn, aber manchmal nutzt sie den Begriff, um besonders vorbildliche Christen hervorzuheben. Der „evangelische Heilige Bonhoeffer" (Wolfgang Huber) war ein solcher. Beim 60. Jahrestag seiner Hinrichtung fiel immer wieder dieser Begriff.

Heilige sind Vorbilder, aber ihre Bedeutung selbst für die Christen sinkt. Für 90 Prozent der Protestanten und 70 Prozent der Katholiken haben sie keine oder nur eine geringe Bedeutung. Zugleich lässt sich beobachten: Die evangelische und die katholische Position zum Thema gleichen sich einander an: Die römisch-katholische Heiligenverehrung ist erheblich zurückgegangen, obwohl der verstorbene Papst Johannes Paul II. fast doppelt so viele Menschen heiliggesprochen hat wie seine Vorgänger in 400 Jahren. Und in der evangelischen Kirche setzt sich die Einsicht durch, dass die Ablehnung des Heiligengedenkens seit der Reformation zu weit gegangen ist: Mit der Ablehnung von Wunderglauben und überirdischen Kräften hatte man die Heiligen als Vorbilder beseitigt.

Heute haben Protestanten keine Probleme mehr mit den „Heiligen" im Sinne solcher Vorbilder. Nicht nachvollziehbar ist für sie, dass Heilige so etwas wie Anwälte der Menschen vor Gottes Thron sind. Dass zu den Heiligen gebetet wird, um bei Gott mehr Gehör zu finden, widerspricht dem evangelischen Prinzip, dass jeder Mensch eine unmittelbare Beziehung zu Gott haben kann. Für den sanften Reformator Melanchthon und den jungen Martin Luther war es noch denkbar, dass Heilige Fürsprecher bei Gott sind, immer unter der Voraussetzung, dass der einzige Mittler zu Gott Jesus Christus ist. Doch für „Abgötterey" hielten die Reformatoren die Verehrung der Heiligen in dem Sinn, dass sie eine eigene Macht haben, die Geschicke auf Erden und im Himmel zu lenken. Luther sprach sehr kritisch über die Wirkung von vermeintlichen „Nothelfern". Alle Formen der Heiligenverehrung, die darauf beruhen, dass Heilige die Verhältnisse verändern können, kamen für Luther damals und kommen für Protestanten heute keinesfalls in Frage. Die Wunderkraft eines Josemaría Escrivá de Balaguer, des Gründers der katholischen Geheimorganisation Opus Dei (Werk Gottes), zählt auch dazu: Er soll die vollkommene Heilung eines krebskranken Arztes von Radiodermitis, also Schäden durch Röntgenstrahlen, „gewirkt" haben. Der Nachweis eines solchen Wunders, der von katholischer Seite als Voraussetzung für die Heiligerklärung genannt wird, liegt außerhalb evangelischen Denkens.

Nach evangelischem Verständnis bilden Heilige auch keinen fest umrissenen kleinen Kreis von Personen, die in einem offiziellen Verhandlungsprozess den Status als Vorbilder zugesprochen bekommen. Weder müssen Heilige bereits tot sein, noch bedürfen sie einer offiziellen Approbation. Wenn Protestanten von Heiligen sprechen, dann in einem weiten, sehr offenen Sinn: als Zeugen des Glaubens.

Die Eingangsfrage „Wofür sind Heilige gut?" lässt sich eindeutig beantworten: Sie geben ein Beispiel dafür, was es heißt, den Glauben mutig zu bekennen, selbst dann, wenn man dafür erhebliche Nachteile in Kauf nehmen oder sogar das Leben einsetzen muss. Nur: Dass sich durch die Verehrung der Heiligen oder die Bitte um ihre Fürsprache bei Gott die Verhältnisse hienieden verbessern, ist für Protestanten abwegig. Und ob jemand heilig ist oder nicht, erweist sich für sie nicht in einem geld- und kräftezehrenden Prozess. Heilig sind alle Menschen, die sich von der Gnade Gottes erreichen lassen: die gesamte Kirche. Das darf sich auch ruhig in ihrem alltäglichen Verhalten niederschlagen.

Eduard Kopp

Was kann man für die Toten tun?

Im Jenseits droht den Menschen schreckliches Ungemach, glauben nicht wenige Christen. Deshalb sind die Toten auf jede mögliche Unterstützung angewiesen

Sie stehen am Grab und sind sprachlos. Über Jahre haben sie dem, den sie hier zur letzten Ruhe betten, ihre Aufmerksamkeit geschenkt. Sie haben mit ihm geredet, gelacht, gestritten. Haben Glück und Ärger von seinem Gesicht abgelesen. Sie wussten, wie man ihm eine Freude macht. Plötzlich ist alles anders. Ihre Liebe scheint ins Leere zu gehen. Den Angehörigen bleiben nur Erinnerungen.

Können denn die Lebenden gar nichts für den Toten tun? Doch, der Liebesdienst der Lebenden an den Toten beginnt bereits mit der Bestattung: Sie ist Aufgabe nicht nur der Angehörigen, sondern der Kirchengemeinde. Und in den christlichen Kirchen gibt es zum Beispiel Gebete für die Toten. Da fragt sich allerdings der moderne Zeitgenosse: Kommen diese Gebete den Toten wirklich zugute? Bewahren sie sie vielleicht vor größerem Ungemach, gar vor Fegefeuer und Hölle, wie es die Kirche im Mittelalter verkündigte? Sind die

Toten überhaupt auf diese Fürbitten angewiesen? Oder ist für sie ausreichend gesorgt?

Im Mittelalter hätte niemand diese Fragen aufgeworfen. Seit dem zehnten Jahrhundert hatten sich über die durch und durch erfreulichen Vorstellungen von Auferstehung und ewigem Leben immer mehr die düsteren apokalyptischen Vorstellungen von Höllenstrafen und Gericht geschoben. Die Ostererfahrungen und Auferstehungshoffnungen verblassten, es galt alles nur Denkbare zu tun, um durch Buße, Selbstkasteiung, gute Werke für sich selbst und die Toten das Schlimmste abzuwenden: die ewige Höllenqual.

Mit dieser verschärften Bußpraxis hatten auch die Fürbitten für die Toten an Bedeutung gewonnen, besonders intensiv erfahrbar im Gebet der Trauerliturgie

„Dies irae" („Tag des Zorns"), das in der Kirche vom 13. Jahrhundert an zum festen Bestand der Totenliturgie gehörte. Der Gerichts- und Strafgedanke trat in der katholischen Kirche erst mit den Reformen des Zweiten Vatikanischen Konzils (1962 – 1965) in den Hintergrund: Endlich ging es wieder darum, den „österlichen Sinn des christlichen Todes" in den Vordergrund zu rücken. Freude statt Höllenangst, Gnade statt Gerichtsszenarien: Das ist der alte, nun wiederentdeckte Kern der christlichen Todesvorstellung.

In der evangelischen Kirche wurde vor allem durch Martin Luther, der gern und häufig vor Teufeln und schlimmster Höllenpein warnte, bald der Glaube bestimmend: Wichtiger als jede Straftheologie ist die Zusage, dass alle Menschen von Gott gerechtfertigte sind, ihnen also seine Gnade in reichem Maß zugutekommt.

Die Kirchen sprechen heute viel häufiger vom „Totengedenken" statt von einem Gebet für die Toten. Gleichwohl halten die christlichen Kirchen an der Fürbitte für die Toten fest, sei es, dass dieses „Gebet für Tote und Hinterbliebene die Glaubenden trösten und ihre Hoffnung auf Vollendung bei Gott wie auch die Gemeinschaft mit den Verstorbenen in Christus stärken" soll (katholisch, so im Lexikon für Theologie und Kirche), sei es, dass der Gedanke des Paulus nach wie vor mächtig ist, dass „der Tod der Sünde Sold" ist, also Folge der Sünde (evangelisch).

Steht die Glaubensvorstellung im Vordergrund, dass der Tod die gerechte Strafe für die Sünden ist, dann darf, dann kann kein Mensch nachlassen, die schrecklichen Sanktionen für diese Sünde abzuwenden. Aber „die Rede vom Tod als der ‚Sünde Sold' verunstaltet den Tod zum Strafverhängnis und verleitet uns zu einem aussichtslosen Kampf", kritisiert der evangelische Theologieprofessor Klaus-Peter Jörns. Werden und Vergehen, Geburt und Tod seien doch eigentlich Kennzeichen der ganzen Schöpfung, und die ist, wie der Schöpfergott selbst erklärt hat, gut. „Nicht Gehorsam, sondern Vertrauen ist die Mitte des Glaubens", sagt Jörns.

Auch vor diesem Hintergrund behält das Gebet für die Toten seine besondere Bedeutung. Ein Gebet ist ja mehr als ein Handel mit Gott, als ein Ringen um einzelne, konkrete Vorteile: Wenn Menschen beten, vertrauen sie sich Gottes grenzenloser Gnade an, sie vertrauen darauf, dass er alles gut fügt. In diesem umfassenden Vertrauen auf seine Gnade geben sie auch den Toten einen Platz.

Eduard Kopp

Ist Mission überholt?

Es ist ein Wort, das bis heute polarisiert. Das an religiösen Zwang und trickreiche Abwerbung denken lässt. Doch der ursprüngliche Sinn verheißt etwas anderes

Ende August 2007 in Afghanistan: Nach mehr als fünf Wochen Geiselhaft lassen die Taliban die letzten sieben der ursprünglich 23 entführten Südkoreaner frei. Einer der Gründe für das Einlenken der Entführer: Die Regierung in Seoul hatte zugesagt, den Einsatz christlicher Missionare in Zukunft zu unterbinden. Tatsächlich gehörten die Entführten einer christlichen Hilfsorganisation an, deren es viele in Südkorea gibt.

In Ländern, in denen Religionsfreiheit existiert, kann allerdings weder der Staat solche weitreichenden Vereinbarungen treffen noch werden die betroffenen Christen sie akzeptieren. Missionarisch zu wirken gehört zum Kern des christlichen Selbstverständnisses. Zugespitzt gesagt: Eine Kirche muss missionarisch sein, oder sie ist keine Kirche.

„Mission": ein Wort, das polarisiert. Es klingt nach Abwerbung und religiösem Zwang, nach Suggestion und Kolonisation. Alles von gestern! Unter einer missionarischen Kirche ist eine Kirche zu verstehen, die ihren Auftrag ernst nimmt, zu anderen Menschen zu gehen und von der erfahrenen Güte Gottes zu berichten. Die andere an ihren Zukunftshoffnungen teilhaben lässt. Mission ist Werbung statt Belagerung, Einladung statt vornehmer Zurückhaltung, Begeisterung über den eigenen Weg statt Abwertung anderer.

Das lateinische Wort missio bedeutet Sendung. Nach den Berichten der Evangelien erschien Jesus, der Auferstandene, seinen Jüngern und trug ihnen auf: „Gehet hin und machet zu Jüngern alle Völker. Taufet sie auf den Namen des Vaters, des Sohnes und des Heiligen Geistes…" (Matthäus 28). Diese Aufforderung wird traditionell der „Missionsbefehl" Jesu genannt.

Das Thema Mission ist ein Dreh- und Angelpunkt in der Debatte um die Zukunft der Kirchen. Mission ist keine Tätigkeit, die sich an bestimmte Personen und Einrichtungen der Kirche delegieren ließe, sondern eine Grundhaltung aller, die zur Kirche gehören, erst recht jener, die für die Kirche arbeiten. Ob evangelische Krankenhäuser oder Beratungseinrichtungen, evangelische Kindergärten, Schulen oder Gemeindegruppen: Sie alle sind Orte der Mission. Das heißt: Hier tauschen sich Menschen über ihre Lebens- und Glaubenserfahrungen aus, prüfen die Vorzüge der kirchlichen Arbeit, versuchen andere Menschen dafür zu gewinnen.

Das setzt allerdings persönliche Überzeugung vom Nutzen und Frommen der kirchlichen Arbeit voraus. Und die Realität? Sich vornehm-unentschieden zurückzuhalten ist in den modernen westlichen Gesellschaft weiter verbreitet als selbstbewusstes Werben für den eigenen Glaubensweg. Das hat auch historische Gründe. Von der ursprünglichen Begeisterung über die Reformation und den Gewinn der Religionsfreiheit ist nicht viel übrig geblieben. Respekt und Freiheit sind einer eleganten Passivität gewichen. Der Impuls der Reformatoren war, den Glauben vor weltlichem Zwang zu schützen. Den Glauben und alles, was damit zu tun hat, sah Martin Luther dem Geltungsbereich der weltlichen Macht entzogen. Zum Glauben sollte man niemanden zwingen – ein Grundsatz, der im Augsburgischen Bekenntnis seinen Niederschlag fand: Die Weitergabe des Glaubens muss „sine vi, sed verbo", „ohne Gewalt, allein durch das Wort" erfolgen.

Diesen Missionsgrundsatz beherzigen heute alle christlichen Kirchen. Christliche Mission, die diesen Namen verdient, zeigt Respekt und Toleranz gegenüber Menschen anderen Glaubens. Doch dies schließt nicht aus, dass man im Gespräch mit anderen Religionen und Konfessionen deutlich macht, welchen Vorteil man aus der eigenen Konfession und Religion gewinnt. Mission lebt unausweichlich vom Vergleich: dem Vergleich der religiösen Biografien und Lebensumstände, der Werte und Normen, der Geschichte und der Verheißungen der Religionen. Mission hilft bei der Unterscheidung religiöser Wege, aber die Entscheidung ist allein Sache der Menschen.

Auch die „innere Mission" ist weiter wichtig: die Sorge um Menschen, die sich von der Kirche abwenden oder nie Berührung mit ihr hatten. Das, was Fachleute die nachgehende Seelsorge nennen, wird in Zukunft wichtiger werden: zu den Menschen hinzugehen statt auf sie zu warten. Es wäre schon ein merkwürdiges Verständnis von Mission, wenn die kirchliche Botschaft nur zum Abholen bereitläge.

Eduard Kopp

Was geschieht beim Kircheneintritt?

Vor Jahren ist er als Steuersparer aus der Kirche ausgetreten, jetzt wendet er sich ihr neu zu: ein großer Schritt, der ganz einfach ist

Einmal Essengehen im Monat – auf diese Größenordnung belief sich die Höhe der Kirchensteuer. Damals, mit Mitte zwanzig, als Thomas sein erstes Geld verdiente, war ihm seine Kirchenmitgliedschaft erstmals wirklich aufgefallen – auf dem Lohnstreifen.

Viel Geld war das nicht, aber dafür, dass er mit der Kirche kaum Berührung hatte, außer alle Jahre einen Weihnachtsgottesdienst zu besuchen, erschien ihm der monatliche Beitrag zu hoch. Kurzer Gang zum Standesamt. Kirchenaustritt. Fertig.

Eigentlich freute sich Thomas, als ihn ein Freund kürzlich fragte, ob er Pate seiner kleinen Tochter werden wolle. Aber er musste sagen: „Sorry, ich bin aus der Kirche ausgetreten." Sein Freund ließ nicht locker: „Na, dann trittst du eben wieder ein." Thomas zögerte: „Es war wegen der Kirchensteuer." Der Freund rollte die Augen. Schnell wechselten sie das Thema.

Jetzt, neun Jahre nach dem Kirchenaustritt, bedauert Thomas diesen Schritt. Gerne würde er Pate des Kindes werden, und eigentlich hat er auch nichts Grundsätzliches gegen die Kirche einzuwenden. Also, warum nicht? Muss er wieder auf das Standesamt oder zu einem Pfarrer? Muss er eine Glaubensprüfung ablegen oder sich zu weitreichenden Dingen verpflichten?

Es ist viel einfacher: Wer in die Kirche eintreten will, wendet sich an die Pfarrerin oder den Pfarrer seiner Gemeinde. In vielen Großstädten gibt es sogar zentrale Wiedereintrittsstellen, denn viele Menschen wissen gar nicht mehr, zu welcher Kirchengemeinde sie gehören.

Den Besuch bei der Wiedereintrittsstelle behält Thomas in guter Erinnerung: Die junge Pfarrerin freut sich über sein Ansinnen und überprüft seine Taufurkunde. Dann fragt sie, warum er denn wieder eintreten wolle. Thomas sagt, dass er sich immer als Christ gefühlt habe, auch nach seinem Kirchenaustritt. Die Pfarrerin lacht: „Sie sind auch immer Christ gewesen! Da Sie als Kind getauft worden sind, gelten Sie nach evangelischem Verständnis als Christ, denn Christ wird man durch die Taufe, ein Sakrament, und nicht durch einen formalen Kircheneintritt. Ihr Austritt damals hat Ihre Taufe nicht ausgelöscht, das geht gar nicht!"

Thomas überlegt, dann fragt er: „Aber wieso soll ich denn dann wieder eintreten?" Die Pastorin entgegnet: „Stimmt, theoretisch könnten Sie auch ohne formale Kirchenmitgliedschaft Christ sein. Mit Ihrem Eintritt unterstützen Sie unsere real existierende Kirche mit ihren Gemeinden, Einrichtungen, Amtsträgern und Angestellten. Wie bei allen menschlichen Organisationen passieren hier Fehler und ist nicht alles Gold, was glänzt. Aber ich finde, die Zugehörigkeit zu dieser real existierenden Kirche ist trotzdem wichtig. Sie organisiert und verwaltet die Handlungen und Vollzüge des christlichen Glaubens und leistet darüber hinaus vielfältige soziale und kulturelle Arbeit in unserer Gesellschaft.

Davon abgesehen lohnt es sich aber auch für Sie persönlich: Nach dem Eintritt sind Sie sofort wieder im Besitz aller Rechte eines Kirchenmitglieds. Sie können Pate werden, sich an den Wahlen zum Kirchenvorstand beteiligen oder sogar für den Kirchenvorstand kandidieren. Sie können kirchlich heiraten, und Sie haben nicht zuletzt Anspruch auf eine kirchliche Bestattung. Und glauben Sie mir: Es ist gut, wenn sich eine starke, große Gemeinschaft um die Bewahrung und Pflege des christlichen Glaubens kümmert."

Das überzeugt Thomas, und er unterschreibt die Wiedereintrittserklärung. Am Abend ruft er seinen Freund an: „Ich bin in die Kirche eingetreten." Der freut sich: „Wie schön, ich wollte morgen schon jemand anders fragen."

Einige Wochen später feiert Thomas seine offizielle Wiederaufnahme in die Kirche mit der Teilnahme am Abendmahl in seiner Gemeinde. Als der Pfarrer seinen Namen abkündigt, ist es ihm gar nicht so peinlich, wie er befürchtet hatte.

Kircheneintritt liegt im Trend. Heute entdecken viele Menschen neu, dass unsere freie Gesellschaft in ihren wesentlichen Teilen christlich geprägt ist. Und die sichtbaren Repräsentanten des Christlichen sind die Kirchen. Wer hier Mitglied ist, taucht ein in einen breiten Strom von Traditionen und in eine tragfähige Gemeinschaft. Der Preis dafür: bei den meisten Durchschnittsverdienern der Gegenwert von einmal im Monat gut essen gehen.

Reinhard Mawick

Gibt es für Christen nichts zu lachen?

Schallendes Gelächter war unter Christen lange verpönt.
Schon die Autoren der Bibel taten sich schwer mit der Heiterkeit.
Aber die Zeiten ändern sich

Es gibt nichts Menschlicheres als das Lachen. Diese Auskunft des griechischen Philosophen Aristoteles hat uns nicht nur einen herrlichen Sinnspruch, sondern indirekt Umberto Ecos Roman „Der Name der Rose" und dessen Verfilmung eingebracht. Darin suchten fanatische Ordensleute mit allen Mitteln das verloren geglaubte Buch des Aristoteles über die Komödie zu verbergen. Ihr Argument: „Lachen tötet die Furcht, und wenn es keine Furcht gibt, wird es keinen Glauben mehr geben." Wenn über alles gelacht wird, dann eines Tages auch über Gott? Aristoteles hat der Kirche mit seiner Freude am Lachen und an der Komödie im Mittelalter viel Verdruss bereitet und den Mönchen große Angst gemacht.

Das Lachen: die Ursünde des Menschen? Noch heute halten sich evangelikale Christen und katholische Ordensleute von Mummenschanz und Karneval fern. Eine Maske aufzusetzen ist ihnen theologisch nicht geheuer, denn sie nähme ihnen die „Ebenbildlichkeit" mit Gott.

Sicherlich: Lachen kann nicht nur freudig, verspielt und heilsam sein, sondern ebenso hämisch, verzweifelt, zynisch. Es kann also befreien und andere Menschen herabsetzen, wie der Tübinger Theologe Karl-Josef Kuschel (1994) schreibt. Das Lachen kann auch makaber sein (das Wort kommt von den makkabäischen Brüdern in der Bibel, die den Märtyrertod starben), das heißt grausig, bedrückend, tödlich. Adolf Hitler soll den Leitern des Nazi-Freizeitwerkes „Kraft durch Freude" den zynischen Auftrag gegeben haben: „Sorgen Sie mir dafür, dass das deutsche Volk wieder lachen lernt!"

Einige Lehrer der Alten Kirche behaupteten, Lachen störe das Gleichgewicht der Seele. Sie klagten: Ungezügeltes Lachen zeige fehlende Gottesfurcht. In den Klöstern störe es zusätzlich das behutsame Leben in der Stille. Als Ausweis von Demut galt es deshalb, nicht leicht und rasch in Lachen auszubrechen. Dagegen gab es Kirchenstrafen: drei Tage Exkommunikation für Lachen während des Chorgebets, außerordentliches Fasten nach einem Lachausbruch.

Ein christliches Leben im Glauben erlaubte keine wilden Späße. Viel eher wurden Christen und Kirchen selbst zum Opfer von Häme und Spott. Von Anfang an machten Mitmenschen sie zu Witzfiguren. Die standen damit in bester Tradition: Das Neue Testament berichtet zwar überhaupt nichts darüber, dass Jesus einmal gelacht hätte, häufig aber darüber, dass er selbst verlacht wurde. Ein vielsagendes Beispiel: Jesus sagt über die tote Tochter des Jaïrus, sie schlafe nur, prompt zieht er das spöttische Gelächter der Leute auf sich (Markus 5,35 – 40). Jesus – ein tumber Tor Gottes.

Selbst am Ende der Jesus-Geschichte steht das Bild des verlachten Narren. Die Henker Jesu auf dem Berg Golgatha üben sich in Häme: „Wenn du der Sohn Gottes bist, so steige vom Kreuz herab!" (Matthäus 27,40)

In keinem vergleichbaren Text der großen Religionen, so hat Karl-Josef Kuschel herausgefunden, gibt es eine ähnliche Verknüpfung von Glaube und Häme, von Bekenntnis und Gelächter. In keiner Religion stehen also das Erschütternde und das Hämische, das Erhabenste und das Lächerlichste so nah beieinander wie im Christentum. Es ist eines der gravierendsten Kennzeichen der Passionsgeschichte Jesu. Mit einer gewissen Berechtigung darf man sagen: Theologen und Gläubige befinden sich insgesamt in der Rolle des Narren (Eberhard Jüngel).

Deshalb lachten im Mittelalter Christen in der Osternacht, nicht verhalten, sondern lauthals. Das „Osterlachen" war jahrhundertelang schöner Brauch in den christlichen Kirchen des deutschen Sprachraums. Prediger entlockten dem Kirchenvolk – teilweise mithilfe obszöner Pantomimen und zweideutiger Geschichten – eine Lachsalve nach der anderen. Die Wurzel ihres Spaßes: Gottes Sieg über den Tod.

Spaßmacher haben es heute in den Kirchen schwerer. Ihnen fehlt letztlich die biblische Verweisstelle. Es fiele den Christen sehr viel leichter, an einen freien, lebenslustigen Gott zu glauben, wenn sie ihn in der Bibel als Lachenden entdecken könnten. Doch da herrschen strenge Sitten. Wenn Gott schon einmal lacht, dann aus Spott über Ungläubige, kriegslüsterne Völker (Psalm 2,4) oder rücksichtslose Egoisten (Psalm 37,13). Die Menschen sehen ängstlich dem Weltgericht entgegen. So sehnen sie sich bestenfalls nach einem freundlich lächelnden Gott: nach einem Gott, dessen „Angesicht leuchtet", wie es in der biblischen Sprache heißt.

Lachen befreit. Witze machen die widersprüchliche Welt erträglich. Und das auch in einem tieferen theologischen Sinn: Dass wir zugleich Sünder und Gerechtfertigte sind, dass wir in einem tiefen Widerspruch stecken, ist Grund genug zum Lachen, nicht zum spöttischen, sondern zum befreienden. Dieses Lachen der Befreiung muss wohl von Gott stammen.

Eduard Kopp

Werden wir alle auferstehen?

Es ist eine uralte Hoffnung der Menschen, dass mit dem Tod nicht alles aus ist. Dass sie ins Leben zurückkehren und bei Gott sein werden, wo unbeschreibliches Glück auf sie wartet

Die zweitschönste Auferstehungsgeschichte (nach der Ostergeschichte) stammt von Stefan Zweig, dem jüdischen Schriftsteller. Seine Erzählung „Georg Friedrich Händels Auferstehung" schildert die dramatische Lage des Komponisten, der im Jahre 1737 mit 52 Jahren einen Schlaganfall erlitt und sofort einseitig gelähmt war. Von Geldnot und Krankheit geplagt, fällt er in tiefe Verzweiflung. Unter Qualen lässt er sich körperlich kurieren, so dass er wieder komponieren kann. Doch ihm fehlt jeder Lebensmut. Da schickt ihm unerwartet sein Librettist die Texte für den „Messias". Händel liest, und schon die ersten Worte, „Comfort ye, comfort ye my people – tröstet, tröstet mein Volk", lösen in ihm eine unbeschreibliche Verwandlung aus. Seine Seele befreit sich im selben Moment von allen Todesängsten. Wie in einem Rausch schreibt er drei Wochen lang, Tag und Nacht. Die im „Messias" beschriebene Passion und

Auferstehung Jesu ist seine eigene Auferstehung aus der Umklammerung des Todes.

Mit dem Begriff „Auferstehung der Toten" geben Juden und Christen ihrer Hoffnung Ausdruck, dass Gottes Liebe zu den Menschen und der ganzen Schöpfung keine Grenzen kennt, weder im Blick auf den Kreis der Betroffenen noch in zeitlicher Hinsicht. Gott hält zu den Menschen. Er ist ihnen treu. Dadurch erhebt er die ganze Schöpfung aus der banalen Routine des Werdens und Vergehens.

Es gibt verschiedene Weisen, sich das Leben nach dem Tod vorzustellen. In der christlichen Tradition steht der Glaube an die Auferstehung der Toten in Konkurrenz zum Glauben an die unsterbliche Seele. Die evangelische Kirche ist, mehr noch als die katholische, bestrebt, der Auferstehung der Toten einen gebührenden Vorrang vor den Vorstellungen von der Unsterblichkeit der Seele zu geben. Das hat zwei gute Gründe: Die Trennung von Körper und Seele ist nämlich ursprünglich keine jüdisch-christliche, sondern eine griechisch-philosophische Vorstellung. Und: Die Einheit von Leib und Geist ist eine große Errungenschaft des jüdisch-christlichen und auch des modernen wissenschaftlichen Denkens.

„Ich glaube an die Auferstehung der Toten", heißt es im Glaubensbekenntnis der christlichen Kirchen. Noch vor wenigen Jahrzehnten bekannten Katholiken und Protestanten: „Ich glaube an die Auferstehung des Fleisches." Die Revision dieser Formulierung sollte dem Missverständnis entgegenwirken, dass „Fleisch", griechisch: soma, Leib oder Körper im materiellen Sinn bedeutet. Die Auferstehung des Fleisches bezeichnet auch keine Wiederbelebung des Körpers. Es geht um etwas anderes: um ein vollendetes Leben. Dafür gibt es allenfalls Annäherungsbegriffe: Menschen werden von Gott geliebt, von ihm unerwartet beschenkt. Sie stehen in einem innigen Austausch mit ihm: Gott tritt mit den Menschen und diese treten untereinander in Kommunikation.

Fern ist diesem Glauben jede philosophische Vorstellung, der Körper sei das Gefängnis der Seele. Der Glaube an die Auferstehung ist das Gegenprogramm: In Gottes Schöpfung bilden Geist und Leib eine Einheit. Gerade um sich von den leibfeindlichen Gnostikern und ihren Vorstellungen, dass die Seele im Leib wohne und ihn im Tod verlasse, abzugrenzen, pointierten die Kirchen die Einheit von irdischem Leib und Auferstehungsleib.

Die Rede von der Auferstehung ist eine Symbolrede voll unterschiedlicher Bilder. Auch in der Bibel bezeichnet die Auferstehung der Toten an verschiedenen Stellen Unterschiedliches: mal das endzeitliche Verlassen der Gräber ohne Blick auf das Endgericht, mal gerade die Auferweckung zum Gericht; mal ist die Rede von der Verwandlung der Lebenden (das hofft auch der Apostel Paulus), mal wird selbst die Taufe als eine Auferstehung von den Toten bezeichnet.

Das zeigt zugleich: Sie geschieht täglich, nicht erst am Ende aller Tage. Es kann ein unverhofftes Wiedersehen mit einem Zerstrittenen sein ebenso wie die erlösende Nachricht eines Arztes, die Lebensfreude aufgrund der Geburt eines Kindes wie die neue Freundschaft zu einem Fremden.

Werden wir alle auferstehen? Im weitesten Sinne ja. Die „Auferstehung der Toten" ist ein anderes Wort für das Handeln Gottes, „der die Toten lebendig macht und das, was nicht ist, ins Dasein ruft" (Römerbrief 4,17). Auferstehung kann jeder erleben.

Eduard Kopp

Sehen wir uns im Jenseits wieder?

Ein Leben nach dem Tod verspricht die Religion.
Doch so verführerisch der Gedanke auch sein mag –
für viele ist er schwer zu glauben

„Wenn die Großmutti tot ist, dann müssen wir ihr helfen…", sagt das dreijährige Mädchen. „Nein, wenn die Großmutti tot ist, dann können wir ihr nicht mehr helfen", sagt der Vater. Doch das Kind lässt sich nicht abwimmeln: „Wo ist denn die Großmutti jetzt?"

Gute Frage, aber schwer zu beantworten. Denn noch ist kein Mensch nicht gestorben. „Wo sind sie jetzt, die Toten?" ist also keine Kinderfrage, sondern eigentlich die Frage schlechthin, vielleicht sogar die Mutter aller Fragen.

Den meisten fällt dazu auf Anhieb nur eine Reaktion ein: schweigen, vergessen. Da es offenkundig nicht möglich ist, die Frage nach einem Weiterleben nach dem Tod kurz und einleuchtend zu beantworten, entziehen sich viele Menschen der Auseinandersetzung. Selbst jene, die sonst auf alles und jedes eine Antwort wissen, flüchten sich beim Thema Tod in Verweigerung. Dass alle Menschen sterben müssen, scheint ein irgendwie unpassender Gedanke. Tod passiert zwar, aber immer nur anderen. Und eigentlich gibt es ihn gar nicht, den Tod.

Da waren die frühen Religionskritiker von anderem Kaliber. Das große Versprechen der Religionen, das da lautet: „Es geht weiter mit dem Menschen nach seinem Tode", lehnten sie radikal ab. Die rationalistische Religionskritik formierte sich im Zuge der Aufklärung seit dem Ende des 17. Jahrhunderts. Ihre Vertreter warfen (und werfen) den christlichen Kirchen vor, sie hätten Hölle, Paradies und ewiges Leben nur erfunden, um mündige Menschen zu ködern und zu unterdrücken. Glaube, Religion, die Hoffnung auf ewige Dauer des Daseins – dies alles waren (und sind) für sie Projektionen des Menschen, gespeist nur aus seinem Bedürfnis nach Höherem. Für den Marxismus, der das Paradies auf Erden errichten wollte, galt bekanntlich der Grundsatz: „Religion ist Opium des Volkes."

Ein Klassiker dieser Art von Religionskritik ist Ludwig Feuerbach. Er warf der Kirche in seinen Vorlesungen über die Religion 1847 vor: „Das Christentum hat den Menschen durch die Verheißung des ewigen Lebens um das zeitliche Leben, durch das Vertrauen auf Gottes Hilfe um das Vertrauen zu seinen eigenen Kräften gebracht. Die Aufhebung eines besseren Lebens im Himmel schließt die Forderung in sich: Es soll, es muss besser werden auf der Erde."

Die christliche Religion macht da nicht mit. Weder verschweigt sie den Tod noch verklärt sie ihn. Zwar treiben bestimmte Christen immer wieder viel Schindluder mit der Frage nach dem Jenseits. Sie ergehen sich entweder in wüsten Gerichtsdrohungen oder lassen das Paradies in aufdringlichem Kitsch erstrahlen.

Aber solche Phantasien speisen sich nicht aus dem sparsamen Vorrat von Hinweisen und Andeutungen, die der Kern der biblischen Botschaft bereithält. Zunächst ist für die Bibel klar, dass der Tod selbstverständlich zum natürlichen Kreislauf des Lebens gehört. „Denn du bist Erde und sollst zu Erde werden", bekommt Adam in der biblischen Schöpfungsgeschichte von Gott gesagt (1. Mose 3,19). Andererseits sind das Sterben und der Tod aber keine fröhliche Angelegenheit; besonders der frühe, als vorzeitig empfundene Tod wird gefürchtet.

Doch schon im Alten Testament finden sich Spuren, die von dem Glauben und der Hoffnung zeugen, dass Gott den Menschen im Tode nicht allein lässt. „Führe ich gen Himmel, so bist du da; bettete ich mich bei den Toten, siehe, so bist du auch da!", heißt es im 139. Psalm.

Diese schichte Hoffnung, dass Gott den Menschen auch nach seinem Tod nicht verlässt, findet im Neuen Testament durch die Auferstehung Jesu Christi eine Fortsetzung. Wenn der Apostel Paulus schreibt: „Hoffen wir allein in diesem Leben auf Christus, so sind wir die elendsten unter den Menschen" (1. Korinther 15,19), dann will er damit sagen: Gott ist für die Menschen auch und gerade dann da, wenn nach unseren Maßstäben das Leben vergeht.

Diese Hoffnung über das Sichtbare hinaus ist ein Markenzeichen des christlichen Glaubens, vielleicht sogar das entscheidende. Für Christinnen und Christen gilt eben gerade die Umkehrung des Satzes von Ludwig Feuerbach: Gerade das Vertrauen auf Gottes Hilfe stärkt ihre eigenen Kräfte und ihre Lust aufs Leben. Die Kraft des Jenseits ist für sie die Kraft des Diesseits.

Aber natürlich gilt auch: Die christliche Ewigkeitshoffnung, die in der Rede von der Auferstehung Jesu Christi ihren stärksten Ausdruck findet, ist empirisch nicht beweisbar. Und wer sein Leben allein nach dem Prinzip „Fakten, Fakten, Fakten" ausrichtet, dem wird auch künftig eine religiöse Hoffnung auf das ewige Leben nichts zu sagen haben. Hoffnung über den Tod hinaus bleibt eben Hoffnung, und wer mehr verspricht, der ist ein Scharlatan. Der Glaube an ein Leben nach dem Tod, an die Ewigkeit und an den unendlichen Wert der Menschenseele lässt sich nicht isoliert als Teilbereich erwerben. Er ist nur als Ganzes zu haben.

Wer in diesem Leben und auf dieser Welt nicht wagt, mit der Hoffnung auf Gott zu leben, wen die religiöse Dimension völlig kalt lässt, dem wird es auch schwer werden, sich mit der Mutter aller Fragen, „Gibt es ein Leben nach dem Tod?" anzufreunden.

Reinhard Mawick

Was ist heilig an der Kirche?

Wo Licht ist, da ist auch Schatten. Nur bei der Kirche scheint das anders zu sein. Hat sie sich zu Unrecht einen Heiligenschein verpasst?

„Diesen Satz spreche ich schon lange nicht mehr mit", sagt die Frau verbittert. „Diesen nicht! Ich habe in den vergangenen dreißig Jahren in meiner Kirchengemeinde viel erlebt, was ganz und gar nicht heilig ist." Was ihr solche Probleme macht, ist ein Satz aus dem Glaubensbekenntnis, das jeden Sonntag in den Gottesdiensten gesprochen wird: „Ich glaube an die heilige christliche Kirche." Dem steht ihre Erfahrung entgegen, dass es im Kirchenbetrieb manchmal allzu irdisch zugeht. Neid, Zank und langweilige Gottesdienste – nein, winkt sie ab, mit der Heiligkeit der Kirche sei es nicht weit her.

Ist es nicht tatsächlich vermessen, wenn sich die Kirche das Attribut heilig zulegt? Schließlich sind in ihr auch nur Menschen am Werk, und es gibt nicht wenige Kapitel in der Geschichte der Kirche, die an ihrer Heiligkeit zweifeln lassen: Kreuzzüge, Judenhass, Hexenverbrennungen und verlotterte Päpste. Doch trotz all dieser Schwächen und historischen Verfehlungen beharrt der christliche Glaube darauf, dass die Kirche heilig sei. Wie das?

Bei dem Satz „Ich glaube an die heilige christliche Kirche" geht es zunächst einmal nicht um ihre hauptamtlichen Mitarbeiter. Die Kirche, die im Glaubensbekenntnis gleichsam heilig gesprochen wird, meint die Gemeinschaft aller getauften Menschen. Wichtiger aber ist, vor allem für Protestanten: Christen glauben an sich selbst als Teil von etwas Größerem, als Teil der „Gemeinschaft der Heiligen".

Der Protestantismus hat nämlich einen doppelten Kirchenbegriff: Es gibt einerseits die sichtbare Kirche, die sich weltweit in ihren Personen und Werken zeigt, und die unsichtbare Kirche, die wie ein inneres geistliches Band alle Christen vor Gott zusammenführt, auch die unterschiedlichen Konfessionen. Diese unsichtbare Kirche ist nach evangelischem Verständnis die „heilige christliche Kirche" des Apostolischen Glaubensbekenntnisses.

Der dritte Artikel dieses Bekenntnisses beginnt so: „Ich glaube an den Heiligen Geist, die heilige christliche Kirche, Gemeinschaft der Heiligen." Nach evangelischem Verständnis ist Kirche dort, wo „die Versammlung aller Gläubigen ist, bei denen das Evangelium rein gepredigt und die heiligen Sakramente laut dem Evangelium gereicht werden". So steht es im siebten Artikel des Augsburger Bekenntnisses aus dem Jahre 1530. Er macht deutlich, wie wichtig für den Glauben die Gemeinschaft ist, ja, ohne Gemeinschaft ist Glaube kaum denkbar. So bringt es auch Jesus zum Ausdruck: „Wo zwei oder drei in meinem Namen versammelt sind, da bin ich mitten unter ihnen." (Matthäus 18,20)

Dass für die Heiligkeit der Kirche nicht die bloße Erfüllung bestimmter Gebote den Ausschlag gibt, lässt sich aus dem achten Artikel des Augsburger Bekenntnisses entnehmen. Der stellt ganz realistisch fest, dass auch „unter den Frommen viele falsche Christen und Heuchler, auch öffentliche Sünder" sind. Zugleich betont er aber, dass auch deren kirchliches Wirken und Werken, zum Beispiel die Verwaltung der Sakramente, „gleichwohl wirksam" sind. Dies könnte Menschen, die ob des realen Gemeindelebens zuweilen an der Kirche verzweifeln, trösten. Außerdem beugt es dem Missverständnis vor, Kirchenmitglieder seien bessere Menschen. Heilig in Bezug auf die Kirche heißt nicht fehlerfrei und sündlos.

Anders als die evangelischen Christen, die zwischen sichtbarer und unsichtbarer Kirche unterscheiden, gehen die katholischen davon aus, dass historische Gestalt und geistliche Dimension in ihr weitgehend identisch sind und dass die heilige, allgemeine (mit dem griechischen Wort: katholische) Kirche nur in der römisch-katholischen Kirche vollständig verwirklicht ist. Deshalb sind andere christliche Konfessionen nach ihrem Verständnis nicht Kirchen, sondern „kirchliche Gemeinschaften".

Was ist heilig an der Kirche? Für Protestanten weder Amt noch Institution, sondern das, was Martin Luther so auf den Punkt brachte: Christus schenkt den Sündern (auch jenen in der Kirche!) „himmlische Reinheit, Gerechtigkeit und Herrlichkeit und nimmt dafür ihre Sünde, Ungerechtigkeit und Strafe auf sich". Mit moralischem Selbstlob der Kirche hat das rein gar nichts zu tun.

Reinhard Mawick

Wie alt ist die katholische Kirche?

Viele meinen, die römische Kirche sei älter als ihre evangelischen Schwestern. Das darf man getrost auch anders sehen

Der Religionslehrer fragt in seiner Grundschulklasse: „Wie lange gibt es denn schon die Kirche?" Ein Junge sagt: „Fast zweitausend Jahre." Der Lehrer blickt fragend in die Runde: „Ist jemand anderer Ansicht?" Da meldet sich der Klassenprimus: „Zweitausend Jahre ist richtig, aber das gilt nur für die Katholiken. Die evangelische Kirche gibt es erst seit Martin Luther!"

Hat der Primus Recht? Ist die evangelische Kirche wirklich jünger als die katholische, gibt es sie erst seit knapp 500 Jahren? Es kommt darauf an, was man unter katholisch versteht. Die deutsche Umgangssprache bezeichnet mit dem Adjektiv katholisch die römisch-katholische Kirche, die den Papst in Rom als ihr Oberhaupt anerkennt. Aber diese Kirche ist genau genommen sogar noch einige Jahrzehnte jünger als die evangelische Kirche. Sie formierte sich erst nach Martin Luthers Tod während des Konzils von Trient (1545–1563). Mit diesem Konzil reagierte der Papst auf die Ereignisse der Reformation und richtete seine Kirche neu aus.

Luther und die Seinen bezeichneten zu ihrer Zeit die Anhänger der Papstkirche als Altgläubige, als Römer oder, in unfreundlicher Manier, als Papisten. Katholiken hätten sie sie nicht genannt, denn die Reformatoren waren davon überzeugt, in strikter Kontinuität zur Alten Kirche zu stehen. Luther wollte keine neue Konfession gründen, sondern die bestehende heilige katholische Kirche reformieren und zu ihren Ursprüngen zurückführen. Er jedenfalls hätte auf die Frage: „Bist du katholisch?", geantwortet: „Natürlich, was denn sonst?"

„Katholisch" in seinem ursprünglichen Sinne meint nämlich gerade nicht eine bestimmte christliche Konfession, sondern eher die Summe aller Kirchen und Konfessionen. Das Wort kommt vom griechischen Wort „katholikos" und wird im Deutschen am besten mit „allgemein" oder „allumfassend" wiedergegeben. In diesem Sinne kommt es auch im dritten Artikel des Apostolischen Glaubensbekenntnisses vor, einem Text, der Ende des 2. Jahrhunderts entstand: „Ich glaube an den Heiligen Geist, die heilige katholische Kirche." In diesem allgemeinen, universalen Sinne verstanden, ist die katholische Kirche sehr alt. Zu ihr gehören im Prinzip alle Menschen, Gemeinschaften und Gemeinden, die seit Jesu Kreuzigung seine Auferstehung und seine Botschaft verkündigten.

In den zweisprachigen Bekenntnisschriften der evangelisch-lutherischen Kirche ist gleich vorn das Apostolische Glaubensbekenntnis abgedruckt. Im lateinischen Text findet sich die Formulierung „Credo in Spiritum Sanctum. Sanctam Ecclesiam Catholicam." In der deutschen Übersetzung heißt es: „Ich glaube an den Heiligen Geist. Eine heilige christliche Kirche." Damals war klar, dass in diesem Falle „eine" nicht etwa „irgendeine" Kirche bedeutet, sondern die eine allgemeine, allumfassende, universale, katholische Kirche, die über alle nationalen oder konfessionellen Kirchenstrukturen hinausgeht.

Doch wie kam es zur umgangssprachlichen Verengung von katholisch auf die Kirche des Papstes? Am Vorabend des Dreißigjährigen Krieges bildete sich auf der Seite der romtreuen Fürsten die „Katholische Liga". Seitdem hat der Begriff katholisch in Deutschland eine römische Schlagseite.

In England ist das anders. Auch dort sagte sich die Kirche von Rom los, aber deswegen verzichtet sie bis heute keinesfalls auf das Attribut katholisch. Selbstverständlich bekennen die Anglikaner: „I believe (…) in the holy catholic church." Ihr katholisches – nicht römisch-katholisches – Selbstbewusstsein zeigt sich auch darin, dass in vielen englischen Kirchen in einer Liste alle Geistlichen seit Beginn der Christianisierung verzeichnet sind.

Dem deutschen Sprachgebrauch zum Trotz sind die evangelische und die römisch-katholische Kirche gleich alt. Sie verkörpern beide die universale Kirche Jesu Christi, zu der alle christlichen Konfessionen gehören, ungeachtet zahlreicher Unterschiede in Lehre und Liturgie. Vom evangelischen Theologen Fulbert Steffensky stammt der Satz: „Keine der Einzelkirchen ist alles; keine ist die ‚wahre' Kirche, und darum ist auch keine der Kirchen genug für uns." Wer diese Einsicht teilt, dem kommt es vielleicht gar nicht mehr darauf an, welche Konfession nun jünger oder älter ist.

Reinhard Mawick

Was soll der Zölibat?

Ehelos zu bleiben ist für katholische Geistliche Pflicht. Der Verzicht auf Ehepartner und Kinder soll ihre Freiheit und Verfügbarkeit garantieren

41 Jahre war er alt, als er die Liebe zu einer Frau entdeckte und sie heiratete: Martin Luther, seit zwei Jahrzehnten Mönch, verband sich im Jahr 1525 mit der 26-jährigen Nonne Katharina Bora. Gleich mehrere theologische Begründungen ließ sich der Wittenberger Reformator einfallen. Die wichtigste: Auch die Ehe ist ein gottgewollter Stand.

Luthers revolutionärer Schritt richtete sich nicht nur gegen die Mönchsgelübde, sondern faktisch auch gegen die Zölibatspflicht der Gemeindepriester – in beiden Fällen gegen alte kirchliche Traditionen. Seit dem vierten Jahrhundert, nicht zufällig nach der rechtlichen Anerkennung des Christentums im Römischen Reich, war über die Einführung der Zölibatspflicht diskutiert worden – die Kirche suchte nach sozialen Unterscheidungsmerkmalen für ihre Kleriker. Im Jahr 1139 war es dann tatsächlich so weit, dass die Ehelosigkeit zur Pflicht der

Geistlichen wurde – im Weströmischen Reich. Die Ostkirchen schlossen sich dieser Entscheidung nicht an.

Bis heute gilt in der römisch-katholischen Kirche das eiserne Gesetz: Nur ein Priester kann eine Gemeinde leiten, und – mit wenigen Ausnahmen – nur ein eheloser Mann wird zum Priester geweiht, also kein Verheirateter und auch keine Frau. Einen Zölibatszwang gibt es hingegen nicht in den Kirchen der Reformation, bei den Alt-Katholiken, in der Kirche von England. Und in orthodoxen Kirchen: Dort müssen lediglich Bischöfe unverheiratet sein. Aber es gibt auch Beispiele für verheiratete katholische Geistliche: In den mit dem Vatikan verbundenen Ostkirchen gibt es keinen Zwang zur Ehelosigkeit. Und auch wenn ein evangelischer oder anglikanischer Geistlicher römisch-katholisch wird, bleibt er weiter verheiratet.

Es muss schon gute Gründe dafür geben, wenn eine in die Freiheitsrechte der Menschen so tief einschneidende Regel so lange hält. Dabei ist der Zölibat ja nicht einmal ein Dogma. Mit diesem Hinweis tun sich inzwischen selbst katholische Bischöfe hervor – doch das heißt noch lange nicht, dass sie tatsächlich die Absicht hätten, den Zölibatszwang auch abzuschaffen.

Wozu ist der Zölibat gut? Als größte Vorteile werden immer wieder folgende Argumente genannt. Erstens: Wer nicht verheiratet ist, bleibt für seine Arbeit besser verfügbar. Dieses Argument müsste aber erst einmal durch eine Vergleichsstudie zwischen verheirateten und nicht verheirateten Geistlichen, zum Beispiel zwischen evangelischen und katholischen, erhärtet werden. Im Moment bewegt es sich auf der Ebene bloßer Vermutungen. Zweites Argument: Unverheiratete beweisen mehr Mut zum Widerstand, zum Beispiel deshalb, weil sie in Zeiten des Kirchenkampfs weniger erpressbar sind. So seien die meisten Pfarrer in den KZs unverheiratete Priester gewesen. Da gibt es auch andere Beobachtungen. So waren die meisten Widerständler vom 20. Juli verheiratet. Und bei der friedlichen Wende 1989 in der DDR standen nicht katholische, sondern evangelische Pfarrer an der Spitze des Protests. Drittes Argument: Unverheiratete haben mehr

Zeit für ihr eigenes Glaubensleben. Auch das ist nur auf den ersten Blick richtig. Glauben ist eben keine Individualveranstaltung, sondern gehört in das Gemeinschaftsleben. Gerade evangelische Pfarrhäuser sind Stätten einer besonderen religiösen Gemeinschaft – mit Kindern und Ehepartnern.

Der Zölibat ist das Problem, als dessen Lösung er sich ausgibt. Er bringt viele soziale Nachteile mit sich: einen deutlichen Mangel an Priesteramtskandidaten und eingeschränkte Auswahlmöglichkeiten; eine Vielzahl sexuell unreifer Geistlicher; die Neurotisierung jener Priester und ihrer geheimen Familien, die trotz Verbot die Liebe entdecken und ihr versteckt nachgehen. Problematisch auch: die wachsende Zahl zugewanderter Geistlicher, die vor den Augen der Gemeinde mit der deutschen Sprache ringen.

Heute braucht die Kirche neben unverheirateten auch verheiratete Gemeindeleiter. Sicherlich wird die Aufhebung des Zölibats den Nachwuchsmangel nicht schlagartig beseitigen. Denn auch in der orthodoxen Kirche Griechenlands oder in Schwedens lutherischer Kirche herrscht ein Mangel an Geistlichen. Aber wenn es nicht einfach mehr Kandidaten sind, sondern zusätzliche, andere Kandidatentypen, wäre das ja auch ein Vorteil.

Eduard Kopp

Ein Papst für alle Kirchen?

Der Vatikan ist eine mächtige Institution. Und ihr Kopf, der Bischof von Rom, gilt weltweit als moralische Instanz. Was hält eigentlich Nichtkatholiken davon ab, ihn als Oberhaupt zu akzeptieren?

„Wie viele Divisionen hat der Papst?", soll der sowjetische Diktator Josef Stalin (1879 – 1953) einmal spöttisch gefragt haben. Wäre er 100 Jahre alt geworden, hätte der Diktator eine Antwort erhalten.

Denn der Papst kann auch ohne Soldaten sehr mächtig sein. Pfingsten 1979 bereiste Johannes Paul II. sein damals noch kommunistisches Heimatland Polen. Vor einer großen Menschenmenge hatte der 2005 verstorbene Papst gebetet: „Komm, Heiliger Geist, und erneuere das Gesicht der Erde. Dieser Erde!" Das Gebet wurde zur Initialzündung für die friedliche Revolution in Polen. Zehn Jahre später brach der Ostblock in sich zusammen, Stalins Lebenswerk. Die erstarrten Fronten der Nachkriegszeit lösten sich auf.

Es gibt immer einmal wieder Vorschläge, auch von evangelischer Seite, einen Papst als obersten Sprecher der christlichen Kirchen zu etablieren. Wäre der Papst ausschließlich ein charismatischer

GEMEINDELEBEN 247

Repräsentant der Kirche, der mit nichts als der Überzeugungskraft seiner Worte auf die Weltgeschichte Einfluss nimmt, hätten wohl nur wenige andere christliche Kirchen ein Problem damit, ihn anzuerkennen. Ein solcher Papst könnte Christen über nationale und ethnische Grenzen hinweg vereinen. Nur: Gehorsam dürfte er nicht einfordern. Ist ein solches ausschließlich repräsentatives Papsttum für alle denkbar?

Der 1978 zum Papst gewählte Karol Wojtyla entwickelte sich im Laufe seiner Amtszeit zwar geradezu zur Popikone. Doch gleichzeitig ließ er Lehrverbote erteilen, ernannte Bischöfe gegen den Willen der Bistümer, stellte strittige moralische Gebote auf und dekretierte unbiblische Glaubenssätze über die Jungfrau Maria.

Orthodoxe Christen akzeptieren nur wenige seiner Machtansprüche, Protestanten hingegen keine. Gerade weil Protestanten und Katholiken sich über die Bedeutung der kirchlichen Hierarchie so uneins sind, werden sie sich wohl nie zu einer Kirche vereinigen.

Dass ein Papst so einflussreich werden konnte wie Johannes Paul II., liegt nicht nur an seinem Charisma, sondern auch an seiner Machtfülle innerhalb seiner Kirche und teilweise auch auf dem diplomatischen Parkett. Der Papst dient der katholischen Kirche erklärtermaßen als machtvoller Garant für ihre Einheit. Jesus selbst habe die Voraussetzungen für das Papsttum geschaffen, glauben Katholiken. „Du bist Petrus, auf diesen Felsen will ich meine Kirche bauen", sagte Jesus zu seinem Jünger Simon Petrus, „ich will dir die Schlüssel des Himmelreichs geben." (Matthäus 16,18 f.) Als Bischöfe von Rom, so die Katholiken, stünden die Päpste in der Nachfolge des Petrus, den Christus zu seinem Stellvertreter ernannt habe. Sie hätten den Auftrag, die Kirche an Christi statt zu regieren.

Für Protestanten ist der Papst hingegen ein Mensch wie jeder andere, auch in Glaubensfragen. Kein Priester, Bischof oder Papst kann es einem Menschen abnehmen, mit Gott ins Reine zu kommen. Wohl kann ein Seelsorger helfen, wenn sich jemand etwas von der Seele reden will oder einen Rat sucht. Doch für Protestanten steht die unmittelbare Beziehung zwischen Gott, Mensch und Mitmensch an erster Stelle, erst dann kommt die Institution.

Wenn Jesus dem Apostel Petrus sagt, auf ihn wolle er die Kirche aufbauen, so verdeutlicht das nach protestantischer Deutung lediglich die herausgehobene Stellung des Petrus im Urchristentum. Mit den Bischöfen von Rom hat das nichts zu tun. Petrus war nie Bischof in Rom, wahrscheinlich gab es im ersten Jahrhundert dort ohnehin gar keinen Bischof. Ein Kollegium von Vorstehern leitete wohl anfangs die Geschicke der römischen Gemeinde. In Rom ist der Apostel Petrus lediglich begraben.

Katholische Theologen argumentieren, im Laufe der weiteren Geschichte habe sich mit dem Papsttum etwas entfaltet, was von Anfang an im Christentum angelegt gewesen sei. Evangelische Theologen halten dagegen, Entwicklungen, die im Laufe des ersten Jahrtausends die Entstehung des Papsttums begünstigten, können heute nicht maßgeblich sein. Jedenfalls sind die reformatorischen Kirchen von Anfang an aus gutem biblischen Grund autoritäts- und institutionenkritisch.

Ein Papst für alle Kirchen? Das ist nicht undenkbar, aber auch nicht erforderlich. Es ist gut, dass Christen mit und Christen ohne Papst um den rechten Glauben konkurrieren. Der Papst erinnert alle Christen daran, dass sie für ihren Glauben eine gemeinsame Basis brauchen. Und Protestanten erinnern daran, dass sich in den entscheidenden Fragen des Lebens niemand zwischen Gott und den Menschen stellen kann.

Burkhard Weitz

Haben wir Schutzengel?

„Von Englein bewacht", wie es in einem Gutenachtlied heißt, wäre jeder gern. Als unsichtbare Begleiter scheinen Engel den Menschen zur Seite zu stehen

Ein beliebtes Postkartenmotiv aus der Kaiserzeit zeigt zwei pausbäckige Kinder, die selbstvergessen auf einer Blumenwiese spielen. Erst auf den zweiten Blick sieht man, dass beide am Rande eines Abgrunds stehen. Doch ein leuchtend weißer Schutzengel mit riesigen Flügeln flankiert die Kinder und hält schützend seine Hände über sie.

In den zwanziger Jahren wurde dieses Bild aus den Kinderstuben verbannt. Denn den Menschen des von Weltkriegen, Inflation und Diktatur geplagten 20. Jahrhunderts erschien der Engelsglaube naiv. Erst in den achtziger Jahren kamen die Engel in ihren unterschiedlichsten Funktionen wieder in Mode, zunächst als Lichtwesen der Esoterik, seit den Neunzigern auch als Barockputten. Inzwischen kursiert sogar wieder die Postkarte aus der Kaiserzeit. Schutzengel haben Hochkonjunktur. Nach einer Umfrage des Allensbacher Meinungsforschungsinstitutes glaubt jeder zweite Deutsche an ihre Existenz.

Wer einen Schutzengel um sich wähnt, fühlt sich behütet. Er glaubt, einen unsichtbaren Begleiter zu haben, der bei Gefahr einspringt, der Wärme verströmt und den harten, eintönigen Alltag erleichtert. Wenn sich der Mensch dann doch mal hilflos und einsam fühlt, dann glaubt er eben, der Schutzengel habe ihn kurzzeitig verlassen. Kurzum: Der Schutzengel ist eine volkstümliche Metapher für das Gefühl des Behütetseins. Mehr nicht?

Der Psychoanalytiker und katholische Theologe Eugen Drewermann hat einmal gesagt: „Jeder Mensch trägt in sich ein bestimmtes Bild, einen bestimmten Ton, ein bestimmtes Wort, das er zum Gemälde, zur Symphonie, zum Gedicht ausgestalten muss. Nur dafür lebt er. Ein Mensch, der begreift, wozu er da ist, wäre nach mythologischer Sprachweise begleitet und geführt von seinem Engel." Im Engel begegnet uns demnach ein inneres Gegenüber, das uns anspornt, unseren Weg im Leben zu gehen, und der Sinngeber, der uns hilft, die Scherben zerbrochener Illusionen neu zu einem sinnvollen Gebilde zusammenzufügen und Niederlagen einen Sinn abzugewinnen.

Auch die biblischen Engel kann man als inneres Gegenüber deuten. Sie treten in den Geschichten stets als Gottesboten auf, als Botschafter des ganz Anderen. Die Engel der Bibel bestätigen die Menschen nicht bloß in dem, was sie sind. Sie kritisieren und provozieren auch. So fordert ein Engel den Propheten Elia auf, sein missionarisches Wirken fortzusetzen, als der sich aus Angst vor den Herrschern versteckt und am liebsten sterben möchte (1. Könige 19). Andere Engel setzen den Menschen Grenzen, wie jene aus der Schöpfungsgeschichte, die Adam und Eva mit einem Flammenschwert den Rückweg ins Paradies versperren (1. Mose 3,24.)

Selbst wenn die Engel der Bibel gute Nachrichten überbringen, verbreiten sie Angst und Schrecken. „Fürchtet euch nicht!", beruhigt der Weihnachtsengel die Hirten auf dem Felde, bevor er ihnen die Geburt des Heilands verkündet (Lukas 2,10). Biblische Engel sind also keine Repräsentanten des schönen Scheins.

Anders als der Schutzengel aus der Kaiserzeit, der die Kinder vor dem Sturz in den Abgrund bewahrt, können die Engel der Bibel längst nicht jedes Unglück abwenden. „Wenn du Gottes Sohn bist, so wirf dich von der Zinne des Tempels herab", sagt der Teufel zu Jesus, als er ihn auf die Probe stellt (Matthäus 4,6).

Ihm, dem Gottessohn, werde schon nichts passieren. Zum Beweis zitiert der Teufel einen biblischen Psalm: „Der Herr hat seinen Engeln über dir befohlen, dass sie dich auf den Händen tragen." Jesus antwortet ihm mit einer anderen Bibelstelle: „Du sollst den Herrn, deinen Gott nicht versuchen." (5. Mose 6,16) Der Glaube an Schutzengel sollte also niemanden zu Leichtsinn und Hochmut verleiten.

Zugleich predigt Jesus ein geradezu kindliches Vertrauen in die Schutzengel. „Seht zu, dass ihr nicht einen von diesen Kleinen verachtet", lehrt er über die Kinder. „Denn ich sage euch: Ihre Engel im Himmel sehen allezeit das Angesicht meines Vaters im Himmel." (Matthäus 18,10) Das heißt: Jeder Mensch hat einen Engel, und die Engel der Kinder stehen Gott besonders nahe. Kaum einer hat solche Worte besser verstanden als der Theologe und Widerstandskämpfer gegen die Nazis, Dietrich Bonhoeffer. Der fühlte sich noch in der Todeszelle kurz vor seiner Ermordung „von guten Mächten wunderbar geborgen".

Haben wir alle einen Schutzengel? Ganz bestimmt. Unsere Schutzengel haben sogar manches mit ihren biblischen Vorfahren gemein. Diese überbringen Nachrichten von Gott. Unsere Schutzengel erscheinen, wenn uns die Wirklichkeit fremd und feindlich vorkommt. Sie erinnern daran, dass wir in unserem Leben vieles weder beeinflussen noch begreifen können. Und sie vermitteln das Gefühl, trotz allem geborgen und behütet zu sein.

Burkhard Weitz

Weihnachtsmann und Christkind – sind sie Rivalen?

Geschenke bringen sie beide: der vom Nikolaus zum pausbäckigen Zottelbart mutierte Weihnachtsmann wie das Kind in der Krippe. Den Protestanten war der heilige Bischof aus Myra allerdings schon früh ein Dorn im Auge

1931 erblickte er das Licht der Welt: der Weihnachtsmann mit rotem Kittel und weißem Bart. Es war die Coca-Cola-Company, die den schwedisch-amerikanischen Zeichner Haddon Sundblom beauftragt hatte, einen „Santa Claus" für eine Werbekampagne zu entwickeln. Als Vorlage diente Sundblom das großväterliche Gesicht eines alten Coca-Cola-Verkäufers mit Pausbacken und weißem Bart. Dazu kam dann noch ein feuerroter Mantel mit weißem Pelzbesatz – fertig war die Marke Weihnachtsmann. Unvorstellbar heute, dass damals auch blau gewandete und jugendliche Weihnachtsmänner en vogue waren.

Ob die Getränkefirma, die nicht nur Flaschen-, sondern auch Kulturträger sein will, wirklich den entscheidenden Anstoß zur Entwicklung des rotweißen Weihnachtsmanns gegeben hat, ist Interpretationssache. Es könnte auch schon einhundert Jahre zuvor C. C. Moore mit seinem Gedicht „The night before Christmas" („Die Nacht vor dem

Christfest", 1822) gewesen sein. Bereits hier tritt Nikolaus als pausbäckiger, pummliger, alter Kobold in Erscheinung. Und kaum hatte er so literarisch das Licht der Welt erblickt, wurde er schon von zahlreichen Zeichnern ins Bild gesetzt.

Wichtig ist zu wissen: Der Weihnachtsmann ist kein Christkind in anderer Gestalt, sondern eine Fortentwicklung des Nikolaus, eines Heiligen aus der heutigen Türkei, aus der Stadt Myra des vierten Jahrhunderts. Unser „Weihnachtsmann" müsste, wenn er Traditionsbewusstsein hätte, seinen jährlichen Auftritt in der Nacht vom 5. zum 6. Dezember haben, also bereits mit seinem Rentierschlitten heimgekehrt sein, wenn sich Wochen später die Weihnachtskrippe füllt. Ein Weihnachtsmann an Weihnachten hingegen ist ein Fehlläufer.

Nicht nur die Bethlehem-, sondern auch die Nikolauslegenden haben sozialen und religiösen Tiefgang. Zum Beispiel diese Episode: Ein Mann hatte drei „heiratsfähige" Töchter, war aber arm und hätte nie die Kosten für ihre Hochzeiten tragen können. Deshalb bestimmte er eine von ihnen für die Tempelprostitution. Als Bischof Nikolaus davon hörte, überbrachte er ihrem Vater unerkannt einen Beutel Gold, und der jungen Frau blieb die Prostitution erspart. Oder auch diese Geschichte: Die Bevölkerung der Stadt Myra litt einmal unter einer Hungersnot. Da machte ein mit Getreide beladenes Schiff auf der Fahrt nach Rom in der Bischofsstadt fest. Kraft seiner Autorität als Bischof und Christenmensch gelang es Nikolaus, den Spediteur zum Abladen von so viel Korn zu überreden, dass die Bürger von Myra dem Tod entgingen.

Dass im Weihnachtsmann der Kern des Nikolaus steckt, ist heute nicht mehr allgemein bekannt. Bereits seit Beginn des 19. Jahrhunderts hat sich der Nikolaus immer mehr Richtung Weihnachtsmann verweltlicht. Den Protestanten war Nikolaus schon lange vorher ein Dorn im Auge. Sie versuchten, Nikolaus im Rahmen ihrer Heiligenkritik als Gabenbringer zu verdrängen – und förderten damit indirekt die Bescherung zu Weihnachten. Mit der Folge: Vor mehr als vierhundert Jahren begannen die deutschen Städte, ihre Nikolausmärkte in Weihnachtsmärkte zu verwandeln. Dem evangelischen Prinzip der Konzentration auf das Wesentliche, in diesem Fall auf das göttliche Kind in der Krippe, ist die Kirche im Grunde bis heute treu geblieben.

Tatsächlich eignet sich der weiße Rauschebart viel besser als Werbeträger und für freche Gedankenspiele als das Christkind, um dessen korrektes Erdenleben sich die christlichen Kirchen kümmern. Im Internet zum Beispiel kursiert tausendfach eine berühmte Glosse mit dem Titel „Gibt es den Weihnachtsmann?" Ihre Herkunft ist ungewiss. Studenten einer technischen Hochschule könnten sie geschrieben haben. Sie führen den Nachweis, dass es den Weihnachtsmann mit seiner fliegenden Rentierkutsche eigentlich gar nicht geben kann. Denn: Alle 400 Millionen Kinder christlichen Glaubens rund um den Globus an einem 31-Stunden-Tag (Zeitzonen beachten!) zu beschenken bedeutet eine Wegstrecke von 120 Millionen Kilometern und eine Schlittengeschwindigkeit von 1040 Kilometern pro Sekunde. In Anbetracht der Last – ein Kilo pro Geschenk – sind 216 000 Zugtiere erforderlich. Der Luftwiderstand wäre immens. Das ernüchternde Fazit: „Wenn der Weihnachtsmann irgendwann einmal Geschenke gebracht haben sollte, ist er heute tot."

Anders als der Weihnachtsmann ist das Christkind von einer Schutzhülle aus frommem Ernst umgeben. So schlecht ist diese Rollenverteilung nicht: Die Wirtschaft hat ihren Weihnachtsmann, das volkstümliche Brauchtum seinen Nikolaus und die aktiven Christen den Sohn Mariens, der schon in jungen Jahren zum Propheten und Lehrer wurde. Am schönsten ist: Die Geschichte vom Christkind hat auch nach mehr als 2000 Jahren noch keinen Bart.

Eduard Kopp

Wer ist der Teufel?

Seit Jahrtausenden versuchen Menschen dem Bösen ein Gesicht zu geben. Die Frage bleibt: Gibt es den Teufel wirklich oder ist er nur ein Trugbild unserer Angst?

Ihre hasserfüllten Gesichter zierten wochenlang die Titelblätter. Sie galt als Satansbraut, er als leibhaftiger Teufel. Ein Mann und eine Frau aus Nordrhein-Westfalen wurden im Februar 2002 zu langen Haftstrafen mit anschließender Sicherungsverwahrung verurteilt. Die beiden hatten einen Bekannten mit Messerstichen regelrecht abgeschlachtet. Einziges Motiv: Satan habe es ihnen befohlen. Der Herr der Finsternis wollte angeblich ein Opfer.

Fassungslos steht die Öffentlichkeit vor solchen Taten. Morde aus Hass oder Habgier lassen sich ebenso wenig rechtfertigen, aber sie erscheinen zumindest noch mit so etwas wie Sinn behaftet, selbst wenn es ein moralisch verwerflicher Sinn ist. Der Teufel hingegen steht für das unableitbar Böse, für das Böse um des Bösen willen. „Ihn hat der Teufel geritten", sagt der Volksmund, wenn jemand etwas Böses tat und man es sich nicht recht erklären konnte. Der Teufel ist das personifizierte Böse. Weil das Böse letztlich unanschaulich und ungreifbar ist, haben die Menschen schon immer das Bedürfnis gehabt, ihm ein Gesicht zu geben.

Das Wort Teufel kommt von griechisch „diabolos", zu Deutsch „Durcheinander-Werfer". Einer, der den wahren Sinn der Schöpfung und des Lebens auf den Kopf stellt.

Sogar in einem der prominentesten Texte des Neuen Testaments kommt er vor. Wenn es im Vaterunser heißt: „Erlöse uns von dem Bösen", so ist „der Böse" gemeint, der mit dem Teufel identifiziert wird. In der berühmten Versuchungsgeschichte erzählt die Bibel, wie Jesus selbst dem Teufel begegnet. Es ereignet sich in der Wüste, der Teufel führt Jesus auf einen hohen Berg. Dort zeigt er ihm alle „Reiche der Welt und ihre Herrlichkeit", wie es im Matthäusevangelium heißt. Der Teufel sagt: „Das alles will ich dir geben, wenn du niederfällst und mich anbetest." Jesus aber hält dem Bösen ein Zitat aus der Bibel entgegen: „Du sollst anbeten den Herrn, deinen Gott, und ihm allein dienen!" Damit war die Prüfung bestanden und der Teufel verließ ihn.

Die Versuchung Jesu durch den Teufel ist zum literarischen Vorbild vieler Versuchungen geworden. Den heiligen Antonius versuchte der Teufel in Gestalt einer schönen Frau, und Luther erzählt, er habe den Teufel poltern hören und mit dem Tintenfass nach ihm geworfen. Den Tintenfleck kann man heute noch im einstigen Arbeitsraum des Reformators auf der Wartburg besichtigen.

Immer wieder sah man den Teufel in reale Personen schlüpfen. Die „Rolling Stones" lassen in ihrem berühmten Song „Sympathy for the devil" den Teufel singen: „Ich fuhr einen Panzer und war ein General, als der Blitzkrieg tobte und die Leichen stanken." Adolf Hitler ist schon zu Lebzeiten häufig als Teufel bezeichnet worden, so auch sein Propagandaminister Joseph Goebbels, der durch seinen Klumpfuß sogar dem überlieferten folkloristischen Teufelsbild entsprach.

Wer ist der Teufel? Ein Theologieprofessor, der in der NS-Zeit in Deutschland ausharrte, sagte nach dem Krieg zum berühmten Theologen Karl Barth: „Wir haben dem Teufel ins Angesicht geschaut!"

Worauf Barth an seiner Pfeife zog und sagte: „Na, da wird er sich aber erschrocken haben, der Teufel!" Barth brachte es damit auf den Punkt: Das Böse lässt sich nicht auf irgendeine Instanz oder Person abschieben, der man ins Auge schauen kann, sondern es begegnet uns in uns selbst. Und das Beschwören eines wie auch immer gearteten Leibhaftigen verschleiert das Problem des Bösen nur. Dass unsere Welt immer wieder und wahrscheinlich sogar unausweichlich vom Bösen heimgesucht ist, liegt nicht an einer außenstehenden, transzendenten Gewalt, Kraft oder gar Person. Das Böse hat immer mit ganz konkreten Menschen zu tun, oder anders gesagt: Der Teufel, das sind wir.

Für Martin Luther war der Mensch ein Reittier, das auf der einen Seite von Gott und auf der anderen vom Teufel geritten werde. Damit meinte er: Das Böse gehört zu uns. Zu jedem und jeder von uns. Die Reformatoren haben das gewusst und im Augsburger Bekenntnis von 1530 in der zweiten These festgehalten: „Weiter wird bei uns gelehrt, dass (…) alle Menschen von Mutterleib an voll böser Lust und Neigung sind und von Natur keine wahre Gottesfurcht, keinen wahren Glauben an Gott haben können." Dieses pessimistische Menschenbild ist immer wieder verurteilt worden, weil es den Menschen deprimiere. Doch die Reformatoren hatten damit Recht, dass jeder Versuch, die Quelle des Bösen von uns selbst auf einen Teufel außerhalb von uns zu verlagern, zum Scheitern verurteilt ist.

Wenn aufgeklärte Christen heute beten: „Erlöse uns von dem Bösen", dann haben sie nicht mehr den Gehörnten mit dem Pferdefuß vor Augen, aber sie wissen um ihre Schwäche, um ihre Unvollkommenheit und um ihre Erlösungsbedürftigkeit. Ihre Kräfte zum Guten sind ergänzungsbedürftig. Die zum Bösen dagegen durchaus vorhanden. Reichlich.

Reinhard Mawick

Was ist in der Hölle los?

Sie gilt als Inbegriff für Strafen und Qualen aller Art. Jahrhundertelang versetzte schon der Gedanke an das flammende Inferno die Menschen in Angst und Schrecken

Die Waldbrände auf den kanarischen Inseln und auf dem spanischen Festland im heißen Sommer 2007 kamen den Journalisten und den Bewohnern wie ein Inferno vor: „Urlaubsparadies mutiert zur Flammenhölle", lautete eine Schlagzeile. Hilflos angesichts der Feuerwalze und ihres Besitzes beraubt, brachen Menschen vor den TV-Kameras in Tränen aus. Tausende Betroffene mussten fliehen, Pinien- und Eukalyptuswälder wurden großflächig vernichtet. Die Hölle als Ort radikaler Vernichtung: eine tief im Bewusstsein der Menschen verankerte Angst.

Doch es gilt mit einer Vorstellung aufzuräumen: In den großen christlichen Kirchen von heute gibt es keine ausgefeilte Lehre über die Hölle, sie ist auch kein zentrales christliches Thema. Die bekanntesten Vorstellungen von der Hölle entstammen volkstümlichem Traditionsgut. Theologisch interessant daran ist allerdings, dass sie Gegenbilder zu den vielfach beschriebenen christlichen Vorstellungen vom Reich Gottes und vom Himmel sind.

Im Alten Testament gibt es keine Hölle als Ort ewiger Bestrafung, wohl aber einige konkrete Vorstellungen, aus denen sich nach und nach ein größeres Bild zusammenfügte. Das „Tal des Hinnom", südlich der Jerusalemer Altstadt gelegen, gehört zu diesen konkreten Anknüpfungspunkten: In früheren Zeiten sollen hier Kinder geopfert worden sein, der Prophet Jeremia verfluchte diesen Ort des Götzenkults. Seit dem zweiten Jahrhundert vor Christus galt das Tal als der Ort, an dem sich nach dem Endgericht eine Feuerhölle zeigt. Aus einem geografisch klar beschriebenen Ort wurde eine zeitlos-abstrakte Vorstellung.

Auch in den Gleichnisreden Jesu vom kommenden Reich Gottes gibt es Anknüpfungspunkte für Höllenvorstellungen, auch wenn sie keine dezidierte Höllentheologie enthalten. Am Ende der Welt, so heißt es zum Beispiel im Matthäusevangelium (Kapitel 13,47 f.), werden Engel die bösen Menschen von den Gerechten trennen; die Bösen werden dann in einen Feuerofen geworfen, „dort wird Heulen und Zähneklappern sein". Und in den Passagen über das Weltgericht heißt es: Nach dem Urteilsspruch werden die Verfluchten mit dem Teufel und seinen Helfern ins „ewige Feuer" geworfen (Kapitel 25,41).

Wenn es um die unterschiedlichen Höllenvorstellungen geht, muss man sehr genau die jeweiligen historischen Hintergründe im Blick haben. Da wirkt auch im frühen Christentum die antike Vorstellung vom dreigeteilten Kosmos nach: Oben schließt sich an die Erde der Himmel, unten die Hölle an, das Reich der Toten, ein Straf- und Läuterungsort für die sündigen Menschen. Unterschiedlich je nach historischem Zusammenhang sind auch die Vorstellungen, wer über die Hölle die Verfügungsgewalt hat.

Nach christlicher Überzeugung hat Jesus die Hölle bezwungen: Als Gottes Sohn den Tod auf sich nahm, erwies sich, dass Gott den Menschen auch in ihren tiefsten Nöten und Todesängsten nahe war und ist. Im Glaubensbekenntnis heißt es, Christus sei nach seinem Tod „hinabgestiegen in das Reich des Todes". Volkstümlich ist in diesem

Zusammenhang von der „Höllenfahrt Christi" die Rede. Nirgends werden Orte oder Details des Aufenthalts näher bestimmt. Erst in späteren Jahrhunderten werden auf den Ikonen der Ostkirchen die Abläufe detaillierter ausgemalt: Von seiner Höllenfahrt kehrt Christus als Sieger zurück, an der Hand zieht er den geretteten Adam hinter sich her.

Anders als das Christentum hat der Islam eine umfangreiche Höllenlehre, die im Koran nachzulesen ist. Unglauben und Sünden führen die Menschen an den Ort der Höllenpein. Die Verdammten essen die Früchte eines Höllenbaums, die ihren Körper innerlich verzehren. Sie trinken kochend heißes Wasser. Feuer lodert, immer wieder neu angefacht mit den Leibern der Verdammten. Diese sind angekettet und werden mit Eisenstöcken gequält. Während die Ungläubigen, die Nichtmuslime, für immer in der Hölle bleiben, können die Sünder unter den Gläubigen irgendwann einmal ins Paradies gelangen.

Karl Barth, der Baseler Theologieprofessor, betonte in seinen letzten Vorlesungen Anfang der sechziger Jahre, wie wichtig es sei, gerade die gütigen Seiten Gottes in den Blick zu nehmen, seine Gnade wichtiger zu nehmen als die christliche Botschaft vom Gericht. Er riet den Christen, sich die Hölle nicht interessanter werden zu lassen als den Himmel. Das ist ein Ratschlag, der auch heute seine Bedeutung hat.

Eduard Kopp

Ist Halloween ein gefährliches Fest?

Jugendliche feiern Geisterpartys, Kinder ziehen als Zombies von Tür zu Tür. Seit einigen Jahren geht am 31. Oktober ein neuer Gruselkult durchs Land. Ein künstlicher Brauch mit Schattenseiten

„**Süßes oder Saures**", rufen die Gespenster mit den blassen Gesichtern. Die Frau an der Haustür rückt Schokoladenriegel heraus. Die verkleideten Kinder ziehen vergnügt davon. Seit etwa zehn Jahren hat sich ein Brauch aus den USA in Deutschland etabliert. Man stellt sich an Halloween Kürbisleuchter mit Fratzen ins Fenster, Jugendliche gehen auf Gruselpartys, Kinder ziehen verkleidet von Tür zu Tür. Längst hat sich herumgesprochen, dass man am 31. Oktober Süßigkeiten im Haus haben und sie ohne Murren herausrücken sollte. Volkskundler sind begeistert: Erstmals konnten sie live die Entstehung eines neuen Brauchs erleben.

Nicht umsonst ist Halloween so beliebt. Zum einen ist es eine Art vorgezogenes Faschingsfest. Als Mumien, Zombies, Werwölfe oder Frankenstein jagen Kinder anderen Angst ein. Sie übernehmen die Rolle des Starken, des Angstmachers, der selbst keine Angst hat. Und oft genug funktioniert das auch. Selbst Erwachsene lassen sich während der stürmischen, unheimlichen Jahreszeit leichter verunsichern als sonst.

Mit seinen bunten Laub- und prallen Kürbisdekorationen erinnert Halloween aber auch an eine Erntefeier: An überladene Festtafeln und ausgelassene Gelage. Und der Laternenkult ist ein Vorgriff aufs Martinsfest am 11. November, passend zum frühen Einbruch der Dunkelheit. So gesehen gibt sich Halloween als Mischfest aus Fasching, Erntedank und Martinstag.

Natürlich gefällt nicht jedem der Spruch „Süßes oder Saures". Vollständig müsste er lauten: „Gib uns Süßigkeiten oder wir geben dir Saures", eine Gewaltandrohung. Zusammen mit der Teufelsfratze löst er Unbehagen aus. Aber was sollen Kinder einem schon antun? Einen Klingelstreich spielen oder Chinaböller in den Vorgarten werfen.

Gleichwohl nimmt die Zahl derer zu, die vor Halloween warnen. Denn längst haben sich Esoteriker, Neuheiden und Satanisten das Fest angeeignet. Sie behaupten, Halloween sei eine uralte, keltische Tradition. Mit dem Beginn der dunklen Jahreszeit habe nach dem Glauben der Druiden ein Todesfürst namens Samhain die Herrschaft angetreten. Fabelwesen hätten ihr Unwesen getrieben, Tote sich den Körper von Lebenden gesucht. Um dem zu wehren, hätten die Druiden Samhain Opfer gebracht.

All diese Herleitungen sind allerdings falsch. Einen Todesfürsten Samhain hat es nie gegeben, ebenso wenig einen druidischen Glauben, dass Tote in die Körper der Lebenden schlüpfen. Höchst unwahrscheinlich sei, so der Volkskundler Helge Gerndt, Professor an der Universität München, dass das moderne Halloween überhaupt mit keltischen Bräuchen zu tun habe.

Bedenklich sind solche Herleitungen, wenn sie jedem Unwesen den Anstrich von Legitimität verleihen. Unterstellt wird: Das wilde Treiben entspreche der authentischen Lebensart unserer Vorfahren. Ein angeblich engstirniges Christentum habe die frühere Freizügigkeit unterdrückt.

In den USA gelten Exzesse an Halloween schon als üblich. Gelegentlich werden dabei Häuser und Autos in Brand gesetzt. In Deutschland zelebrieren Satanisten Halloween als Tag des Teufels. Aus dem Ulkfest machen sie eine Inszenierung des Bösen. Mancher kann Verkleidung und Realität nicht unterscheiden. Wo das der Fall ist, geht tatsächlich eine Gefahr von Halloween aus.

Richtig ist: Halloween ist traditionell ein christliches Fest. „Allhallows Eve" heißt es vollständig: Vorabend zu Allerheiligen, dem Gedenktag der verstorbenen Heiligen. Die Idee, Allerheiligen am 1. November zu feiern, stammt aus Irland. Auch die alten Kelten feierten um diese Zeit ein Erntefest, es hieß „Samhain", zu Deutsch: Sommerende. Vermutlich begingen sie es so, wie man immer und überall zum Ende der Erntezeit gefeiert hat, nämlich fröhlich und ausgelassen.

In seiner heutigen Form stammt Halloween allerdings nicht von Kelten, sondern von irischen Einwanderern in den USA. Sie erzählten an dem Tag die eher unheilige Legende vom Trunkenbold Jack O'Lantern, der durch eine List der Hölle entging, wegen seiner Trunksucht aber auch nicht in den Himmel kam. Jack O'Lantern muss bis zum Jüngsten Gericht im Dunkel zwischen Himmel und Hölle wandern. Eine ausgehöhlte Rübe dient ihm als Laterne.

Die Legende passt zum Brauch, zu Allerheiligen Laternen aus Rüben zu schnitzen. Als die irischen Einwanderer in Amerika heimisch wurden, nahmen sie statt der mickrigen Rüben pralle Kürbisse. Und da die Geschichte vom Jack O'Lantern gruselig ist, schnitt man grässliche Fratzen hinein.

Allen populären Erklärungen zum Trotz ist Halloween ein christliches, kein heidnisches Fest. Früher war es ein ruhiges Fest und daher weniger attraktiv. Heutzutage bevorzugt man Gruselmasken: Ein Spaß für diejenigen, die Realität und Maske unterscheiden können. Gefährlich aber für alle, die sich selbst für das Monster auf ihrer Maske halten.

Burkhard Weitz

Wiedergeburt – ein Tabu für Christen?

Manche Zeitgenossen glauben an ein Vorleben als Tier, als Pflanze oder als anderer Mensch. Neues Leben – neues Glück: Dieser Glaube ist bei weitem nicht so charmant, wie Esoteriker meinen

Im Sommer 1968 traf sich der Psychologe Thorwald Dethlefsen mit einigen Bekannten in seiner Münchener Wohnung, um – wie er sagte – „einen angenehmen Abend zu verbringen und einige Psychoexperimente zu veranstalten". Zur Unterhaltung der Gäste steuerte er ein paar Hypnoseexperimente bei: Mit einem 25-jährigen Technikstudenten unternahm er eine „age regression", eine Rückkehr in frühere Lebensalter. Er hatte ihn durch verschiedene Lebensetappen zurück bis zu seiner Geburt geschleust, als ihm ein „verrückter Einfall" kam. Er wollte den Hypnotisierten in die Zeit vor seiner Zeugung zurückgehen lassen. Schwer atmend und unter der gebannten Aufmerksamkeit der Anwesenden berichtete der Student, was er im Jahr 1870 erlebt hatte, als Augenzeuge des Deutsch-Französischen Krieges, als Guy Lafarge, Gemüsehändler, 18 Jahre alt, wohnhaft im französischen Wissembourg.

Diese Erkenntnis war für Thorwald Dethlefsen, einen der westlichen Vordenker der Reinkarnation, ein Schock. Für ihn stand fortan fest: Wenn hypnotisierte Menschen einzelne Auskünfte über ihr „früheres Leben" machen können, dann sind das nicht nur singuläre Zufallsfantasien, sondern Hinweise auf die eigene Reinkarnation. Diese Erkenntnis, so dozierte er, eröffne sich allerdings nur „reifen, aufgeschlossenen Menschen", während alle anderen in Unwissen und in ihren „unbewussten Abwehrmechanismen" verharrten. Und: „Es wäre wohl gar nicht zu verantworten, solchen Leuten ihre Lebenslüge gewaltsam zu entreißen."

Sind mithin Zweifel daran, dass in unserem Körper eine Person oder ein Tier steckt, die schon einmal gelebt haben, Selbstbetrug? Immerhin glauben rund sechs Prozent der deutschen Bevölkerung, dass sie nach ihrem Tod als ein anderer Mensch wiedergeboren werden. Tatsache ist: Alle Versuche, den Glauben an die Wiedergeburt der Seele in einem anderen Körper als christliche Lehre heimisch zu machen, fruchteten nichts. In der Bibel und im kirchlichen Sprachgebrauch gibt es nur einen Sinn dieses Wortes: Die Taufe wäscht die Sünden ab und schafft ein radikal neues Leben. Solche „Wiedergeburt" (Titusbrief 3,5) hat mit der Wanderung der Seele durch verschiedene Körper nicht das Geringste zu tun.

Wiedergeburt, wie sie im Hinduismus, Buddhismus und Jainismus geglaubt wird, ist aber gerade die Wanderschaft der Seele durch menschliche und tierische Körper. Eine einheitliche Reinkarnationslehre in diesen Religionen, ja selbst innerhalb des Hinduismus, gibt es gleichwohl nicht.

Anders als für westliche Esoteriker gilt für Hindus oder Buddhisten die Reinkarnation als ausgesprochen negativ. Es ist für sie eine Quälerei, jenen Zustand der Seele zu erreichen, in dem sie endlich die leidvollen Bindungen an das Leben hinter sich lassen können. Keine Freude dauert ewig, kein Glück hat Beständigkeit. Viele Esoteriker verstehen die Reinkarnationen hingegen schlicht als Chance zur eigenen Vervollkommnung, als Weg, sich zu einem höheren Wesen zu entwickeln, wir ergänzen: unabhängig von jeder göttlichen Gnade.

Auch in spiritistischen Sitzungen melden sich Tiere, die Menschen werden wollen, andere meinen, ein Vorleben als Hofhund gehabt zu haben. Noch dubioser sind Selbstauskünfte von Menschen, die in früheren Leben nacheinander Nebel, Lava, ein Halbedelstein und schließlich eine Flechte auf einem Felsen gewesen sein wollen.

Solcher Glauben ist für Christen inakzeptabel. In der Bibel ist bei ernsthafter Betrachtung kein Hinweis auf die Wiedergeburt zu finden. Nach dem christlichen Schöpfungsglauben verdankt der Mensch seine Existenz und seine Lebensumstände Gott, nicht sich selbst. Die „Wiedergeborenen" jedoch schlagen sich mehrere Leben lang mit ihren selbst verursachten Lasten herum und müssen zur Selbsterlösung greifen. Konsequent in dieser Spur lehnen die Buddhisten den christlichen Schöpfungsglauben ab. Und bezeichnenderweise unterscheiden die Anthroposophen zwischen der Person und der (wiederkehrenden) Persönlichkeit des Menschen, während Christen das Individuum als Gottes einmaliges Ebenbild verstehen.

Fiele den Christen das Leben leichter, wenn sie mehr als dieses eine hätten? Neues Leben – neues Glück: Diese Perspektive hat mit der christlichen nichts gemein. Wie viele Leben bleiben einem Menschen bis zu seiner vollen Entfaltung? Seit der Bibel heißt die Antwort: ein einziges, einzigartiges.

Eduard Kopp

Gibt es Zufälle?

Vielen Menschen erscheint ihr Leben wie von höheren Kräften gesteuert. Der Glaube ans Schicksal mindert die Last der Verantwortung. Christen hingegen rechnen mit allem

Ein Autofahrer muss auf der Autobahn rechts ranfahren. Der Tank ist leer. Wütend steigt er aus und versucht, andere Autos anzuhalten, um nach ihrem Reservekanister zu fragen. Doch die rasen an ihm vorbei. Mehreren Fahrern, die da an ihm vorbeizischen, wird ihre Eile zum Verhängnis. Sie geraten nicht einmal fünfhundert Meter weiter in eine Massenkarambolage. Einige rasen in den Tod, andere überleben schwer verletzt.

Gibt es Zufälle? Das hängt wohl vom Betrachter ab. Dass ein Notarzt nicht zu den Hubschrauberpiloten in den Rettungshelikopter steigt, der später abstürzt, ist je nach Blickwinkel Zufall oder Schicksal. Zufall ist es auch, dass man zum richtigen Moment am richtigen Ort war, um den Partner fürs Leben zu treffen oder den idealen Arbeitgeber oder den gut informierten Börsenmann. Zufall kann es sein, dass in einer Prüfung genau die Fragen gestellt werden, auf die man sich vorbereitet hatte. Oder dass man noch einmal zurück ins Haus musste, um etwas Vergessenes zu holen, und einen Kabelbrand entdeckte.

Man kennt es aus der Esoterik-Szene: Welche seltsame Erfahrung ein Mensch auch macht, sie gilt als vorherbestimmt, als von einer höheren Instanz oder Macht gewollt. Es gibt überhaupt keine Zufälle, sagen die Wanderer durch die spirituellen Welten. Alles, was ist und sich ereignet, hat tiefere Zusammenhänge und einen höheren Sinn. Es mag mit den Sternen oder Magnetfeldern zu tun haben, auf den Einflüssen eines Geistes oder dem Willen der Götter beruhen.

Dass alles schicksalhaft vorherbestimmt sei, ist eine schlichte Behauptung. Sie rechnet die Freiheit des Menschen und die Möglichkeit ungeplanter Ereignisse einfach aus der Realität heraus. Auch wenn es nicht nach jedermanns Geschmack ist, dass wir selbst, dass unser Lebensweg, unsere Partnerwahl, unsere Karriere, unser Alltag teilweise Folge von Zufällen sind, führt kein Weg an der Einsicht vorbei: Es gibt Zufälle im Leben – und nicht eben wenige. Auch wenn es anstrengend ist: Man muss mit der Offenheit von Situationen umgehen lernen.

Das Christentum, von dem man doch eigentlich die Devise erwarten könnte: „Alles folgt einem höheren Plan", hat mit Zufällen weniger Probleme. Natürlich gibt es Auffassungen wie: „Ehen werden im Himmel geschlossen" (sie sind also nicht Produkt von Zufällen), und es gibt biblische Sätze wie: „Nicht ein Haar von eurem Haupte soll verloren gehen", doch hat dies nicht mit einem allzeit und allerorts gültigen Plan Gottes zu tun, sondern mit der religiösen Auskunft: Kein Mensch ist Gott gleichgültig.

Zufälle, offene Situationen, die Pluralität des Lebens, die Chance und die Last der Freiheit: Sie gehören zum christlichen Glauben und Weltbild dazu. Warum?

Ein allbestimmendes Schicksal oder eine allzuständige religiöse Instanz will Gott gar nicht sein. Er setzt auf die Freiheit der Menschen. Und: Religion ist zwar fürs Ganze, aber nicht für alles im Leben zuständig.

Außerdem: Selbst wenn im Buch der Bücher der Begriff Zufall nicht vorkommt, heißt das noch nicht, dass es Zufälle nicht gibt. Die Bibel ist literarisch anders konzipiert als ein Überraschungsroman: In ihr kommt die Geschichte als Heilsgeschichte zur Sprache, als eine fortwährende Geschichte mit einem großen Ende. Was sich ereignet in der Bibel, wird rückblickend als Erfüllung alter Verheißungen und als Anzeichen bevorstehender großer Dinge dargestellt. Die Beschreibung von Zufällen hätte ihre literarische Absicht, ihre Dramaturgie durchkreuzt. Warum hätte sie solche schildern sollen?

Religionssoziologen sagen heute: Gläubige Menschen können ungute Begebenheiten und Erfahrungen besser bewältigen, wenn sie sie als sinnvoll verstehen. Im Mittelalter ging die Argumentation genau andersherum: Je brutaler die Zeiten, je größer Armut und je verbreiteter die Gewalt, desto größer war das Bedürfnis der Menschen, die Zustände auf der Welt als zufällig, als sinnlos zu verstehen. Für mittelalterliche Theologen galt die ganze Schöpfung als „zufällig". Nach ihrer Vorstellung könnte die Welt auch ganz anders sein, sie könnte sogar überhaupt nicht sein. Denn entscheidend ist nicht, was man sieht, sondern was diese Welt möglich macht und was sie stützt: Gott.

Im christlichen Raum spricht man auch von der Vorsehung, nicht im Sinne einer Vorausschau, sondern göttlicher Fürsorge für die Menschen. Wie sie sich konkret äußert, bleibt ein großes Geheimnis. Selbst Gottes Zuwendung zu den Menschen hat etwas „Zufälliges", insofern Ursache und Maß der Gnade für die Menschen nicht berechenbar sind. Es gibt die klare Erwartung vieler Menschen, dass das Maß der Zuwendung alle Träume übertrifft. Nach welchen Regeln ihnen die Liebe zuteil wird: ein göttliches Geheimnis.

Eduard Kopp

Heilung durch Handauflegen – für Christen akzeptabel?

Ein freundliches Wort, ein Gebet, eine zärtliche Berührung: Auf diese Weise heilte Jesus viele Kranke. Im Sog der Esoterik ziehen heute viele die Handauflegung der Schulmedizin vor

Die Behandlungen verlaufen unterschiedlich, aber nicht selten auf diese Weise: Zunächst legt der Therapeut die Hände zehn Minuten auf die Stirn des Hilfesuchenden. Dann steuert er die Körperregionen an, die mit der Krankheit näher in Verbindung zu stehen scheinen: Bei Grippe oder Schwerhörigkeit legt er die Hände auf die Ohren, bei Nasenbluten, Kopfschmerzen oder Schlaganfall auf den Hinterkopf, bei Gallensteinen links unter die Brust, bei Tumoren, Leukämie oder Aids rechts unter die Brust. Wort- und lautlos, eine Stunde oder länger dauert diese Behandlung. Die Patienten verspüren in vielen Fällen ein intensives Wärmegefühl, für sie Ausweis der Tatsache, dass die zuvor blockierten Energien wieder fließen und damit die Heilung fortschreitet.

Handauflegungen gelten, anders als es das Wort vermuten lässt, als eine Form der Geistheilung. Im Westen am weitesten verbreitet sind sie in der Form des Reiki. Angeblich vermögen ihre Meister (von ihnen soll es weltweit etwa 350 geben), Energien, die das Universum durchströmen, durch Handauflegung an die Patienten weiterzugeben. Manfred Stöhr, Medizinprofessor in Augsburg und Autor des kritischen Fachbuchs „Ärzte – Heiler – Scharlatane" (2002), gibt sich in dieser Frage erstaunlich pragmatisch: „Geistheilungen (…) sind als begleitende Heilmaßnahmen akzeptabel, sofern der Patient ergänzende spirituelle Heilmethoden wünscht und die persönliche Integrität des Geistheilers gegeben ist."

Dass heute das Handauflegen in der Esoterik einen so großen Stellenwert einnimmt, macht es für viele Menschen verdächtig. Immerhin gelten die Grundlagen des Verfahrens als weitgehend spekulativ. Ob die Förderung des „Energieflusses" wirkliche Heilung bringt, ist unsicher. Wissenschaftler bemängeln, dass es an seriösen Dokumentationen der Heilwirkungen fehle.

Vermutlich ist Reiki, jene berühmteste Berührungstherapie, heute im christlichen Westeuropa deshalb so populär, weil es von einem japanischen Mönch des 19. Jahrhunderts entwickelt wurde: Mikao Usui, einem Lehrer der christlichen Klosterschule in Kyoto. Er war ein Leben lang auf der Suche nach den Kräften, mit denen Jesus heilte.

Biblische Geschichten wie diese hatten ihn zutiefst berührt: Menschen brachten einen Blinden zu Jesus mit der Bitte, „dass er ihn anrühre". Jesus, zu dieser Zeit schon als Heiler berühmt, „nahm den Blinden bei der Hand und führte ihn hinaus vor das Dorf, tat Speichel auf seine Augen, legte seine Hände auf ihn und fragte ihn: ‚Siehst du etwas?'" Der Blinde blickte auf, musste aber zugeben, dass er die Menschen nur wie wandelnde Bäume erkannte. Daraufhin legte Jesus abermals die Hände auf seine Augen. Da endlich konnte der Blinde alles scharf erkennen (Markus 8,22–25). Zigfach, hundertfach heilte Jesus in Gottes Namen Menschen, indem er ihnen die Hände auflegte. Schon in der Anfangszeit seines öffentlichen Auftretens, in jener Zeit, als er in der Synagoge von Kafarnaum in Galiläa predigte, fiel er mit dieser Fähigkeit auf. Und das ging weiter so bis zu seiner Verhaftung, als er das im Handgemenge abgeschlagene Ohr eines Tempelpolizisten im Nu wieder anheilte.

Heilung durch Handauflegung: für Christen eine akzeptable Vorstellung? Jedenfalls bewegen sie sich theologisch und medizinisch nicht automatisch in Fantasiewelten, wenn sie an diese Möglichkeiten glauben. Medizinern ist bekannt, dass bei jeder Heilung der Placeboeffekt beteiligt ist, unabhängig von der Art der Therapie. Was der Therapeut sagt, wie er es sagt, welches Vertrauen er im Patienten zu wecken vermag, dies alles sind vielfach unterschätzte Mitursachen der Genesung.

Neben diesem medizinischen Aspekt gibt es auch einen sprachlichen, einen literarischen Hintergrund der biblischen Heilungsgeschichten. Sie haben ein erklärtes Ziel: Menschen zum Glauben zu führen, „dass Jesus der Christus ist, der Sohn Gottes". Einem pauschalen Heilungsglauben haben Christen deshalb nie angehangen. Schon die Bibel geht mit Heilungswundern äußerst skeptisch um, sei es, dass die Jünger über Jesu Wundertaten den Kopf schütteln, sei es, dass sie bei eigenen Heilungsversuchen kläglich versagen (Markus 9,14 – 29).

Heilung durch Handauflegung? Sie ist für Christen akzeptabel, wenn sie sich weder als magisches Geschehen versteht noch als Ersatz für notwendige medizinische Betreuung, sondern als Unterstützung der Selbstheilungskräfte durch Zuwendung und Gebet. Ein gesundes Maß an christlicher Skepsis gehört aber allemal dazu, so wie sie Paulus zeigte: Er versagte sich selbst jedes Wunderwirken und kritisierte ironisch all die Jesusanhänger, die mit Empfehlungsschreiben über ihre eigenen Heilungstaten prahlten. Sein Kurzkommentar, ganz auf der Linie Jesu: Ihr seid stark, ich bin schwach. (1. Korinther 4,10)

Eduard Kopp

Ist Mystik nur eine Mode?

Utensilien für die Zen-Meditation gibt es heute schon im Baumarkt zu kaufen – religiöse Gefühle gegen klingende Münze. Und aus dem Popstar Madonna wird Esther. Mystik verkauft sich eben gut

Madonna, der Popstar, bekennt sich neuerdings zur jüdischen Mystik. Bewunderte sie noch vor wenigen Jahren Maria, die Mutter Jesu, wandelt sie heute auf dem Glaubensweg der Kabbala und möchte in Zukunft Esther genannt werden. Sie rechnet sich dem Jewish Renewal zu, einer religiösen Reformbewegung in Kalifornien, die althergebrachte jüdische Traditionen für ökologische und feministische Gedanken öffnete und mit buddhistischer Meditation sowie hinduistischer Seelenwanderung zusammenbringt. Nach jüdischer Glaubensüberzeugung ruht am Sabbat die Arbeit, und auch Madonna-Esther rührt dann kein Mikrophon an.

Der Mystiktrend hat inzwischen auch Einzug in Baumärkte gehalten: Es gibt Tischtabletts nach Art buddhistischer Meditationsgärten zu kaufen. Auf ihnen lässt sich weißer Sand mit einem Minirechen um Kiesel herum in feinen Linienmustern verteilen. In Wirklichkeit sind solche Gärten viel größer und erlauben asiatischen Mönchen und ruhebedürftigen Europäern, bewegungslos über Stunden davorzusitzen. Im fein geharkten Sand, in dem die Natur völlig beseitigt ist, vermögen sie eine Einladung zu sehen, aus ihren Köpfen alle Inhalte zu vertreiben, und sie hoffen dann darauf, dass in diese Leere Erleuchtung falle.

Auch für Jugendliche ist der Begriff „mystisch" kein Fremdwort. Die Firma Nintendo ist mit ihrem Computerspiel „mystic quest" seit Jahren auf dem Markt, ein Spiel, in dem es jede Menge Tempel, Fabelwesen und Streitkräfte gibt, wobei auffällt, dass manches mystisch genannt wird, was eigentlich mythisch ist, also mit alten Erzählungen zu tun hat.

Mystik, aus dem Griechischen und Lateinischen zu übersetzen als „Geheimlehre", ist eine Form der Frömmigkeit, bei der Menschen vor allem durch Versenkung und Meditation zur Begegnung mit Gott gelangen wollen. Wer sich auf diesen Weg begibt, strebt nach besonderen Erfahrungen und Erlebnissen, nicht nach intellektueller Klarheit. Häufig befinden sich die Mystiker deshalb in einer Gegenposition zu den Intellektuellen und Gesetzeslehrern ihrer Religionsgemeinschaften.

Die christliche Mystik, die im 12. und 13. Jahrhundert ihre Hochphase hatte, gewinnt gegenwärtig im Sog der kirchendistanzierten Religionsneugier wieder an Bedeutung. Zudem bringt der Asientourismus Europäer vermehrt in Kontakt mit Hindus und Buddhisten, bei denen Asketen – auch sie sind Mystiker – besondere Wertschätzung genießen.

Mystiker berichten davon, dass sie nach langer, mühevoller Meditation oder auch völlig unerwartet und ohne Vorbereitung das ersehnte religiöse Erlebnis hatten. Sie beschreiben ihre Gottesbegegnung als intensiven Glücksmoment oder als Ekstase, als stürmische Zuneigung Gottes zu ihrer Person oder schlicht als Bewusstseinserweiterung. Eine ekstatische Gotteserfahrung machte auch Teresa von Ávila, die christliche Mystikerin schlechthin. Der Barockbildhauer Gian Lorenzo Bernini (1598–1680) stellte diesen Moment in einer berühmten Marmorplastik dar, die heute in der römischen Kirche Maria della Vittoria anzuschauen ist: Teresa liegt mit leicht geschlossenen Augen, innerlich aufgewühlt da, ein Engel zielt mit einem Liebespfeil auf ihr Herz.

Manche Menschen, die auf der mystischen Suche nach Gott sind, vernachlässigen ihre sozialen Beziehungen, andere fühlen sich durch „innere Stimmen" gerade gedrängt, politisch Position zu beziehen. So forderte die Ordensfrau Katharina von Siena im 14. Jahrhundert aufgrund religiöser Erfahrungen den Papst zum Krieg gegen die Türken auf, und Martin Luther begründete seinen Aufruf, den Aufstand der Bauern mit Gewalt zu unterdrücken, mit einer Eingebung Gottes. Anders als Buddhisten oder Hindus sehen nur wenige Christen ihr Ziel darin, sich selbst in einen Zustand ohne Gefühle zu versetzen. Es widerspräche dem Prinzip der Nächstenliebe.

Die Namensliste der Mystiker ist lang. Der Italiener Franz von Assisi, der den Tieren predigte, zählt dazu wie auch der deutsche Ordensmann Meister Eckhart, der jüdische Philosoph Martin Buber ebenso wie der libanesische Dichter Khalil Gibran, der französische Jesuit Teilhard de Chardin und auch der Gründer der Herrnhuter Brüdergemeine, Nikolaus von Zinzendorf. Dorothee Sölle, die politische Theologin, hat mehr als drei Jahrzehnte ihres Lebens darüber nachgedacht, wie ein zugleich mystisches und politisches Christentum aussieht.

Ist Mystik eine Mode? Im Fall von Madonna und der Spielzeug-Zengärten vermutlich ja. Doch in den Religionen gibt es die Mystik schon immer als ernsthafte Strömung. Der katholische Theologe Karl Rahner ging sogar so weit zu sagen: „Die Kirche der Zukunft wird mystisch sein – oder sie wird nicht mehr sein."

Eduard Kopp

Haben Tiere eine Seele?

Viele Tiere haben enge Bindungen an Menschen, sie teilen ihre Ängste und Freuden. Sie hängen am Leben, genau wie wir. Da fragt es sich doch, ob für Tiere mit dem Tod alles aus ist

Der Tierarzt im Schlachthof ist sich ganz sicher: „Natürlich haben Tiere eine Seele. Schauen Sie ihnen einmal genau in die Augen. Dort können Sie ihre Angst vor dem nahen Tod sehen." Er tritt einen Schritt zur Seite und gibt einem kleinen, älteren Mann ein Zeichen.

Der steigt auf einen hölzernen Tritt und beugt sich über eine schulterhohe Sichtblende. Blitzschnell setzt er einer Kuh das Bolzenschussgerät auf die Stirn und lässt es knallen.

Das Tier, das eben noch mit aller Macht aus dem Drängelgang ausbrechen wollte und wild die Augen rollte, fällt betäubt seitlich durch eine Klappe und wird kurz darauf an den Hinterbeinen aufgehängt. Es bekommt die Halsschlagader aufgeschlitzt, um kopfüber auszubluten.

Vieltausendfach erleiden Tiere dieses Schicksal, ganz so, als ob es sich bei ihnen um eine beliebige Ware handele. Doch es steht außer Frage: Es sind beseelte Wesen. Sie empfinden Angst und Lebensfreude.

Spezifische Gefühle und Bewusstseinslagen kann man ihnen nicht abstreiten. Doch das, was Psychologen unter der Seele verstehen, unterscheidet sich von dem religiösen Begriff, um den es hier geht.

Das Christentum geht von der Unsterblichkeit des Menschen aus. Oft ist damit die Vorstellung verknüpft, dass im Sterben die Seele den Körper verlässt und zu Gott auffährt. Werden am Ende der Zeiten die Toten von Gott auferweckt, sind Seelen und Körper wieder vereint.

Wenn Tiere ähnlich wie die Menschen eine unsterbliche Seele hätten, könnten auch sie einen hohen Rang in der religiösen Werteordnung beanspruchen und damit letztlich besonderen Respekt. Es lohnt sich also nachzufragen, was religiös unter der Seele zu verstehen ist.

Der hebräische Begriff für Seele bedeutet unter anderem Luftröhre. Die Seele ist gleichsam ein Kommunikationsinstrument, durch das Lebewesen in Kontakt zu Gott treten.

Zumindest nach den biblischen Quellen gibt es allerdings eine solche direkte Kommunikation zwischen Gott und den Tieren nicht. Anders verhält es sich zwischen Gott und Mensch: In der ganzen Bibel ist immer wieder von ihrer vielfältigen, wechselhaften Beziehung die Rede.

Bereits für den Theologen Augustinus (354–430) war klar, dass nur Menschen eine unsterbliche Seele haben, also einen direkten Austausch mit Gott, während die Seele der Tiere mit dem Tod zugrunde geht.

Eine ähnliche Position bezog der mittelalterliche Theologieprofessor Thomas von Aquin (1225–1274), der sich auf der Argumentationsspur des antiken griechischen Philosophen Aristoteles bewegte: Tiere haben keine unsterbliche Seele, sie sind auch nicht für die Ewigkeit geschaffen.

Diese Haltung ist im Christentum bis heute bestimmend. Von einer Auferstehung der Tiere oder einem Leben nach dem Tod kann demnach bei ihnen keine Rede sein. Bisweilen gibt es allerdings auch andere Töne in der Theologie.

Aus dem Hinweis in der Bibel, dass am Ende der Zeit die ganze Schöpfung verwandelt werde, schließen manche, dass auch Tiere ein künftiges Leben haben werden, wie auch immer man es sich vorstellen darf.

Wichtig für Juden und Christen ist allemal: Tiere sind keine beliebigen Sachen. Sie stehen als Geschöpfe Gottes den Menschen besonders nahe. Allerdings haben die Menschen Verfügungsgewalt über sie. Sie nutzen sie zur Nahrung und als Opfertiere.

Dafür berufen sie sich auf Gottes Auftrag (1. Buch Mose 1,28): „Macht euch die Erde untertan und herrschet über die Fische im Meer und über die Vögel unter dem Himmel und über das Vieh und über alles Getier, das auf Erden kriecht."

Welche genauen Befugnisse den Menschen zustehen, ist offen. Sie sollen sich den Tieren gegenüber jedoch verhalten wie ein Hirt gegenüber seiner Herde: fürsorglich, bewahrend.

Evangelische Theologen spielten eine zentrale Rolle bei der Entstehung der deutschen Tierschutzbewegung. Man darf jedoch nicht vergessen: Selbst dem pietistischen Pfarrer Christian Adam Dann (1758–1837), Autor von Schriften wie der „Bitte der armen Thiere", ging es um Tierschutz, er war nicht dagegen, Tiere zu schlachten.

So ist Christen auch heute zu empfehlen, sich über das Wie von Tierzucht und -haltung den Kopf zu zerbrechen, nicht aber darüber, dass sie überhaupt genutzt und dafür auch getötet werden. Entscheidend ist der Respekt gegenüber den Tieren.

Eduard Kopp

Kirchliche Festtage

Advent

Anders als das Kalenderjahr beginnt das Kirchenjahr am 1. Sonntag im Advent. Er steht am Anfang jener etwa vier Wochen vor Weihnachten, in dem sich die Christen auf die Ankunft (lateinisch: adventus) Jesu vorbereiten. Die Adventszeit ist ursprünglich eine Buß- und Fastenzeit. Dieser Aspekt wird in unserer kommerziellen und lauten „Vorweihnachtszeit" kaum mehr bedacht. Die Lebkuchen waren ursprünglich eine Fastenspeise. Theologisch hat die Adventszeit einen doppelten Sinn: zum einen die Vorbereitung auf Weihnachten, auf das Kommen des Jesuskindes, zum anderen die Vorbereitung auf die endgültige Wiederkunft Christi am Ende aller Zeiten.

Weihnachten

Weihnachten ist das Fest der Geburt Jesu und gilt über die Kirchen hinaus als Familienfest. Im alten Rom wurde es bereits im Jahr

336/7 gefeiert. Ursprünglich als Gegenpol zu dem von Kaiser Aurelian 275 eingeführten heidnischen Sonnenfest gedacht, breitete es sich bereits im vierten Jahrhundert in der ganzen Christenheit aus. Es nimmt das Glaubensbekenntnis von Nizäa aus dem Jahr 325 auf: Christus ist der im Fleisch erschienene (inkarnierte), ewige Gottessohn. In der volkstümlichen Frömmigkeit sehen Menschen dieses Kommen Gottes am besten in der Geburt eines Kindes symbolisiert – daher das Symbol der Weihnachtskrippen –, andere eher im theologischen Modell der Erscheinung (eines präexistenten, also schon immer bestehenden) Gottes. Schon im sechsten Jahrhundert wurden Christmetten tief in der Nacht, zur angeblichen Geburtsstunde des Kindes, gefeiert. In der evangelischen Kirche beginnt das Weihnachtsfest nach alter Tradition mit der Vesper am Vorabend (Samstag), ein historischer Versuch, unordentlichen Sitten zu nächtlicher Stunde vorzubeugen. Heute sind Christmetten in beiden Großkirchen vielfach die bestbesuchten Gottesdienste des ganzen Jahres.

Epiphanias

Auf den 6. Januar fällt eines der ältesten Feste der Christenheit: Epiphanias, der Tag der Erscheinung des Herrn. An Epiphanias feierte man unter anderem die Geburt Jesu, seine Taufe, das Weinwunder zu Kana (Johannes 2) und die Verklärung Jesu (Markus 9). Heute endet mit Epiphanias der Weihnachtsfestkreis. An diesem Tag sollen Weise aus dem Morgenland Jesus angebetet haben (Matthäus 2), daher auch die Bezeichnung Heilige Drei Könige. In katholischen Gegenden ziehen so genannte Sternsinger durch die Straßen: Kinder verkleiden sich als Könige, singen vor Haustüren und schreiben daran mit Kreide die Jahreszahl und die Buchstaben C-M-B. Manche verstehen C-M-B als die Initialen der drei Könige Caspar, Melchior, Balthasar. Andere sehen darin den lateinischen Segen „Christus mansionem benedicat", zu Deutsch: Christus segne dieses Haus.

Passion

Mit dem Mittwoch (Aschermittwoch) vor dem „1. Sonntag in der Passionszeit" (katholisch: „1. Fastensonntag") beginnt die vierzigtägige Vorbereitungszeit auf Ostern. Bis ins zehnte Jahrhundert fand in der Passionszeit eine öffentliche Bußpraxis statt: In Anlehnung an die Vertreibung von Adam und Eva aus dem Paradies wurden Sünder aus der Kirche vertrieben. Sie legten ein Büßergewand an und ließen ihren Kopf mit Asche bestreuen. In katholischen Kirchen lassen sich die Gläubigen am Aschermittwoch noch heute vom Geistlichen ein Aschenkreuz auf die Stirn zeichnen, Zeichen ihrer Bußfertigkeit. Die Asche wird traditionell aus den verbrannten Palmzweigen des Palmsonntags vom Vorjahr gewonnen. Dazu spricht der Geistliche die traditionellen Worte: „Gedenke, Mensch, dass du Staub bist." Aber auch die biblische Formel „Bekehrt euch und glaubt an das Evangelium" ist üblich. In lutherischen Gemeinden gibt es keinen solchen Ritus am Aschermittwoch, wohl aber hier und dort (Buß-)Gottesdienste.

Ostern

So früh aufstehen an einem Sonntagmorgen? Noch dazu, um in die Kirche zu gehen? Für viele Menschen kein Problem. Denn trotz ihrer frühen Anfangszeiten erfreuen sich die Gottesdienste zur Osternacht seit Jahren in Deutschland wachsender Beliebtheit. Sie finden am frühen Morgen des Ostersonntags statt, meistens um 6 Uhr morgens, in manchen Gemeinden sogar schon um 5 Uhr. Auf jeden Fall ist es noch dunkel, wenn die Gemeinde in die Kirche kommt und die Kirche selbst ist auch dunkel. Besonders feierlich ist der Beginn. Pfarrer oder Pfarrerin tragen eine einzige Kerze in die Kirche und singen drei Mal: „Christus ist das Licht." Damit berufen sie sich auf eine uralte Tradition der Christenheit. Schon in der Antike versammelten sich die Christen frühmorgens, um der Auferstehung Christi zu gedenken. Denn nach dem biblischen Zeugnis kamen die Frauen zum Grab, „sehr früh, als die Sonne aufging" (Markus 16,2). Der Osternachtgottesdienst ist ein beliebter Termin, um Taufen zu feiern. Viele Gemeinden bieten nach dem Gottesdienst ein Osterfrühstück an.

Himmelfahrt

Für die meisten in Deutschland heißt der Donnerstag 40 Tage nach Ostern „Vatertag". Ein arbeitsfreier Tag, an dem bei hoffentlich schönem Frühsommerwetter die Herren der Schöpfung in Gruppen die Umgebung erkunden – mit Bier im Gepäck. In emanzipierten Kreisen dürfen auch die Frauen mit. Vielen ist nicht mehr im Gedächtnis, dass es sich um den kirchlichen Feiertag Christi Himmelfahrt handelt. In der frühen Christenheit wurde die Aufnahme des auferstandenen Jesus Christus in den Himmel eng mit der Osterfeier verbunden. Seit dem 4. Jahrhundert wird Christi Himmelfahrt als eigenständiges Fest begangen, und zwar vierzig Tage nach Ostern. Damit folgte die Alte Kirche der Chronologie des Evangelisten Lukas. Der erzählt die Himmelfahrt sogar zweimal, einmal kurz im Evangelium (24,50 – 53) und dann ausführlicher zu Beginn seiner Apostelgeschichte (1,1 – 11).

Pfingsten

Pfingsten ist das große kirchliche Fest des Heiligen Geistes. Unter dem Geist versteht die Bibel ganz allgemein die göttliche Lebenskraft, die Mensch und Tier gegeben ist. Bereits am Anfang der Bibel ist die Rede davon, dass der Geist Gottes über dem Wasser schwebt, er ist der Lebensspender. In der Bibel gibt es viele Berichte darüber, wie der Geist Gottes über Menschen kommt und ihnen Kraft gibt und sie zu besonderen Taten befähigt. Bei der Taufe Jesu im Jordan senkt sich der Geist Gottes wie eine Taube vom Himmel herab. Im zweiten Kapitel der Apostelgeschichte, einem Buch des Neuen Testaments, ist das Kommen des Geistes vor allem mit dem Pfingstfest verknüpft: Feuerzungen verteilen sich auf die Menschen. Die vom Geist erfüllten Menschen können danach in verschiedenen Sprachen reden und sind dennoch für alle anderen verständlich. Seit Pfingsten ist die Sprachverwirrrung überholt, die die Menschheit seit dem Turmbau zu Babel spaltete. Das kirchliche Pfingstfest ist also ein Fest der Versöhnung und der Annäherung von Menschen und von Völkern. Sein Akzent liegt eher auf dem Gesichtspunkt der Einheit als dem des freien Individualismus.

Trinitatis

Am Sonntag nach dem Pfingstfest wird der Dreieinigkeit Gottes gedacht (lateinisch: trinitas). Um die Trinitätslehre, die sich streng genommen nicht in den biblischen Schriften findet, wurde in der Alten Kirche lange gerungen. Der Streit wurde endgültig erst durch den römischen Kaiser Theodosius auf dem Konzil von Konstantinopel im Jahre 380 beigelegt. Dass Gott im christlichen Glauben als Vater, Sohn und Heiliger Geist gedacht wird, ist eines der wichtigsten Strukturmerkmale des Christentums, und zeigt sich besonders in Segens- und Gebetsformeln. Die Lehre von der Trinität ist ein Merkmal der Abgrenzung zu anderen Religionen wie zum Beispiel dem Judentum und dem Islam, die die Trinitätslehre entschieden ablehnen.

Erntedank

Das Erntedankfest ist ein kirchliches Fest, das in engem Kontakt zur Volkskultur steht. In Deutschland wird es am Sonntag nach dem Michaelistag (29. September) begangen. Es steht kein direktes biblisches Ereignis im Hintergrund, aber ihm kommt auch heute noch ein hoher Stellenwert im Leben der Gemeinden zu. Gerade in ländlichen Gegenden gehört es zu den hohen Festen, bei denen Altäre prächtig mit Erntegaben geschmückt werden. Manche Landgemeinden, die für ihren schönen Erntedankschmuck berühmt sind, begrüßen an diesem Tag Gäste, die weit angereist sind. Häufig werden die Gottesdienste am Erntedanktag als Familiengottesdienste gefeiert.

Reformationstag

31. Oktober 1517 – die Szene ist berühmt: Martin Luther, Augustinermönch und Professor zu Wittenberg, schlägt an das Tor der dortigen Schlosskirche seine berühmten 95 Thesen und sagt der Papstkirche den Kampf an. In Wahrheit geschah wohl alles eine Nummer kleiner: Luther heftete seine Thesen bloß ans schwarze Brett der Universität. Er hatte zunächst nur eine akademische Disputation unter Kollegen im Sinn. Aber der frisch erfundene Buchdruck sorgte dafür, dass sich Luthers Thesen und besonders seine ersten Schriften wie zum Beispiel „Von der Freiheit eines Christenmenschen" in Windeseile verbreiteten. Und schon drei Jahre später wetterte Papst Julius in seiner Bannbulle: „Hilf, Herr, ein Wildschwein verwüstet meinen Weinberg!" Als Luther dieses Schreiben dann öffentlich verbrannte, war der Konflikt nicht mehr zu stoppen. In der Tradition der protestantischen Kirchen wurde der 31. Oktober zum Reformationstag.

Buß- und Bettag

Als der Mittwoch nach dem Volkstrauertag Mitte November noch gesetzlicher Feiertag war – bis 1994 –, nutzten ihn viele zum Backen von Adventsplätzchen. Das müssen die meisten Deutschen nun verschieben, denn 1995 wurde der Buß- und Bettag als gesetzlicher Feiertag abgeschafft. Der Grund: Er sollte als zusätzlicher Arbeitstag den Arbeitgeberanteil an der ersten Stufe der Pflegeversicherung finanzieren. Der Protest der Kirchen wurde nicht erhört. Ein Volksbegehren zur Wiedereinführung des Buß- und Bettages in Schleswig-Holstein scheiterte 1997 knapp. Einzig das Bundesland Sachsen ging einen Sonderweg und behielt den Feiertag bei. Im Oktober 1999 wurde dieser Sonderweg in einem Grundsatzurteil des Bundessozialgerichts bestätigt. Der Buß- und Bettag wurde 1934 in Deutschland als gesetzlicher Feiertag eingeführt. Er blieb es genau 61 Jahre lang. Übrigens: Ob arbeitsfrei oder nicht, fast alle evangelischen Gemeinden bieten natürlich trotzdem an diesem Tag einen Gottesdienst an.

Stichwortverzeichnis (Auswahl)

A
Abendmahl 197, 199, 202, 211, 228
Abschiebung 130
Advent 280
Allah 171
Allerheiligen 264
Allmacht 28, 143, 146, 148, 170
Ämterfrage 203
Angst 14, 151, 157, 183, 277, 259
Apartheid 30, 140
Apokalyptik 221
Arbeit 128
Armut 118, 132, 140
Aschermittwoch 282
Askese 121, 125
Auferstehung 65, 70, 221, 232, 237, 278
Aufklärung 43, 236
Autorität 33, 104

B
Beerdigung 80
Begnadigung 113
Beichte 86, 208
Beichtstuhl 209
Beichtzwang 210
Bergpredigt 97, 130, 133
Besitz 118
Bettler 127
Bibel 76, 130, 193
Bildnis, Bilderverbot 143
Blut 65, 67, 199
Böse, das 29, 157, 256, 264
Brauch 262
Buße 110, 221, 282
Buß- und Bettag 285

C
Christ 188
Christkind 253

D
Demut 124
Dogma 215
Dreieinigkeit (Trinitatis) 284

E
Ebenbild Gottes 84, 102, 230
Ehe, Ehelosigkeit 89, 245
Ehre 103
Ehrenmord 103
Ehrfurcht 152
Einheit 248
Engel 17, 124, 250
Enthaltsamkeit 82
Erbarmen 151
Erbsünde 122, 185
Erfahrung 14
Erkenntnis 43
Erlösung 28, 34, 49, 66, 72, 74, 139
Erntedank 284
Erscheinung des Herrn (Epiphanias) 281
Erwachsenentaufe 185
Erwählung 147, 165
Erziehung 191
Esoterik 11, 263, 265, 269, 272
Ethik 134
Evolution 20

F
Fanatismus 37
Feindesliebe 132

Fluch 206
Frau 89, 142
Freiheit 11, 32, 43, 84, 89, 108, 114, 126, 158, 269, 280 Frieden 158
Fruchtbarkeit, Fortpflanzung 84, 93, 143
Fürbitte 221
Fundamentalismus 37, 74

G
Gebet, beten 138, 169, 190
Gebote und Verbote 43, 52, 62
Gehorsam 12, 161
Geist, heiliger 59, 89, 284
Gemeinde 152, 197, 200, 238
Genuss Gottes 122
Gerechtigkeit 128
Gericht, Endgericht 234, 264
Geschenk 80, 90, 163, 198
Geschichte 17
Geschichten 194
Gesundheit 177
Gewalt 46
Gewalt, sexuelle 58
Gewaltlosigkeit 97, 132
Gewissen 48, 106, 109, 118, 209
Glaube 13, 136
Glaubensbekenntnis 59, 149, 233, 239, 281
Gleichnis 260
Glück 14, 50, 275
Gnade 26, 28, 74, 112, 132, 163, 166, 219, 261
Göttersagen 17
Götze 260
Gott 10, 40, 170, 172

Gott Vater 170
Gott, verborgener 158
Gottes Sohn 40, 252
Gottesbilder 144
Gottesdienst 175
Gotteserfahrung 143, 275
Gottesferne 159
Gottesfurcht 137, 151, 230, 258
Grausamkeit 193
Güte 116

H

Halloween 262
Handauflegung 271
Heil, Heilung 10, 22, 28, 73, 122, 147, 271
heilig 238
Heilige, -nverehrung 98, 217, 254
Heilsgeschichte 77
Herz 120
Hierarchie 248
Hilflosigkeit 81
Himmel 118, 236, 269
Himmelfahrt 283
Hölle 117, 152, 220, 259, 261
Hoffnung 32, 139, 183, 237
Homosexualität 38
Hunger 90
Hypnose 265

I

Intelligent Design 20
Interreligiös 169
Israel 11, 18, 154
Israeliten 52, 139

J

Jenseits 170, 220, 235
Jesus Christus 70, 173, 199, 207, 283
Jude 61, 68, 104, 172
Jungfrau 58, 83, 214

K

Karfreitag 70, 191
Katastrophe 25, 148
Katechismus 74, 101, 179, 212
katholische Kirche 241
Kinder 145, 190, 193
Kindertaufe 184
Kirche 10, 180, 238, 241, 276
Kirchenmitglied 188
Kirchensteuer 226
Kirchen(wieder)eintritt 226
Kirchenzucht 134
Körper 72, 88, 233, 271, 278
Konfession 35, 203, 212, 217, 242
Konfirmation 187, 196
Koran 32, 38, 261
Kosmos 260
Kreuz, Kreuzigung 41, 64, 67, 155
Krieg, gerechter 99

L

Lachen, Osterlachen 229
Leben 26, 43, 80, 128, 265
Leben, Baum des -s 43
Lehrverbot 248
Lehrverurteilungen 203
Leib 72, 90, 199, 233
Leiden 66, 125
Liberal 38
Liebe 23, 32, 115, 136, 140, 145
Liebe Gottes 150
Liturgie 95
Lossprechung (Absolution) 209

M

Macht 142, 225
Märtyrer 65, 217
Mann 143
Maria 41, 58, 214
Marienverehrung 215

Menschenbild 102
Menschenwürde 104, 113, 173, 193
Messias 23, 49, 63
Mission 223
Mission, innere 225
Missionsbefehl 224
Mönch 89, 244
Monotheismus 42, 116, 149, 173
Moral 133, 158, 163
Mord 37, 64, 80, 97, 103, 157, 194
Moschee 169
Muslim 38, 169
Mystik 47, 274
Mythos, Mythen 16, 41

N

Nacktheit 44
Nächstenliebe 107, 125, 193
Norm 107

O

Ökumene 202
Offenbarung 23
Opfer 154, 161, 167, 256, 279
Orakel 55
Ostern 65, 70, 231, 282

P

Papst 242, 247
Paradies 43, 47, 106, 116, 251, 282
Passion (Leidensgeschichte) 194, 231, 282
Pate 181, 187, 227
Petrus 77, 248
Pfingsten 283
Pluralität 11
Politik 130
Polytheismus 171
Prädestination (Vorherbestimmung) 28

Priester 245
Prophet, Prophetin 51, 55, 77, 119, 154, 252

R
Rassismus 30
Rechtfertigung 32, 113, 163
Reformation 28, 200, 242
Reformationstag 285
Reich Gottes 68, 98, 145
Reichtum 118
Reinheit 62, 82, 94
Reinkarnation 29
Religionsfreiheit 32, 224
Respekt 126
Reue 102, 112, 208
Ritual 190

S
Sabbat 62
Sakrament 11, 86, 211, 239
Scheidung 85
Schicksal 268
Schöpfer 152
Schöpfung, Geschöpf 21, 92, 110, 116, 214, 233, 267, 278
Schuld 98, 109, 154, 160, 208
Schutzengel 250
Seele 233, 277
Seelenwanderung 266, 274
Segen 197, 205
Sekte 34
Selbsterlösung 267
Selbstopfer 155
Sexualität 82, 90, 94, 103, 115, 122, 246
Sinn des Lebens 32, 167
Sintflut 92, 111, 195
Sonntag, Sonntagsruhe 175, 178
Speisegesetze 95
Spenden 155
Sport 175

Staatsreligion 188
Stoßgebet 171
Strafe 92, 146, 222
Strafrecht 110
Sühneopfer 140, 154
Sühnetod 66
Sünde 83, 110, 115, 121
Sündenbekenntnis 209
Sünder 46, 88, 239
Suizid 79
Symbol 41

T
Taufe 133, 181, 184, 187, 197, 211, 227, 266
Terror 112, 148
Teufel 252, 256
Thora 56, 173
Tier 266, 277
Töten 79, 101
Todesurteil, Todestrafe 68, 100
Tod 34, 140, 235
Tod Jesu 67
Toleranz 173
Tote 220
Totengedenken 221
Trauung 166
Treue 161
Trost 30, 81

U
Umwelt 25
Ungehorsam 130
Unglaube 145
Unglück 150, 252
Unschuld 43, 46
Unsterblichkeit 31, 278
Ursünde 47, 83

V
Valentinstag 94
Vaterunser 160, 171

Verantwortung 81
Verdammnis 29
Verdienst 164
Versöhnung 50, 140
Versuchung 160, 257
Vertrauen 42, 273
Verzicht 121
Verzweiflung 159
Vorbilder 217
Vorsehung 26, 78, 270

W
Wahrheit 32, 74
Wahrsager 55
Wallfahrt 23, 215
Weihnachten 13, 59, 104, 146, 152, 191, 216, 226, 254, 280
Weihnachtsmann 253
Weisheit 142
Weltbild 38, 191
Weltgericht 260
Werk 74, 113, 125, 164, 215
Wetter 25
Widerstand 97, 135, 137, 245, 252
Wiedergeburt 265
Wiederkunft Christi 121, 280
Wille Gottes 21
Wissenschaft 19, 23, 71
Wunder 19, 22, 218, 273

Z
Zehn Gebote 52, 80, 101, 111, 116, 131
Zeichen 22, 212
Zölibat 89, 244
Zorn Gottes 155
Zufall 76, 268
Zwang 223
Zweifel 13, 31